智能时代

高校开放式教学的变革与创新

陈　果　张文勇◎著

中国商业出版社

图书在版编目（CIP）数据

智能时代：高校开放式教学的变革与创新 / 陈果，张文勇著． -- 北京：中国商业出版社，2024. 6.
ISBN 978-7-5208-2954-0

Ⅰ．G642.0

中国国家版本馆 CIP 数据核字第 2024VB0026 号

责任编辑：吴倩

中国商业出版社出版发行

（www.zgsycb.com　100053　北京广安门内报国寺 1 号）

总编室：010-63180647　编辑室：010-83128926

发行部：010-83120835/8286

新华书店经销

福建省天一屏山印务有限公司印刷

*

710 毫米 ×1000 毫米　16 开　16.5 印张　256 千字

2024 年 6 月第 1 版　2024 年 6 月第 1 次印刷

定价：68.00 元

****

（如有印装质量问题可更换）

前　言

　　高校开放式教学的变革与创新是应对时代潮流和教育需求的重要举措。高校在开放式教学方面的探索与创新，不仅拓展了教育的边界，还推动了教学理念和方法的更新与升级。通过引入智能技术、开发创新课程设计等手段，高校开放式教学正在成为推动教育变革和提高教育质量的重要途径，为培养更加适应未来社会需求的人才作出了积极的贡献。

　　在当今飞速发展的智能时代，高校教育正面临着前所未有的变革与挑战，在线开放课程作为一种创新型教育模式，以其弹性、高效、全球化的特点吸引了越来越多的关注，成为高校教育改革的重要方向。鉴于此，本书深入分析智能时代的高校在线开放课程的建设，剖析智能时代高校在线开放课程的管理，旨在指导高校在智能时代更好地推进在线开放课程建设与管理，力求为高校提供科学的、可操作的管理方案，从而确保在线开放课程的有效实施和稳健发展，为高校在这一全新教育形态中迎接挑战、把握机遇提供有力支持。

　　本书在撰写过程中，注重理论与实践相结合，既深入剖析智能时代高校开放式教学的理论框架，又结合具体案例进行实证分析。此外，本书还关注前沿动态，探讨了人工智能、大数据等新技术在高校开放式教学中的应用前景。同时，本书注重跨学科的交叉融合，从教育学、心理学、信息技术等多个角度审视高校开放式教学的变革与创新。

　　本书得到了湖南省社科基金委员会2021年湖南省社科基金教育学专项课题一般资助项目"大数据时代高校在线开放课程学习质量评价体系研究"（JJ213340）的资助，在此表示衷心感谢。

　　在撰写本书的过程中，笔者虽力求严谨、全面，但难免有疏漏之处。衷心希望本书能引发更多学者的关注和思考，共同推动高校开放式教学的进一步发展。同时，也期待读者在阅读过程中提出宝贵意见和建议，以便笔者在今后的研究中不断完善和提高。

目　录

第一章　在线开放课程概论

在线开放课程是一种基于互联网技术，通过网络平台向广大学习者免费开放的教育资源。这种课程通常由知名高校或专业机构提供，覆盖了多个学科领域，包括但不限于文学、科学、工程、艺术等。本章主要阐述开放式教学的理论分析、信息技术与开放式教学、在线开放课程的特征与主流模式、在线开放课程的发展趋势与展望、智能时代与高校在线开放课程的关联分析。

第一节　开放式教学的理论分析

一、多元智能理论

（一）多元智能理论产生的背景

多元智能理论产生的背景，是学术界对智力概念认识的深刻变革和时代需求共同作用的产物。这一理论的诞生，不仅反映了人类对智力本质认识的深化，也体现了教育领域对个体差异的尊重和对学生潜能开发的追求。

1.传统的单一智力理论在解释智力现象时遭遇了诸多困境

这种理论认为智力是以语言能力和数理逻辑能力为核心，以各种智能整合起来的方式存在的一种能力。然而，在现实生活中，许多成功人士并非在智力测试中表现出色，而有些被认定为低智商的人却在某些领域展现出了非凡的才能。这种现象表明，仅用语言能力和数理逻辑能力来衡量一个人的智力是片面的。因此，传统智力理论的局限性逐渐显现，为多元智能理论的产生提供了契机。

2.神经学研究的成果为多元智能理论提供了有力的支持

人的神经系统在长期的演变过程中已经形成了多种相对独立的智能。

这些智能以脑生理为基础，是人类的生物本能，且每个人都在一定程度上拥有多种智能。这种智能的多样性和独立性为多元智能理论提供了生物学基础。

3.国际科技竞争也对多元智能理论的产生起到了推动作用

在冷战时期，苏联的人造卫星升空引发了美国对教育的深刻反思。美国教育界意识到，尽管在物理教育方面表现出色，但在艺术领域却落后于苏联。这种差异不仅体现在科技人员的文化艺术素质上，也影响了美国在空间技术上的发展。因此，美国开始重视艺术教育，加强对学生形象思维的开发。这种对个体潜能全面发展的追求，为多元智能理论在教育领域的应用提供了广阔的空间。

4.多元智能理论的提出还得益于脑神经科学和认知心理学的突破

脑神经科学的研究揭示了人类神经系统的多样性和复杂性，为多元智能理论提供了生物学依据。而认知心理学的研究则帮助人们更好地理解个体在信息处理和学习过程中的差异性和多样性。这些研究成果为多元智能理论提供了坚实的理论基础。

尽管多元智能理论在学术界还存在一定的争议，但它在教育领域的应用已经取得了显著的成效。教育工作者通过运用多元智能理论，能够更好地分析每个学生的智能状态，制订个性化的教育方案，最大限度地发挥每个学生的潜能。同时，多元智能理论也为教育工作者提供了一条发现和培养每个学生潜能的途径，为差异教学理念的确立奠定了理论基础。

(二) 多元智能理论的主要内容

智力是在单元或多元文化环境中解决问题并创造一定价值的能力；智力是一整套使人们能够在生活中解决各种问题的能力；智力是人们在发现难题或寻求解决难题的方法时不断积累新知识的能力。

1.语言智能

语言智能作为多元智能的关键组成部分，强调个体运用语言进行思维、表达和欣赏语言深层内涵的能力。这种智能不仅体现在语言的流畅性和准确性上，更在于个体能否有效地运用语言传达思想、表达情感，并与他人进行有效的沟通。它包括对语言的理解、运用和创造能力以及对语言文化的敏感性和适应性。语言智能的发展有助于个体拓展思维边界、增强交流能力、促进情感表达，并且在各个领域都有着重要的应用。因此，培养和发展语言智能对于个体的全面发展和社会的进步至关重要。

2. 肢体运动智能

肢体运动智能凸显了个体在运用身体进行表达和操作方面的能力。这种智能不仅涉及身体的协调性和灵活性，还包括在手工制作、体育运动等领域的表现。具有较强肢体运动智能的个体能够通过身体语言传达信息，并在实践中展现卓越的操作能力。此外，肢体运动智能还在表演艺术、舞蹈、戏剧等领域发挥作用，个体能够通过身体动作和姿态来表达情感和故事。培养和发展肢体运动智能不仅有助于个体身体素质的提升，还能够促进个体自信心和社交能力的发展。因此，在教育和培训中注重肢体运动智能的培养对于个体的全面发展至关重要。

3. 人际智能

人际智能凸显了个体在理解和处理人际关系方面的能力。这种智能包括理解他人情感、动机和意图的能力以及与他人有效沟通和协作的能力。具有较强人际智能的个体能够在社交场合中表现出色，建立良好的人际关系。它们擅长观察他人的情感表达和非语言信号，能够准确地洞察他人的内心感受，并能够适时地作出反应。此外，它们具备良好的沟通技巧和协调能力，能够与不同背景和个性的人建立起有效的合作关系。人际智能在领导力、团队合作、谈判和冲突解决等方面发挥重要作用，对于个人的职业成功和社交生活的顺利展开具有至关重要的意义。因此，培养和发展人际智能是个体全面发展的重要组成部分，也是社会和组织成功的关键因素之一。

4. 内省智能

内省智能强调个体自我认知和自我反思的能力。这种智能使个体能够深入了解自己的情感、动机和需求，进而制定合理的人生目标和计划。具有较强内省智能的个体能够保持自我意识和自我控制，实现个人成长和发展。他们能够通过反思自己的行为和情感状态，不断调整自己的思维模式和行为方式，以实现更高的自我价值。内省智能也有助于个体在面对挑战和困难时保持乐观和积极的态度以及在人际关系中更好地理解和处理自己的情绪和需求。因此，培养和发展内省智能对于个体的自我成长和发展至关重要。通过反思和自我认知，个体能够不断完善自己，提升自我效能感，从而更好地适应社会环境并实现个人目标。

5. 逻辑—数学智能

逻辑—数学智能着重强调个体对逻辑结构和数量关系的理解与应用能力。这种智能不仅包括数学运算和逻辑推理能力，还涉及个体对事物间关系的敏感性和分析能力。拥有较强逻辑—数学智能的个体往往能够迅速把握问题的本质，运用逻辑思维解决问题。他们能够清晰地理解问题的逻辑结构，准确地进行推理和演绎，以及灵活地应用数学原理解决实际问题。逻辑—数学智能的发展有助于个体培养系统性思维、逻辑推理能力和数学抽象能力，提高解决问题的效率和准确性。在学术研究、工程技术、金融分析等领域，逻辑—数学智能都具有重要的应用价值，对于推动科学技术进步和社会发展具有不可或缺的作用。

6. 视觉—空间智能

视觉—空间智能强调个体对色彩、形状、空间位置等要素的感知和表达能力。这种智能不仅在艺术领域中有着显著作用，还在科学研究和工程设计等领域发挥重要作用。视觉—空间智能使个体能够通过图形、图像和空间布局等方式来表达思想和感受，这反映在绘画、雕塑、建筑等艺术形式中。在科学领域，视觉—空间智能有助于研究者观察、分析和理解复杂的数据结构和空间关系，如地图绘制、分子结构模拟等。此外，视觉—空间智能还为设计师和工程师提供了宝贵的工具，用于创建各种产品和系统的外观和结构。因此，培养和发展视觉—空间智能对于个体的综合发展和各行各业的创新至关重要。

7. 音乐智能

音乐智能指个体对音乐节奏、音调、音色和旋律的敏感性和表达能力。这种智能在音乐创作、演奏和欣赏等方面发挥着重要作用，使得个体能够通过音乐来传达情感、表达思想。具有较强音乐智能的个体能够准确地感知和理解音乐的结构和特点，能够灵活运用音乐语言进行创作和演奏。此外，音乐智能还在音乐教育和心理治疗等领域发挥作用，能够帮助个体培养情感表达能力、提高学习效率和改善心理健康。因此，培养和发展音乐智能对于个体的全面发展和社会文化的繁荣具有重要意义。

8. 自然探索智能

自然探索智能凸显了个体对自然环境和生物世界的认知和探索能力。这种智能使得个体能够关注自然现象、生物特性和生态环境等方面的问题，进而培养对自然界的敬畏和热爱之情。具有较强自然探索智能的个体往往对自然界的奥秘充满好奇心，喜欢观察和探索大自然中的各种现象和生物。通过对自然的探索和认知，个体不仅能够增长知识，还能够培养对自然的敬畏之心和责任意识，从而更加珍惜和保护环境资源。此外，自然探索智能还有助于促进个体的身心健康，使其能够通过与自然的互动来放松心情、减轻压力。因此，培养和发展自然探索智能对于个体的全面发展和环境可持续发展具有重要意义。

（三）多元智能理论的基本特征

多元智能理论作为对人类智力结构深入剖析的结果，呈现出普遍性、差异性、发展性以及组合性的多维度特点。这些特征不仅揭示了智力的复杂性和多样性，也为教育实践活动提供了重要的理论支撑和指导。

1. 智能的普遍性

智能的普遍性表明每个人身上都蕴藏着多种智能的潜能。这意味着无论个体在某一智能领域是否具备特殊天赋，通过多元智能的整合与协同作用，都有可能实现全面发展。这一特征强调了个体智能的多元性和互补性，要求教育者在教学过程中充分了解学生的智能结构，激活其学习欲望，挖掘潜力，并引导他们构建最佳的智能组合。通过多样化的教学方式和策略，可以满足不同智能类型学生的学习需求，促进他们在各个领域中的均衡发展。

2. 智能的差异性

智能的差异性体现为每个人身上多种智能表现的形成和发展程度的不同。这种差异性使得每个人都有其独特的智能优势和劣势，也导致了学习风格和能力的多样性。在教育实践中，正确理解和应对智能的差异性至关重要。教育者需要因材施教，针对学生的智能特点制订个性化的教学方案，发挥他们的智能优势，弥补不足。同时，对于学习困难的学生，教育者应耐心帮助和鼓励，采取宽容的态度对待他们的错误，以提升课堂教学活动的民主性和包容性。

3. 智能的发展性

智能的发展性强调了智力是可以通过后天的学习和实践得到开发和提升的。多元智能理论主张通过多样化的教育教学活动来挖掘学生的各种智能，促进他们的全面发展。在教育过程中，教育者应注重培养学生的自主学习能力，引导他们积极探索、实践和反思，以提升各项智能水平。同时，教育者还应关注学生的情感、态度和价值观的培养，为他们未来的成长和发展奠定坚实的基础。

4. 智能的组合性

智能的组合性揭示了人的多种智能之间相互联系、相互作用的特点。在教学中，教育者需要充分利用多元智能组合性的特点，合理设计课堂教学活动，使各种智能相互配合，共同发挥作用。例如，在语言教学中，可以综合音乐智能、逻辑数学智能、肢体运动智能等共同配合语言智能，提升学生的学习兴趣和表达能力。此外，教育者还可以利用学生的人际智能和内省智能，开展小组合作学习，发挥不同学生的优势，共同完成教学任务。这种多元智能的整合与协同作用，有助于提高教学效果，促进学生的全面发展。

(四) 多元智能理论对开放式学校教育的启示

1. 学生有自己的优势智能

在传统的智力观念下，学生的智力水平往往被单一地以智商（IQ）测验分数来衡量，从而将学生划分为不同的层次。这种做法不仅忽略了学生智能的多样性和发展性，更对那些学习成绩暂时落后的学生造成了心理上的压力，削弱了他们对学习的兴趣，加大了与优秀学生之间的差距。这种智力观念显然无法充分体现教育的公平性。

多元智能理论的提出，为学生展现了一个全新的自我认知视角。它让学生认识到自己拥有多种智能，这些智能在不同个体身上有着不同的表现形成和发展程度。在这一理论指导下，教师开始更加全面、开放地看待学生，不再仅仅关注学习成绩，而是努力发现每个学生的优势智能，并放大他们身上的"闪光点"。

承认学生之间的智能差异，是实施开放式学校教育的前提。教师开始意识到，每个学生都有自己的优势智能领域，只要给予足够的关注和支持，他们总能在某一方面展现出自己的特长。这种认识不仅有助于提升学生的学习动力，也促进了教育公平的实现。

在多元智能理论的指导下，教学活动变得更加多元化和个性化。教师根据学生的智能特点设计教学内容和方法，让每个学生都能在适合自己的领域中得到充分的发展。这种教学方式不仅提高了教学效果，也让学生感受到了教育的温暖和关怀。

2. 教师应树立开放式的教学观

学生之间的智能差异是客观存在的，这是教育实践中不容忽视的事实。每个学生都拥有独特的智能结构和潜能，无法简单地以相同标准来衡量和评价。因此，教师应摒弃传统的教学观念，树立开放式的教学观，以更好地适应学生的个体差异，促进他们的全面发展。

在传统的教学观下，教学往往被视为教师向学生单向传授知识的过程，教学内容、方法和评价方式均由教师主导，学生则处于被动接受的地位。这种教学模式忽视了学生的个体差异和主动性，导致教学活动缺乏灵活性和创新性，难以激发学生的学习兴趣和潜能。

多元智能理论为人们提供了一种全新的视角。它强调学生的智能具有多样性和差异性，要求教师在教学活动中充分考虑学生的智能特点和需求，制订个性化的教学方案。因此，开放式的教学观应运而生，它要求教师的教学目标、内容、组织形式以及评价方式都具有开放性，能够适应不同学生的智能发展。

通过树立开放式的教学观，教师可以更好地关注学生的个体差异和需求，为学生提供更加个性化、多元化的教学服务。这不仅有助于激发学生的学习兴趣和潜能，还能提升教学质量和效果，促进教育的公平和可持续发展。

二、终身教育理论

（一）终身教育的本质特征

"终身教育理论在中国的引进不仅影响了中国教育学的学科发展，推动了中国教育理论研究的深化，而且对人们教育观念的改变以及中国教育实践的发展和变革产生了重要影响。"① 终身教育的本质特征，在于其深邃且丰富的内涵，展现了教育在个体和社会发展中的持续性与普遍性。这一理念强调教育并非仅限于特定阶段或特定场所，而是贯穿于人的一生，并广泛存在于社会的各个角落。

第一，终身教育突破了传统教育的时空限制，认为教育并非青少年阶段的专属，而是伴随人这一生连续不断的学习过程。这种教育理念打破了"一次性教育"的桎梏，将教育视为一个持续不断、永不停息的过程，体现了教育在时间上的无限延伸。这种延续性不仅有助于个体在不同生命阶段获取新知识、新技能，更能促进个体的全面发展，实现"活到老，学到老"的理想状态。

第二，终身教育强调教育的普遍性，即教育并非仅限于学校这一正规教育部门，而是渗透到社会的各个角落。无论是家庭教育、学校教育还是社会教育，都是终身教育体系的重要组成部分。这种教育理念的普及不仅拓宽了教育的范畴，也增强了教育的社会功能，使得教育成为整个社会的共同责任。

第三，终身教育将教育与社会生产、生活紧密相连，使学习成为工作与生活的重要组成部分。在终身教育思想的指引下，工作与学习、生活与学习不再是相互独立的存在，而是相互渗透、相互促进的有机体。这种教育理念打破了学习与工作、生活的界限，使得学习成为个体日常生活中不可或缺的重要内容，从而提高了学习的实效性和针对性。

(二) 终身教育的重要意义

终身教育作为一种教育理念和实践模式，具有重要的意义，对个体、社会和国家发展都具有深远影响。

第一，终身教育为个体提供了持续学习和自我发展的机会。在现代社会，知识和技能更新迅速，职业要求不断变化，传统的学历教育已经不能满足人们的需求。终身教育则强调学习是一个持续不断的过程，不局限于年轻时期，而是贯穿于整个人生。通过终身教育，个体可以不断更新自己的知识和技能，适应社会的变化，提高自己的竞争力，实现个人的自我价值和发展。

---

① 侯怀银，王晓丹. 终身教育理论在中国的引进及其影响 [J]. 教育科学，2021，37(05)：2.

第二，终身教育有助于促进社会的稳定与发展。现代社会要求人们具备更广泛的知识和技能，以适应快速变化的社会环境。通过终身教育，社会可以培养出更具创造力、适应力和创新能力的人才，推动科技进步和经济发展。同时，终身教育也有助于减少社会的不平等现象，提高整个社会的教育水平和文化素质，促进社会的和谐与进步。

第三，终身教育对国家的发展具有重要意义。国家的发展离不开人才的支撑，而终身教育可以培养出更多更优秀的人才，为国家的现代化建设提供强有力的人力资源支持。此外，终身教育也有助于提高国家的文化软实力和国际竞争力，提升国家在全球范围内的地位和影响力。

(三) 终身教育对开放式学校教育的启示

终身教育，作为一种持续更新、不断创新的教育理念，对于实施开放式学校教育具有深刻的启示。这一理念强调个体在一生中应持续学习，不断充实、深化和更新自身的知识结构，以适应社会的快速变革。在开放式学校教育的实践中，终身教育的观念应当被深刻理解和广泛应用。

第一，终身教育要求教师具备自我发展、自我完善的能力，不断更新教育观念，接受新知识、新技术，并了解教育改革和学科教学的最新发展。这不仅是社会发展对教师提出的要求，也是教育变革的内在需求。因此，中小学应当加强对教师的培训，提升他们的专业素养和终身学习能力，使他们能够成为学生学习道路上的引路人。

第二，教育应当致力于引导学生学会学习，树立终身学习的理念。基础教育不仅是为学生未来的学习和生活打基础，更应当承担起培养他们终身学习习惯和能力的重任。学生需要意识到学习是一个永不停息的过程，而不仅是学校教育的阶段性任务。因此，在开放式学校教育中，人们应当注重培养学生的自主学习能力、批判性思维以及问题解决能力，使他们能够在未来的学习和工作中持续成长。

三、以人为本的教育理念

(一) 以人为本的教育理念的意义

以人为本的教育理念，作为现代教育体系的核心支柱，其深远影响不仅体现在教育教学的实践层面，更在于其对教育本质与目标的深刻认识。在这一理念中，"人"即师生，是教育的主体与核心，教育的全部工作都应围绕师生的共同发展展开。

第一，以人为本的教育理念强调教育应以师生为中心，这体现在教育工作的出发点和落脚点均在于师生的全面发展。学生的全面发展是教育的终极目标，这包括知识、技能、情感、态度、价值观等多个方面的成长。同时，教师的专业发展同样重要，教师的教育水平、教学技能和专业素养直接关系到学生的教育质量。因此，以人为本的教育要求学校必须致力于提升教师的教育教学能力，以满足学生全面发展的需求。

第二，以人为本的教育理念要求学校必须尊重每一位师生。尊重不仅体现在对师生人格尊严的维护，更在于对师生个体差异的理解和接纳。学校应为师生提供宽松、和谐、有利于成长的环境，使他们在得到尊重的同时，也能感受到学校的关爱和支持。

第三，以人为本的教育理念倡导依靠师生推动学校的发展。师生是学校最宝贵的资源，他们的智慧、才能和创造力是学校发展的不竭动力。学校应充分发挥师生的主观能动性，鼓励他们积极参与学校的各项决策和管理工作，使学校成为真正意义上的民主、开放、包容的学习共同体。

第四，以人为本的教育理念中的"人"，主要是指学生。学生是教育的主体，是学校教育活动的中心。因此，以人为本的教育应以学生的身心健康发展为本，尊重学生的个性差异，关注每个学生的成长需求，努力为他们提供最适合的教育。

(二) 以人为本的教育理念对开放式学校教育的启示

随着教育领域的不断深化与拓展，以人为本的教育理念越发凸显其重要性，尤其是在开放式学校教育的实践中。这一理念强调将学生置于教育活动的核心位置，尊重其个性差异，激发其潜能，进而促进其全面而自由地发展。对于开放式学校教育而言，以人为本的教育理念不仅提供了一种指导思想，更为其提供了具体的实践路径。

1. 对开放式学校学生发展的启示

以人为本的教育理念强调学生的全面发展，包括知识、技能、情感态度等多个方面。在开放式学校教育中，这一理念要求学校必须关注学生的个体差异和多元化需求，为他们提供个性化的教育服务。

（1）学校应关注学生的兴趣爱好和特长发展。通过开设多样化的选修课程、组织兴趣小组和社团活动等方式，学校可以为学生提供更多的选择和发展空间，帮助他们发现自己的潜力和优势。

（2）学校还应注重学生的情感态度和价值观培养。通过心理健康教育、德育活动等途径，学校可以帮助学生形成健康向上的人格特质和道德观念，为他们未来的成长和发展奠定坚实的基础。

（3）学校还应关注学生的社会实践能力和创新精神的培养。通过组织社会实践活动、创新竞赛等方式，学校可以为学生提供更多的实践机会和挑战，帮助他们锻炼自己的能力和素质，为未来的职业发展和社会贡献做好准备。

2. 对开放式学校教学过程的启示

以人为本的教学理念强调教学过程应充满温馨和阳光，教师应发挥主导作用，尊重学生的个性发展，保护学生的求知欲。在开放式学校教育中，这一理念显得尤为重要。

（1）教师应热爱所从事的学科教学，将钻研学科教学作为自己的责任。在教学过程中，教师应关注学生的个体差异，因材施教，以满足不同学生的学习需求。同时，教师还应尊重学生的个性发展，允许和鼓励他们发表自己的见解和想法，培养他们的创新精神和批判性思维。

（2）教师应保护学生的求知欲，顺势引导。学生的好奇心和求知欲是他们学习的内在动力，教师应善于发现和利用这些动力，引导学生积极探索、主动学习。在开放式学校教育中，教师可以通过设置开放性问题、组织探究性学习等方式，激发学生的求知欲和探索精神。

（3）教师在教学过程中还应注重与学生的沟通和交流。通过平等沟通、自由畅谈的方式，教师可以了解学生的想法和需求，为他们提供有针对性的指导和帮助。同时，这种沟通方式也有助于建立师生之间的信任和尊重关系，为教学活动的顺利开展打下良好的基础。

3. 对开放式学校环境构建的启示

以人为本的教育理念要求开放式学校必须为学生创造一个人性化、自由宽松的教育环境。这一环境不仅包括物质层面的自然环境和文化景观，更涵盖精神层面的文化氛围和人文关怀。

（1）在物质环境方面，开放式学校应注重校园自然环境的建设，使其美丽和谐，为学生提供良好的生活和学习空间。同时，学校还应注重校园文化景观的设计，让每一面墙、每一个角落都充满文化气息，使学生在日常生活中受到美的熏陶。

（2）在精神环境方面，开放式学校应营造健康向上的校园文化氛围。这包括明确学校的办学目标、管理理念，以及形成独特的校训、校风、教风、学风等。这些文化元素将潜移默化地影响学生的思想和行为，帮助他们树立正确的价值观和人生观。

（3）开放式学校还应建立多样化的活动平台，充分发掘学生的潜能。通过社团活动、学术竞赛、志愿服务等多种形式的活动，引导学生积极参与，展示和提升自己的能力，实现课堂教学的有效补充和延伸。

第二节　信息技术与开放式教学

一、信息技术与开放式教学的基础理论

（一）信息技术在教学设计中的作用

信息技术在教学设计中扮演着至关重要的角色，它以其独特的优势和功能，为教学设计带来了革命性的变革。

第一，信息技术为教学设计提供了丰富的教学资源和多样的教学手段。通过互联网，教师可以轻松获取海量的教学资源，如课件、视频、音频等，这些资源可以极大地丰富教学内容，使教学更加生动有趣。同时，信息技术

也为教师提供了多样的教学手段，如多媒体教学、网络教学等，这些手段可以有效地激发学生的学习兴趣，提高教学效果。

第二，信息技术在教学设计中有助于实现个性化教学。通过数据分析技术，教师可以对学生的学习情况进行实时监测和评估，了解每个学生的学习特点和需求，从而制订个性化的教学计划，为每个学生提供针对性的教学服务。这种个性化的教学方式可以更好地满足学生的需求，提高学生的学习效果。

第三，信息技术还有助于促进教学互动与协作。在现代教育的背景下，社交媒体、在线论坛等平台已经成为师生交流的新渠道。通过这些平台，学生之间、师生之间可以实现实时的交流和讨论，共同构建了一个充满活力的学习社区。

社交媒体让学生可以随时随地进行学习交流。无论是课堂上的疑问还是课后的思考，学生都可以随时在社交媒体上提问或发表自己的观点。这不仅为学生提供了一个表达自我、展示才华的舞台，还让他们能够在与同伴的互动中相互启发，共同成长。

在线论坛则为师生提供了一个更加专业的讨论空间。教师可以发布课程资料、布置作业，而学生则可以提交作业、发表感想。论坛上的讨论往往更加深入和系统，有助于培养学生的批判性思维和解决问题的能力。这种互动与协作的学习方式不仅增强了学生的参与感和归属感，还激发了他们的学习积极性。学生在互动中感受到自己的价值，更加愿意投入到学习中去。同时，通过与他人的合作，学生也学会了倾听、理解和尊重，这对于他们的全面发展具有重要意义。

第四，信息技术在教学设计中不仅丰富了教学手段和提高了教学效率，还扮演着帮助教师进行教学反思与改进的重要角色。借助教学平台的数据反馈功能，教师可以更加精准地把握学生的学习状况，为教学反思和改进提供有力的数据支撑。

具体而言，教学平台可以实时记录学生在学习过程中的行为数据，如学习时长、答题情况、互动频率等。通过这些数据，教师可以清晰地了解到学生对教学内容的掌握情况以及他们在学习中遇到的困难和挑战。这些反馈数据能够帮助教师快速定位教学中存在的问题和不足，从而有针对性地调整教学策略。

例如，如果发现某个知识点学生的掌握程度普遍较低，教师可以反思是不是自己的讲解方式不够清晰，或是该知识点的难度超出了学生的接受范围。基于这样的反思，教师可以改进教学方法，如采用更生动的案例、增加练习次数或调整教学进度，以更好地满足学生的学习需求。

此外，教学平台还可以提供学生评价的反馈，让教师了解学生对课程的整体满意度、对教学方法的接受程度等。这些评价可以帮助教师从更宏观的角度审视自己的教学效果，为后续的教学设计提供有益的参考。

(二) 开放式教学的基本特征与模式的创新

1. 开放式教学的基本特征

开放式教学是一种教学理念和教学模式，其核心思想是以学生为中心，强调学生的自主学习、探究性学习和合作学习，以促进学生的全面发展和深层次的学习。开放式教学具有以下特征。

(1) 学生主体性与自主性。在开放式教学中，学生被视为学习过程的主体，他们被激励和鼓励积极地参与学习，发挥自主性和创造性。与传统教学相比，教师的角色发生了转变，不再是简单地传授知识，而是扮演着引导者和促进者的角色。教师的任务是激发学生的学习兴趣，帮助他们掌握学习方法，引导他们积极参与探究性学习活动。通过提供适当的学习资源和引导，教师可以激发学生的好奇心和求知欲，培养他们的自主学习能力和解决问题的能力，从而实现学生全面发展的目标。

(2) 学习资源的多样性与丰富性。开放式教学强调利用各种学习资源，如书籍、网络、实物、社会环境等，以提供丰富多样的学习体验。这种多样性的学习资源不仅能够满足不同学生的学习需求和兴趣，还可以激发他们的学习动机和创造力。通过书籍和网络，学生可以获取丰富的信息和知识；通过实物和实践活动，他们可以进行实地探究和实验；通过社会环境，他们可以进行社会实践和参与社区活动。这些多元化的学习资源不仅拓宽了学生的视野，还促进了他们的思维发展和创新能力，从而实现了教育的综合目标。

(3) 课程内容的灵活性与个性化。开放式教学着重于课程内容的灵活性和个性化，旨在根据学生的实际情况和兴趣特点设计教学内容，使学生能够在学习过程中体验到个性化的学习路径和教学资源。这种教学方式允许教师根据学生的需求和兴趣进行灵活调整和个性化设计，以满足不同学生的学习需求。教师可以根据学生的学习风格、兴趣爱好和能力水平，选择合适的教学方法、教材和学习活动，从而激发学生的学习兴趣和积极性。通过个性化的教学内容和学习资源，学生可以更好地理解和掌握知识，培养自主学习的能力和学习动机，从而实现更高水平的学习成果。这种个性化的学习体验有助于激发学生的学习潜能，提高他们的学习效果和满意度。

（4）合作与交流的重要性。开放式教学强调学生之间的合作与交流，通过小组合作、讨论、分享等方式，激发学生相互学习、共同探究问题的动力。在这种环境下，学生可以互相交流思想、分享见解，从不同角度审视问题，促进彼此的学习效果。通过与同伴的合作，学生能够相互借鉴、互相启发，拓展自己的思维空间，提高问题解决能力和创新思维。此外，合作与交流也培养了学生的团队合作能力和交流能力，使其学会倾听、尊重他人意见，并学会在集体中发挥个人优势，共同实现学习目标。这种互动的学习方式不仅有利于学术上的提高，还有助于培养学生的社交能力和团队意识，为其未来的职业发展和社会交往打下坚实的基础。

（5）评价方式的多样性与灵活性。开放式教学强调评价方式的多样性与灵活性，不仅关注学生学习成果的评价，更注重对学生学习过程的评价。除了传统的考试和作业外，还采用项目评价、表现评价等多种形式。这样的评价方式能够全面了解学生的学习情况，不仅考察他们的知识掌握程度，还能够评价其思维能力、创造力、合作能力等综合素养。通过项目评价，学生能够通过实际项目的完成情况展现自己的综合能力和解决问题的能力，培养实践操作能力和创新精神。同时，表现评价可以客观地反映学生在课堂上的表现和参与程度，促进学生的积极参与和自我反思。这种多样性和灵活性的评价方式为学生提供了个性化的反馈和指导，有助于激发他们的学习兴趣，提高学习效果，培养他们全面发展的能力。

2. 开放式教学模式的创新

在开放式教学的特征基础上，不断进行模式创新是教育教学的需要。在实践中，教师可以通过以下方式进行开放式教学模式的创新。

（1）个性化学习路径设计。开放式教学注重根据学生的学习能力、兴趣特点和学习风格，设计个性化的学习路径和任务。这意味着教师需要了解每个学生的学习需求，包括他们的学习能力水平、兴趣爱好以及学习方式偏好等方面的信息。基于这些了解，教师可以为每个学生量身定制适合其需求的学习计划和任务。例如，对于学习能力较强的学生，可以设置更具挑战性的学习任务，以促进其深度思考和批判性思维能力的发展；而对于学习能力较弱或学习兴趣特殊的学生，可以采用更加生动趣味的教学方法和资源，激发其学习兴趣，提升学习动力。通过个性化的学习路径和任务设计，每个学生都能在适合自己的学习环境中获得有效的学习经验和成果，从而更好地实现学习目标和提高学习效果。

（2）项目化学习设计。项目化学习是一种教学方法，通过让学生在团队合作的环境中进行项目设计、实施和评价来促进学习。在项目化学习中，学生通常被要求解决实际问题或完成实际任务，这有助于他们将课堂所学知识应用到实践中，并培养问题解决能力、创新能力和团队合作精神。通过参与项目化学习，学生不仅能够获得知识，还能够学会如何合作、沟通和协调，因为项目通常需要学生之间进行合作和协商。此外，项目化学习也能够激发学生的创造力和主动性，因为他们需要自己设计解决方案，并在实践中不断调整和改进。综上所述，引入项目化学习可以为学生提供更加真实、丰富和具有挑战性的学习体验，从而促进其全面发展和成长。

二、信息技术与开放式教学融合的理论框架

（一）信息技术对开放式教学的支撑作用

第一，信息技术为开放式教学提供了丰富的学习资源，极大地拓宽了学生的学习视野和选择空间。在互联网的助力下，学生可以轻松获取各种各样的数字化教育资源，这些资源不仅形式多样，而且内容丰富，能够满足不同学生的个性化学习需求。

互联网为学生提供了海量的在线课程和教学视频。无论是基础教育还是高等教育，学生都可以在网上找到适合自己的学习资源。这些课程和视频往往由资深教师或专家录制，内容精准、讲解生动，有助于学生深入理解知识点，提高学习效率。电子书籍的普及也给学生的学习带来了便利。通过电

子书籍，学生可以随时随地阅读各类书籍，不受时间和空间的限制。同时，电子书籍还具备搜索、标注等功能，方便学生进行阅读和整理。

此外，虚拟实验室等技术的出现，使得学生可以在虚拟环境中进行实践操作，增强学习的实践性和互动性。这种学习方式不仅能够提高学生的动手能力，还有助于培养他们的创新思维和解决问题的能力。

第二，信息技术在开放式教学中扮演着举足轻重的角色，极大地促进了师生之间的互动性和学生的参与度。借助网络平台和教育应用软件，教师得以打破传统课堂的时空限制，与学生进行在线交流和互动，使得教学更加灵活多样。

网络平台为师生提供了一个实时的互动空间。教师可以通过网络平台发布课程资料、布置作业，学生则可以在线提交作业、参与讨论。这种即时反馈的机制使得教师可以迅速了解学生的学习情况，给予及时的指导和帮助。同时，学生也能在互动中感受到教师的关注和鼓励，增强学习的动力和兴趣。

教育应用软件为开放式教学的互动提供了更多可能。这些软件通常具备丰富的互动功能，如在线投票、小组讨论、实时问答等，使得课堂教学更加生动有趣。通过这些功能，学生可以更加积极地参与学习中，发表自己的观点和看法，与同伴进行交流和合作。

此外，信息技术还促进了知识的共享与交流。学生可以通过网络平台分享自己的学习心得、笔记和资料，与其他同学一起学习和进步。这种共享机制不仅有助于扩大学生的知识面，还能培养他们的合作精神和团队意识。

第三，信息技术提供了丰富多样的学习工具和学习环境，极大地支持了学生的自主学习和合作学习。这些先进的技术工具不仅增强了学习的趣味性和互动性，还为学生提供了实践探究的机会，帮助他们提升各项技能。一方面，虚拟实验室、模拟软件等技术工具为学生创造了实践操作的平台。在虚拟环境中，学生可以进行各种实验操作和观察，而不必担心实验材料或设备的限制。这种学习方式不仅能够让学生亲身体验科学探究的过程，还能培养他们的实验技能和观察能力。同时，虚拟实验室还可以模拟出各种复杂和危险的实验环境，让学生在安全的情况下探索和学习。另一方面，在线协作平台和群组工具为学生之间的合作学习提供了便利。通过这些平台，学生可以共同参与项目设计、资料收集、问题解决等活动，实现信息的共享和思想的碰撞。这种合作学习的方式不仅能够促进学生的团队协作意识和能力，还能让他们在合作中相互学习、相互帮助，共同成长。

第四，信息技术还支持开放式教学中的个性化学习和差异化教学。通过学习管理系统 (LMS)、智能化学习系统和个性化学习平台等技术工具，教师可以根据学生的学习水平、兴趣爱好和学习习惯，设计个性化的学习路径和任务，为每个学生量身定制学习计划，提供个性化的学习资源和反馈。这种个性化学习模式有利于激发学生的学习动机和兴趣，提高学习效果和成绩。

第五，信息技术还为开放式教学的评估和反馈提供了有效支持。借助电子测验、在线考试和自动化评估系统，教师可以快速、准确地评估学生的学习成果，及时发现学生的学习问题和困难，为他们提供个性化的反馈和指导。同时，学生也可以通过在线平台查看自己的学习成绩和反馈意见，及时调整学习策略和提高学习效率。

(二) 信息技术与开放式教学的互动关系

第一，信息技术为开放式教学提供了强大的技术支持。通过运用多媒体技术、网络技术等现代信息技术手段，开放式教学得以突破传统课堂的时空限制，实现教学资源的共享和优化配置。信息技术不仅能够将文字、图片、视频等多种形式的教学资源融合在一起，为学生呈现出生动、直观的学习内容，还能够通过网络平台实现师生之间的实时互动和协作，使学习变得更加灵活和高效。

第二，开放式教学也为信息技术的应用提供了广阔的空间和舞台。开放式教学的核心理念是尊重学生的主体性，鼓励学生主动探索、自主学习。在这种教学模式下，信息技术不再仅仅是辅助教学的工具，而是成为推动学生学习的重要力量。学生可以利用信息技术手段自主获取学习资源、构建知识体系，还可以通过网络平台与同伴进行交流、合作，共同解决问题。这种互动的学习方式不仅有助于培养学生的创新精神和实践能力，还能够提升他们的信息素养和团队合作能力。

第三，信息技术与开放式教学的互动关系还体现在教学评价的改进上。

传统的教学评价往往侧重于对知识的记忆和应试能力的考察，而信息技术则能够实现对学生学习过程的全面跟踪和记录，为教学评价提供更加客观、全面的数据支持。基于信息技术的评价方式不仅可以更加准确地反映学生的学习状况和需求，还能够为教师提供有针对性的教学反馈和建议，促进教学质量的不断提升。

三、信息技术在开放式教学中的应用

(一) 信息技术在教学资源共享中的应用

第一，信息技术为教学资源的共享提供了便捷的平台。通过构建数字化教学资源库，学校可以将各类教学资源进行统一管理和分类存储，实现教学资源的集中共享。同时，借助网络平台，教师可以轻松地访问和获取这些资源，从而丰富教学内容和手段，提高教学效果。

第二，信息技术推动了教学资源的跨地域共享。借助互联网和云计算技术，不同地区、不同学校的教学资源可以实现互联互通，形成资源共享的联合体。这使得优质教育资源得以更广泛地传播和应用，缩小了地区间、学校间的教育差距，促进了教育公平。

第三，信息技术还提高了教学资源的使用效率。通过数据分析和挖掘技术，教师可以对教学资源的使用情况进行实时监测和评估，了解资源的利用效率和学生的需求情况，从而进行有针对性的优化和调整。同时，学生也可以根据自己的学习进度和兴趣点，自主选择适合自己的学习资源，实现个性化学习。

(二) 信息技术在教学互动与协作中的应用

第一，信息技术丰富了教学互动的形式。传统的课堂教学往往局限于教师讲授、学生听讲的单一模式，而信息技术的引入使教学互动变得更加多样化和生动。例如，通过实时在线交流工具，教师可以随时与学生进行互动，回答学生的问题，提供及时的反馈。同时，教师还可以利用在线测验、问卷调查等方式，了解学生的学习情况，为后续的教学调整提供依据。

第二，信息技术促进了学生之间的协作学习。在信息技术的支持下，学生可以跨越时空的限制，进行远程协作学习。他们可以通过共享文档、在线讨论等方式，共同完成任务、解决问题。这种协作学习不仅有助于培养学生的团队合作精神和沟通能力，还能够激发他们的创新思维和创造力。

第三，信息技术还为教学互动与协作提供了丰富的教学资源。通过互联网，教师可以获取海量的教学资源，如课件、视频、音频等，这些资源可以为学生提供多样化的学习体验。同时，学生也可以利用信息技术自主获取学习资源，进行自主学习和探究。这种资源共享的方式不仅拓宽了学生的学习视野，还为他们提供了更多的学习选择。

第四，信息技术还能够记录和分析教学互动与协作的过程和结果。通过数据分析和可视化工具，教师可以了解学生在互动与协作中的表现，评估他们的学习效果和协作能力。这些数据可以为教师提供有针对性的教学建议和改进方向，帮助他们更好地指导学生进行互动与协作学习。

(三) 信息技术在教学评价与反馈中的应用

第一，信息技术使得教学评价的方式更加多样化和全面。传统的评价方式往往依赖于单一的考试或作业成绩，难以全面反映学生的学习状况。而借助信息技术，教师可以采用多种评价方式，如在线测验、学习数据分析、学生自评与互评等，从而更全面地了解学生的学习情况。例如，通过在线测验系统，教师可以设计多种题型和难度的题目，以检测学生对知识点的掌握程度；通过学习数据分析工具，教师可以分析学生在学习过程中的行为、习惯和效果，以评估其学习态度和能力。

第二，信息技术提高了教学评价的准确性和客观性。传统的评价方式往往受到人为因素的影响，存在主观性和误差。而信息技术可以通过算法和数据分析，对学生的学习情况进行客观、准确的评估。例如，通过智能评分系统，教师可以自动批改学生的作业和试卷，避免了人为评分的误差和不一致性；通过数据挖掘技术，教师可以发现学生的学习规律和潜在问题，为教学改进提供有力支持。

第三，信息技术使得教学反馈更为及时和个性化。传统的反馈方式往往需要在课后或考试后进行，且难以针对每个学生的具体情况进行反馈。而借助信息技术，教师可以实时获取学生的学习数据，及时发现问题并进行反馈。同时，信息技术还可以根据学生的学习特点和需求，提供个性化的反馈和建议。例如，通过在线学习平台，教师可以实时查看学生的学习进度和成绩变化，对于学习困难的学生可以给予额外的指导和帮助；通过智能推荐系统，教师可以根据学生的兴趣和需求，推荐适合的学习资源和课程。

第四，信息技术还促进了教学评价与反馈的民主化和多元化。传统的评价方式往往由教师主导，学生缺乏参与和表达的机会。而借助信息技术，学生可以更加积极地参与到评价与反馈的过程中，表达自己的观点和意见。同时，信息技术还可以引入多元化的评价主体，如家长、同伴等，使得评价更加全面和客观。

四、信息技术与开放式教学融合的实践模式

（一）基于信息技术的开放式教学模式构建

1. 开放式教学模式的设计原则与策略

开放式教学模式的设计原则与策略，旨在构建一个充满活力、互动性强且富有创新性的教学环境，以满足学生多样化的学习需求，促进其全面发展。

在设计原则上，开放式教学注重三点：①坚持学生主体性原则，即教学活动以学生为中心，尊重其个体差异，充分发挥其主动性和创造性；②注重实践性原则，强调将理论知识与实践活动相结合，让学生在实践中学习、掌握和运用知识；③遵循开放性原则，鼓励学生打破思维定式，勇于探索未知领域，培养其创新精神和实践能力。

在策略上，开放式教学可采取的措施包括：①创设问题情境，激发学生的求知欲和好奇心，引导他们主动探究问题、解决问题；②开展合作学习，鼓励学生之间的交流与合作，共同完成任务，培养团队协作精神和沟通能力；③实施个性化教学，针对不同学生的特点和需求，制订个性化的教学计划和辅导方案，以最大限度地发挥每个学生的潜能；④运用信息技术手段，丰富教学资源和教学方法，提高教学效果和学生的学习体验。

在实施开放式教学模式时，教师还需注意三点：①不断更新教育观念和教学方法，以适应时代的发展和学生的需求；②注重培养学生的自主学习

能力和终身学习习惯，使其具备持续学习和发展的能力；③关注学生的学习过程和情感体验，及时给予指导和支持，帮助他们建立积极的学习态度和自信心。

2. 开放式教学模式的实施步骤与流程

（1）开放式教学模式的启动阶段，教师需要明确教学目标，确保教学活动有的放矢。同时，教师应深入了解学生的知识基础和学习特点，以便因材施教。在这一阶段，教师还可以为学生创设一个开放、包容的学习氛围，鼓励他们积极参与教学活动。

（2）进入教学资源准备阶段。教师需要根据教学目标和学生的需求，精心选择和组织教学内容，充分利用各种教学资源，如教材、网络资源、实物模型等。同时，教师还应设计多样化的教学活动，如小组讨论、角色扮演、实践操作等，以激发学生的学习兴趣和积极性。

（3）在教学过程中，教师应注重学生的主体地位，引导他们主动探究、合作学习。教师可以采用问题导向的教学方法，引导学生发现问题、分析问题、解决问题。同时，教师还应关注学生的个体差异，为不同层次的学生提供个性化的学习支持。

（4）评价反馈阶段，教师应采用多元化的评价方式，全面、客观地评估学生的学习成果。除了传统的纸笔测试外，教师还可以结合学生的课堂表现、作业完成情况、项目实践成果等多方面进行评价。同时，教师还应及时给予学生反馈和建议，帮助他们发现不足、改进提高。

（5）在总结反思阶段，教师应对整个教学过程进行总结和反思，分析教学效果和存在的问题，以便进一步完善和优化开放式教学模式。同时，教师还应鼓励学生进行自我评价和反思，培养他们的自主学习能力和终身学习习惯。

（二）翻转课堂在开放式教学中的应用实践

1. 翻转课堂的基本特点

（1）翻转课堂实现了学习主导权的转移。在传统的教学模式中，教师通常扮演主导角色，而学生则处于被动接受的状态。然而，在翻转课堂中，学习的决定权从教师转移到了学生手中。学生需要在课前通过自主学习的方式，观看教学视频、阅读教材或进行在线讨论，从而对新知识进行初步了解和掌握。而在课堂上，教师则主要担任指导者和协助者的角色，负责解答学生的疑问，引导学生进行深入探讨和实践操作。

（2）翻转课堂强调学生的主动学习和个性化学习。翻转课堂鼓励学生在课前进行自主学习，并在课堂上积极参与讨论和互动。这种教学模式使得学生的学习过程更加主动和个性化。学生可以根据自己的兴趣和需求选择学习内容和学习方式，从而更好地满足自己的学习需求。

（3）翻转课堂还注重课堂时间的有效利用。在传统的课堂中，教师通常需要花费大量时间进行知识传授和讲解。而在翻转课堂中，由于学生在课前已经完成了对新知识的自主学习，因此教师可以将课堂上的时间更多地用于解答学生的疑问、引导学生进行实践操作和开展讨论交流等活动。这样不仅能够提高课堂的互动性，还能够加深学生对知识的理解和记忆。

（4）翻转课堂具有灵活性和可扩展性。翻转课堂不受时间和地点的限制，学生可以随时随地进行学习。同时，翻转课堂也可以根据不同的学科和课程内容进行调整和优化，以适应不同的教学需求和学习目标。

2. 翻转课堂在开放式教学中的实施

翻转课堂是一个富有创新性的教学模式，它突破了传统课堂的局限，更加注重学生的主体性和主动性。

（1）翻转课堂的核心在于将传统课堂中的知识传授与知识内化两个过程进行颠倒。在课前，教师会通过在线平台发布预习资料、微课视频等，引导学生自主学习，对新知识进行初步了解和掌握。课堂上，则更多地聚焦于学生的问题探讨、实践操作和互动交流。这样的教学模式，使得课堂时间得到了更有效的利用，学生能够更深入地理解和掌握知识。

（2）在开放式教学中实施翻转课堂，更能够发挥其优势。开放式教学强调学习的自由性、开放性和多元性，而翻转课堂则为学生提供了更多的自主学习和探究的机会。学生可以根据自己的兴趣和需求，选择适合自己的学习资源和方式，进行个性化的学习。同时，翻转课堂中的课堂互动和讨论环节，也能够促进学生的合作学习和思维碰撞，培养学生的创新思维和批判性思维。

（3）实施翻转课堂还需要教师具备较高的教学素养和技术能力。教师需要精心设计预习资料和教学视频,确保内容的质量和有效性;同时,还需要在课堂上灵活应对学生的问题和需求,引导学生进行深入的思考和探究。这对教师来说是一个挑战,但也是一个提升自身能力的机会。

(三)混合式学习在开放式教学中的应用实践

1. 混合式学习的主要优势

(1)混合式学习提供了灵活的学习方式和个性化的学习体验。学生可以根据自己的时间安排、学习风格和进度来制订学习计划。通过在线学习平台,学生可以随时随地访问学习资料,进行自主学习,不再受传统课堂时间和地点的限制。同时,教师也可以根据学生的学习情况进行个性化的指导,使每个学生都能在最适合自己的方式下学习,提高学习效果。

(2)混合式学习整合了线上和线下的学习资源,丰富了教学手段。线上资源包括视频、音频、电子书籍等多媒体材料,可以为学生提供更直观、生动的学习体验。线下资源则包括面对面的教师指导、小组讨论、实践操作等,有助于提升学生的实际应用能力和人际交往能力。通过混合式学习,学生可以在一个多元化的学习环境中获取知识,提高学习效果。

(3)混合式学习还促进了师生之间的互动和合作。在线学习平台为学生提供了与教师和其他同学交流互动的机会,可以通过在线讨论、小组作业等方式进行合作学习。这种互动和合作不仅可以帮助学生解决问题,拓宽思路,还能增强学生的团队协作能力和沟通能力。

(4)混合式学习有助于培养学生的自主学习能力和终身学习习惯。在混合式学习的环境下,学生需要主动参与学习过程,进行自我管理和自我激励。通过长期的实践,学生可以逐渐形成良好的学习习惯,为未来的学习和职业发展打下坚实的基础。

2. 混合式学习在开放式教学中的具体应用

混合式学习在开放式教学中的具体应用,展现了一种融合了传统课堂与在线学习优势的教学模式,为学生的学习提供了更广阔的空间和更丰富的资源。

(1)在开放式教学中,混合式学习能够充分利用线上资源,为学生提供多样化的学习材料。学生可以通过网络平台,随时访问各种课程资料、教学视频和在线题库，进行自主学习和巩固练习。这不仅满足了学生个性化的学习需求，也让他们在学习的道路上更加自由自在。

（2）混合式学习在开放式教学中促进了师生之间的有效互动。教师可以通过在线平台发布作业、组织讨论和进行辅导，及时解答学生的疑问，引导学生进行深入思考。而学生也可以随时向教师反馈学习进展和困难，从而得到更加精准的指导和帮助。这种互动不仅提高了教学效果，也增强了师生之间的情感联系。

（3）混合式学习还能够结合线下的实践活动，让学生在亲身体验中深化对知识的理解。在开放式教学中，教师可以组织各种实践活动，如实地考察、小组合作和角色扮演等，让学生在实践中学习和成长。同时，学生也可以通过实践活动来检验自己的学习成果，进一步提升自己的综合素质。

（4）混合式学习在开放式教学中的应用，还体现在对学生学习成果的多元评价上。除了传统的考试和作业评价外，教师还可以结合学生在在线平台上的学习数据、参与讨论的情况以及实践活动的表现等多方面进行评价，从而更全面地了解学生的学习状况和发展潜力。

第三节　在线开放课程的特征与主流模式

一、在线开放课程的基本特点

（一）教学工具资源多元化

传统的教学模式中，教师主要依赖教科书和黑板等有限的教学工具进行知识传授，而在线开放课程则彻底打破了这一限制。它借助互联网平台，整合了文字、图形、图像、音频、视频、动画等多种媒体形式，形成了丰富多样的教学资源库。这些资源不仅提升了课程的趣味性和吸引力，也极大地拓宽了学习者的知识视野。同时，在线开放课程还融合了多种社交网络工具，如学习社区、在线论坛等，使得学习者可以与教师、同学进行实时互动，共同探讨学习问题，形成良好的学习氛围。

(二) 易于使用

传统课程受到时间和空间的限制，学习者需要在特定的时间和地点进行学习。而在线开放课程则突破了这一束缚，学习者只需通过互联网连接，便可以在任何时间、任何地点进行学习。此外，在线开放课程通常提供用户友好的学习界面和便捷的操作方式，使得学习者能够轻松上手，快速掌握课程内容。

(三) 受众面广

传统课堂受到教室容量的限制，无法容纳过多的学习者。而在线开放课程则突破了这一人数限制，能够满足大规模课程学习者的学习需求。无论学习者身处何地，只要具备上网条件，便可以参与到在线开放课程的学习中。这种广泛的受众面使得在线开放课程成为一种普及教育、推广知识的重要途径。

(四) 参与自主性

与传统课堂相比，在线开放课程的学习者具有更高的自主性。学习者可以根据自己的兴趣和需求选择课程，制订学习计划，掌控学习进度。同时，在线开放课程通常采取自主学习与协作学习相结合的方式，鼓励学习者通过讨论、合作等方式共同解决问题，培养学习者的自主学习能力和团队协作精神。然而，这种自主性也带来了一定的挑战。由于在线开放课程的入学门槛相对较低，学习者的学习背景和能力差异较大，导致课程完成率和学习效果参差不齐。此外，一些学习者由于缺乏自律和规划能力，容易出现学习进度缓慢、学习效果不佳等问题。

二、在线开放课程的主流模式

在线开放课程的主流模式，作为现代教育信息化的重要体现，其多元化的发展态势不仅推动了教育资源的共享，更促进了教育公平与质量的提升。在当前的教育领域中，网络公开课模式和网络资源共享课模式无疑是两种最具代表性的主流模式。

（一）网络公开课模式

"作为世界范围内的发展潮流，并伴随着'互联网＋'模式的迅速发展，网络公开课已成为我国教育资源共享和公众在线学习的重要方式，对其服务模式的探索是教育理论发展和实践困境突破的核心议题。"[①] 网络公开课模式，作为在线开放课程的一种重要形式，实质上是一种讲座型的在线教学模式。这种模式以经典或广受欢迎的课程内容为核心，通过出版级水平的视频制作，将课程内容以专题形式进行讲授和录制，供社会大众免费学习。这种模式的出现，打破了传统教育的时空限制，使得优质教育资源得以广泛传播。网络公开课模式的特点在于其内容的专题性和讲授的深入性，它旨在通过专家的精彩讲授，引导学习者深入了解某一领域的文化和科学知识，从而促进社会文化的发展与文明的进步。

（二）网络资源共享课模式

网络资源共享课模式则更加注重教师引领和团队协作。这种模式以名师为主导，以传统课堂教学过程为主线，将课程内容按章节结构进行划分，并将相关教学资源进行数字化处理。学习者通过在线学习平台，可以系统地学习课程知识，并通过教学团队的协作引领，构建在线学习社区，实现知识的互动建构。网络资源共享课模式的优势在于其系统性和互动性，它不仅能够为学习者提供完整的课程知识体系，还能够通过在线社区的互动，促进学习者之间的交流与合作，提升学习效果。

从受众对象来看，网络公开课模式主要针对的是社会大众，其目的在于普及科学文化知识，提升公众素养。而网络资源共享课模式则主要面向学生和教师，旨在提供系统、专业的课程学习和发展支持。这两种模式各有侧重，但都充分体现了在线开放课程的优势，即突破时空限制、实现资源共享、提升教育质量。无论是网络公开课模式还是网络资源共享课模式，都需要在实践中不断完善和优化。例如，可以进一步丰富课程内容，提升视频制作质量，加强学习平台的交互功能，以更好地满足学习者的需求。同时，也需要关注在线开放课程的可持续发展问题，如版权保护、教学质量监控等方

① 陈永锋.我国网络公开课服务模式研究 [D]. 兰州：兰州大学，2016：4.

面的问题，以确保在线开放课程的健康、有序发展。

第四节　在线开放课程的发展趋势与展望

一、在线开放课程的发展趋势

(一)后 MOOC 时代衍生出来的教学模式

在后 MOOC（大规模开放在线课程）时代，随着在线教育的深入发展，一系列衍生出来的教学模式如雨后春笋般涌现，它们以各自独特的方式，对传统的 MOOC 模式进行了有益的补充与改进。这些新模式不仅提高了在线教育的质量与效率，也进一步推动了教育公平与个性化的实现。

1. SOOC

SOOC 是一种针对 MOOC 平台存在的问题而设计的教学模式，旨在解决 MOOC 平台面临的参与度低、通过率低以及学生背景不一致等问题。与 MOOC 相似，SOOC 的运行机制也是基于在线开放式课程，但学习对象被限制在较小的范围内，只有通过筛选后的学习者才能参与各种学习讨论和互动。这种限制规模的做法，一方面能够节约存储和带宽成本，另一方面也有助于提高教学设计和课程环节的完整性。因为在小范围内，教师更容易进行个性化指导和关注学生的学习情况，同时学生之间的互动也更加紧密，促进了学习氛围的形成和学习效果的提升。

通过 SOOC，学习者能够在更加聚焦和深入的学习环境中，获得更好的学习体验和学习效果。他们可以更加深入地探讨课程内容，与教师和同学之间展开更加积极地互动，从而加深对知识的理解和掌握。与 MOOC 相比，SOOC 虽然规模较小，但却更具针对性和深度，能够更好地满足学习者的个性化需求，提升学习的质量和效果。

2. SPOC

SPOC 是将优质 MOOC 资源与传统课堂教学有机结合的一种教学模式。它旨在通过翻转课堂教学，将线上教学资源和线下教学活动相结合，提高教师的调节能力和学习者的通过率，同时帮助教师更好地掌握学习者的参与情况。SPOC 更加强调教师的作用。教师在 SPOC 模式中扮演着引导者和指导者的角色，通过精心设计的线上线下教学活动，如在线讨论、课堂演示、小组合作等，实现了教学质量的提升和课程通过率的提高。学生可以在线上平台自主学习课程内容，然后在课堂上进行深入讨论和实践，从而更好地理解和应用所学知识。

与此同时，SPOC 也降低了制作成本，更符合可持续发展的需求。由于 SPOC 模式下课程规模较小，教师可以更加注重个性化指导和关怀，减少了对大规模在线课程制作和管理的人力和物力投入。这种模式不仅能够提高教学效果，还能够节约成本，为学校教育资源的合理利用提供了有效途径。

3. DOCC

DOCC 将传统协作学习理念引入 MOOC 网络教学模式中。它强调学习过程中学习者之间的协作与交流，旨在解决传统 MOOC 模式中缺少协作学习和分布式交流的问题。

在 DOCC 中，课程内容和授课专家来自不同地方的多所高校，课程面向公众开放，所有大学都承认学分。这种跨校、跨地区的协作学习模式为学习者提供了更广阔的学习平台，不仅拓宽了他们的视野和知识面，也促进了不同高校之间的交流与合作。

在 DOCC 模式下，学习者可以通过与来自不同学校和地区的同学合作，共同探讨课程内容，交流学习心得，从不同学校和专业的角度理解问题，获得更加全面和深入的学习体验。这种协作学习的模式不仅有助于加强学生之间的互动和合作，还能够培养他们的团队合作能力和跨文化交流能力，为未来的社会生活和工作打下良好的基础。

4. MOOL

MOOL 通过在线网络提供虚拟实验室模拟软件，为学习者提供了无时间限制、耗材成本低、实验过程可重复和可回放的实验环境。相比于传统的实验教学，MOOL 具有以下优势。

（1）MOOL 具有全天候、全时段开放的特点，学习者可以随时进行实验操作，不受时间和地点的限制。这种灵活性使得学习者能够根据自己的学习进度和时间安排，自主进行实验操作，提高了学习的效率和便利性。

（2）MOOL 实验过程消耗小，不需要大量的实验器材和耗材，大大降低了实验成本。学习者可以通过在线平台进行虚拟实验，无须担心材料浪费和设备损坏的问题，节约了实验资源的利用。

5. MOOR

MOOR 以问题探究为起点进行交互扩展研究。它为学生从学习到研究的过渡提供了渠道，使得教学重心由知识的复制传播转向问题的提出和解决。

在 MOOR 中，学习者不再是知识的接收者，而是成为问题的提出者和解决者。他们通过参与到研究过程中，积极探究和讨论课题，与其他学习者进行互动交流，共同探索问题的解决方案。这种参与式学习模式激发了学生的创新意识和研究兴趣，培养了他们的问题解决能力和批判性思维。

在 MOOR 中，学习者不仅可以获得知识，还可以通过实践探究提升自己的创新能力和解决问题的能力。他们在问题探究的过程中，不断思考和实践，尝试不同的方法和策略，积累经验并改进方法，从而不断提高自己的研究水平和学术能力。

6. PMOOC

PMOOC 是个性化学习项目。在这个项目中，学习者可以根据自己的需求制订学习计划和方法步骤，决定在线课程的开始与结束时间。这种以学习者为中心的教学模式，极大地提升了在线教育的个性化程度，满足了不同学习者的多元需求。

PMOOC 系统能够收集学习者的个性化学习需求，自动跟踪其学习进程，并基于大数据分析为学习者提供个性化的学习安排建议。通过分析学习者的学习偏好、知识水平和学习进度等信息，系统可以为学习者推荐适合其个性化需求的课程内容、学习资源和学习方法，帮助他们更高效地学习和成长。

PMOOC 更加注重学习者的个性化需求和学习体验。学习者可以根据自己的学习目标和时间安排，自主选择课程内容和学习方式，更好地掌握学习节奏和进度。这种个性化的学习模式不仅提高了学习者的学习效率，还增强了他们的学习动力和自主学习能力。

(二) 在线开放课程的发展方向

在线开放课程，作为现代教育体系中的一股新兴力量，其发展方向正日益受到学术界的关注。与传统的面授课程不同，在线开放课程以其网络学习空间为核心，构建了一种全新的学习环境，突破了时间和空间的限制，为学习者提供了更加灵活和自主的学习方式。

第一，从学习环境的角度来看，在线开放课程的设计应紧密结合 Web 技术的特点，以在线自主学习为主导，为学习者提供丰富多样的学习资源。这包括但不限于在线视频、学习指南、教学大纲等，旨在引导学习者系统地掌握课程内容。同时，通过配套练习题和测试题的设置，学习者能够随时检验自己的学习效果，而测试成绩的及时反馈则有助于学习者调整学习策略，提高学习效率。这种学习环境的设计不仅体现了学习的个性化需求，也促进了异步教学互动的实现，使师生之间的交流更加便捷和高效。

第二，在服务模式方面，在线开放课程正朝着"平台＋教育"的方向发展。这种服务模式以在线学习平台为基础，整合了教育资源和技术手段，为学习者提供了更加全面和深入的学习支持。在线学习平台不仅为学习者提供了模拟空间的学习环境，还通过数据分析、学习路径推荐等功能，实现了对学习者学习状态的精准把握和个性化指导。此外，随着移动互联网、大数据等新技术的不断发展，在线开放课程的服务模式也将不断创新和完善，为学习者提供更加便捷和高效的学习体验。

第三，课程资源的共建与共享是在线开放课程发展的基石。传统的教育资源分配往往受限于地域和学校的界限，而在线开放课程则打破了这一桎梏，使得优质教育资源得以在更广泛的范围内流通和共享。要实现这一目标，教育部门需要发挥其统筹规划的作用，指定高校共同参与规划课程的研发，确保课程资源的共建过程有序、高效。同时，针对不同课程的特性，制订个性化的总体设计方案，分阶段进行研发，确保课程内容的科学性和实用性。此外，统一教学在线平台或平台接口规范以及统一测试和验收标准，也是确保课程资源质量的重要保障。通过这一系列措施，不仅能够实现课程资源的共建与共享，还能提升在线开放课程的整体质量，为学习者提供更加优质的学习体验。

第四，基于移动终端的学习是在线开放课程发展的另一重要方向。随着 5G 无线通信技术的普及和电子产品处理能力的提升，移动学习已成为可能，并且具有巨大的发展潜力。通过开发在线开放课程 App，学习者可以随时随地接入网络，进行自主学习和互动交流。这种学习方式不仅灵活便捷，还能有效利用碎片化的时间，提高学习效率。为了推动基于移动终端的学习，需要不断研发和优化移动学习软件，提升用户体验和学习效果。同时，政府和高校也需要给予足够的支持和配合，为移动学习提供必要的资源和环境保障。

二、在线开放课程的展望

(一) 在线开放课程服务于高校教学

作为传统教学方式的有益补充，在线开放课程在高校有着广阔的发展前景。近年来，国内在线开放课程数量出现井喷式增长，但在线开放课程后续的运营与推广、在线开放课程如何融入传统教学中去是很多高等院校面临的问题和挑战。此外，从学科知识体系来看，随着智能技术的不断发展，学科间的界限逐渐变得模糊，传统的单一学科课程往往难以应对复杂多变的知识需求。高等教育模式变革与学科知识体系的重构，并对大学教育的在线开放课程提出了新的要求。

随着信息技术的不断发展与移动终端的日益普及，学习者获取学习资源越发便利，原有的在线开放课程要从课程体系的角度进行革新，满足学习者更高层次的学习需求。在这一趋势的影响下，在线开放课程首先需要在课程体系上朝着跨学科的方向转变，从传统教育侧重硬知识传递逐渐转向基于情境和问题的教学。为了更好地服务于高校教学，还应紧紧围绕立德树人的根本任务，弘扬社会主义核心价值观，从教学内容与资源、教学设计与方法、教学活动与评价、教学效果与影响、团队支持与服务、信息安全及知识产权保障六个方面出发，推进在线教学形式与教学内容的深度融合；逐渐解决学分认证等问题，提高课程内涵质量，优化课程展示形式，细化课程运行管理。

随着社会大众对在线教育理念的逐渐认可，将会有更多教师愿意通过在线开放课程的形式让更多学习者接触到优质的教育资源。在行业融合方面，教育行业的一线工作者难以直接接触到科技领域的前沿技术，而技术人员则对教育内容缺乏深刻的了解与认识，很难发掘技术与应用之间的契合点。这就需要高校充分发挥引领作用，积极开展跨领域研究，推动前沿科技与在线开放课程的进一步结合。

(二) 在线开放课程服务于社会发展

从服务社会发展的角度来看，我国"构建终身学习体系，加快建设学习型社会"的战略举措对在线开放课程提出了促进教育公平与推动终身学习的要求。在线开放课程本身具有受众广泛、易于获取等优势，便于推动优质教育资源共享，已经逐渐成为优化教育资源，提升教育教学质量和国民科学素养的重要抓手。

1. 促进发展终身教育

人需要学习和终身学习，以确保他们在不断变化的环境中竞争的能力，这符合今天的社会需求，因此，这个想法得到了很多关注。对社会未来力量的培养需要紧跟时代发展的步伐，在线教育跨越了时空距离，整合优质教育资源，让不同年龄段的学习者能够随时随地参与学习，这符合终身教育的理念，与家庭、学校和社会教育相结合。

从终身教育理念的基本内涵来看，其主要倡导持续和主动的学习行为。这种学习行为不仅应该出于提升个人能力、服务社会发展需求的双重需要，更应该来自学习过程本身的良好体验。伴随着在线学习模式、混合式学习模式的不断创新，满足不同层次学习者需求的在线开放课程资源在数量和质量上都将不断提升。在人工智能技术的支持下，在线开放课程可以为不同年龄、不同知识基础的学习者提供个性化的优质学习体验。未来，现代技术将从教育资源、教育模式、绩效考核和学习互动四个方面推动终身教育与开放在线课程的融合，这将推动所有人终身学习，加快建设学习型社会的坚实基础。

2. 推动实现教育公平

在我国，当前仍然存在入学机会不足、教育资源地区发展不均衡等问题。基于教学平台的在线开放课程，允许学生观看在线学习视频，获取课程资源，完成作业，参与教师的互动，充分参与整个教学过程，达到最大限度的教育公平目标。基于互联网的教学平台是开放和友好的，并有效地减少了由于不同地区教育水平的差异而造成的教育不平等。但是，互联网技术高度发展和广泛应用在给全人类带来福祉的同时，也带来了新的不平等和新的社会分化，这就是所谓的"数字鸿沟"。

高速发展的网络传播技术扩大了优质教育资源的覆盖范围，但这与缩小教育差距、降低教育不平等程度并不等同。即使教育资源接近饱和，处于优势地位的群体也会谋求更高质量的教育资源以维持其优势地位，教育差距仍将存在。这种数字鸿沟广泛存在于家庭、地区、城乡之间，由于地理、收入等因素引起的教育科技资源的不平等会加大甚至恶化某些已经存在的差异。尽管具备种种缩小教育差距的潜力、能够让更多的学生接触到丰富的教育资源，但在线教育却并没有更多地使不同社会阶层特别是处于弱势的学生群体受益。"互联网＋教育"虽然为推动教育公平提供了极大助力，但如何促进教育资源在流通过程中的优质共享，成为横亘在在线教育行业发展前进道路上的一道难关。因此，仍需建立"国家政策支持、业界积极参与"双位一体的资源优化体系，发挥一线教师自身引导力，形成线上线下合力，更加关注弱势群体在教育资源获取和使用过程中的不平等现象，提高教育质量，促进教育公平。

第五节　智能时代与高校在线开放课程的关联分析

随着科技的不断发展和互联网的普及，智能时代已经成为当今社会的一个显著特征。在这个时代，人工智能、大数据、云计算等新技术的快速发展正在深刻影响着各行各业，尤其是教育领域。高校在线开放课程作为教育领域的一项创新举措，在智能时代的背景下更加凸显其重要性和影响力。

第一，智能时代为高校在线开放课程的发展提供了广阔的发展空间。在智能时代，信息技术的高速发展使得人们可以更加便捷地获取信息和知识，而高校在线开放课程正是利用了这一特点，将高等教育资源通过互联网开放给全球学习者。学生可以根据自己的需求和兴趣，在任何时间、任何地点学习感兴趣的课程，这大大拓展了学习的边界，提高了学习的灵活性和便利性。

第二，智能时代为高校在线开放课程的实施提供了先进的技术支持。人工智能、大数据、云计算等新技术的应用，使得在线开放课程可以更加智能化、个性化地满足学习者的需求。通过智能化的学习平台和个性化的学习推荐系统，学生可以根据自己的学习情况和兴趣自主选择课程，定制学习计划，提高学习效率和成效。同时，利用大数据分析技术，可以及时了解学生的学习情况和反馈，为课程的优化和改进提供数据支持。

第三，智能时代为高校在线开放课程的全球化发展提供了有力支持。随着全球化的进程不断加速，高校在线开放课程已经成为全球范围内教育资源共享的重要平台。智能时代的到来使得跨国合作和资源整合变得更加便捷和高效，高校可以通过在线开放课程向全球学习者开放自己的教育资源，实现资源共享和合作交流。同时，智能化的学习平台和个性化的学习服务也使得国际学生更容易融入异国他乡的学习环境中，促进了国际教育交流和合作。

第四，智能时代为高校在线开放课程的质量提升提供了新的可能。通过智能化的教学管理系统和学习评估工具，高校可以更加全面地监控和评估在线开放课程的教学质量和学习效果。同时，利用人工智能技术和机器学习算法，可以对在线开放课程的教学内容和教学方法进行智能化优化和改进，提高教学的针对性和效果。这将有助于提升高校在线开放课程的知名度和影响力，提高学生对在线课程的认可度和满意度。

第二章 智能时代高校在线开放课程的设计开发

智能时代背景下，高校在线开放课程的设计和开发变得更加多样化和智能化。课程的开发还将注重社交化学习，通过在线社区、协作项目等形式，促进学习者之间的互动和合作，激发学习动力和创新能力。本章主要论述在线开放课程的学习需求、在线开放课程的设计理念、在线开放课程的设计内容、在线开放课程的脚本开发。

第一节 在线开放课程的学习需求

一、学习需求

(一) 需求与需求层次理论

需求，作为个体或群体对于某种状态或条件的期望与追求，其内涵远比需要更为丰富和深入。从心理学的视角来看，需要更多地指向一种内在的心理状态，即个体在实践活动过程中因感受到某种缺失或不平衡而产生的力求满足的冲动。需求，则进一步将这种心理状态转化为对特定目标或条件的明确指向和追求，它代表着个人、社会或其他方面与现有状态之间的期望差距。

需求层次理论，作为对人类需求结构的一种系统性解读，将需求从生理、安全、社交、尊重到自我实现，划分为由低到高的多个层次。其中，自我实现需求作为最高层次，体现了个体对于实现自身潜能、发挥最大能力、达到自我完善境界的渴望。这一层次的需求，不仅要求个体在问题解决能力、自觉性等方面有所提升，更强调个体在独立处世、追求个人理想和抱负的过程中，达到与自身能力相称的完美状态。

人类的需求发展，呈现出一种由低级向高级逐步演进的过程，这既是人类心理和社会发展的自然规律，也反映了人在不同生命阶段主导需求的变迁。在某一特定时期，尽管多种需求可能并存，但总有一种需求占据主导地位，成为个体行为的主要动机。需求层次理论正是基于这样的观察和理解，深刻揭示了人类动机的根源和层次性，为人们理解人类行为和心理提供了有力的理论工具。

需求层次理论所强调的个体动机的自我中心倾向，揭示了人类需求的本质特征。这种自我中心的倾向，既是个体发展的动力源泉，也是社会进步的动力所在。因此，深入理解和研究需求层次理论，对于指导个体成长、推动社会发展具有重要意义。

(二) 学习需求与"以学习者为中心"的需求理念

学习需求，作为学习者在学习活动中对知识、技能或情感上的渴望与追求，其实质是一种心理状态，它源自学习者在现有知识与期望水平之间的感知差距。这一概念的界定，不仅揭示了学习需求的本质，也为深入探讨其背后的动机与驱动因素提供了基础。

学习动机，作为学习需求的直接动力来源，其构成复杂且多元。其中，认知内驱力作为学习动机的核心组成部分，体现了学习者对于知识本身的渴望与追求。这种内驱力源于对知识的认知兴趣，它促使学习者主动探索、理解并掌握新知识，以满足自身的认知需求。自我提高内驱力和附属内驱力则分别从个人成长和社会认可的角度，为学习提供了额外的动力。

在认知内驱力的主导下，学习动机激发并维持着学习者的学习行为，使其指向特定的学业目标。这种动力倾向是内部驱动的，它激励着学习者不断前进，克服学习中的困难与挑战。因此，理解和把握学习动机，对于满足学习需求、促进学习者的有效学习具有重要意义。

满足学习需求并非简单的知识灌输或技能传授，而是需要坚持"以学习者为中心"的教育理念。这一理念强调学习者的主体地位，认为学习者是学习的主动建构者，而非被动的接受者。在这种理念下，学习者需要承担起更多的学习责任，对自己的学习成果负责。同时，他们在学习的方式、途径、时间和最终成果形式等方面也应享有一定的自由度，以充分发挥其主观能动性和创造力。

教师在这一过程中扮演着重要角色。作为课程内容和资源的提供者，教师应结合学习内容和目标，明确各阶段的任务，制定相应的考核机制。同时，教师还应为学习者提供自主学习所需的资源，如场地、设备等。教师的角色并非领导进程的发展或干涉学习过程，而是引导进程、监控质量，将教学关注的焦点放在学习者的学习行为、学习情况和学习效果上。

需求层次理论说明人在不同阶段会产生不同的需求，只有最迫切的需求才是激励人行动的主要原因和动力。因此，只有在这种需求的激励下，学习者才能主动学习，取得好的学习效果。"以学习者为中心"的教育理念要求以学习者为主体，把学习者的需求和兴趣结合起来，才能发挥学习者的积极性。两者都要求从学习者的需求出发，为学习者提供能实现这种需求的条件。

二、学习需求分析的方法、步骤与内容

(一) 学习需求分析的方法

在课程设计开发的过程中，学习需求分析是一个至关重要的环节，它直接关系到课程内容的针对性和实效性。虽然问卷调查法和座谈与访谈方法因其结果的直观性和易分析性而被广泛使用，但在在线开放课程设计与开发领域，仍需综合运用多种分析方法，以便全面、深入地收集和分析学习者的需求信息。

第一，问卷调查法作为一种标准化和量化的分析方法，能够迅速收集大量学习者的意见和需求。在设计问卷时，需要精心选择问题，确保问题的针对性和有效性。同时，问卷的发放和回收过程也需要严格控制，以保证样本的代表性和数据的可靠性。通过对问卷数据的统计分析，可以初步了解学习者的整体需求和偏好，为后续的课程设计提供依据。

第二，座谈与访谈方法能够深入了解学习者的具体需求和期望。通过与研究对象进行面对面的交流，可以更加直观地了解他们的学习背景、学习习惯以及在学习过程中遇到的困难和挑战。同时，座谈与访谈方法还可以发现一些问卷调查中难以触及的深层次问题，为课程设计提供更为丰富的

信息。

第三，表现评价法。可通过系统的过程或在非正式条件下进行。可由领导者、教师操作。评价可在常规基础上进行，要求与道德评定相脱离。优点是指出了行为、技能上的优势和弱势，为道德培养提供了参考数据。缺点是开发评价系统、实施评价及数据处理的花费较高。可能因评价者的偏见导致评价失真。

第四，观察法。可以是技术性的或功能性的，能够得到数据或文字结果，也可以是非结构性的。优点是将日常工作或集体活动的影响降到最低，获得的是真实生活中的数据。缺点是对观察者素质要求较高，要求收集生活现场的数据，可能导致被观察者产生被监视的感觉。

第五，考核法。直接指向调查对象，可以是开放式或封闭式的。优点是有助于找出被考核者在情感、态度、知识、技能方面的不足。易于量化或进行比较。缺点是效度并不高，无法指出所测试的知识或技能就是所需要的内容。

第六，研讨法。正式的或非正式的，被广泛使用，可将焦点集中在一些特殊的问题、目标、任务或项目上。优点是促进不同观点之间的交流，促使集体成员成为更好的倾听者、分析者和问题解决者。缺点是比较耗时，得到的数据较难量化。

第七，文献分析法。大量的图表、文献、官方文件等，也包括成员记录、会议记录和一些相关报告。优点是为寻找问题提供线索，提供了客观的证据和结果，资料较易收集、总结。缺点是难以直接表明问题的原因和解决方法，大多是过去的而不是当前的数据，必须有熟练的数据分析者进行解释。

在综合运用各种分析方法时，需要合理确定样本范围。对于面向全校学生开发的课程，样本范围应涵盖本校学生或有代表性的学生，以确保分析结果的广泛性和适用性。同时，还应关注学习需求的个体差异，特别是在收集和分析数据的过程中，要注重对学习困难学生的反馈信息进行深入分析，以便更好地满足他们的特殊需求。

学习需求分析应贯穿于课程开发的整个过程。随着实践活动的不断推进，学习者的需求会不断发展变化。因此，学习需求分析也应做到动态更新。在课程开发的不同阶段，需要不断地、有针对性地进行学习需求分析，以便及时发现学习者需求的新变化和新问题，并进行适时的修正和补充。这样不仅可以确保课程内容始终与学习者的需求保持同步，还可以更好地检验课程开发的实施效果。

(二) 学习需求分析的步骤

学习需求分析，作为教学准备工作的核心环节，其步骤的规范性和系统性对于确保分析结果的客观性至关重要。仅凭教师经验进行需求判断，难免会导致结论的片面性或失真。因此，构建一个科学、完整的学习需求分析流程，是满足学习者需求、提升教学质量的关键所在。

第一，制订详尽的学习需求分析方案。这一步骤的核心在于明确分析的目的、对象、方法以及策略。目的应明确指向提升教学质量、满足学习者个性化需求；对象则包括不同背景、层次的学习者群体；方法的选择应根据分析的具体需求，灵活采用问卷调查、访谈、观察等多种方式；策略则涉及如何有效地组织和实施这些方法和手段。

第二，依据方案确定的样本范围及大小，采用适合的方法或组合方法与策略，抽样收集相关信息和数据。这一步骤的关键在于确保样本的代表性和数据的准确性。通过科学抽样，可以收集到反映学习者真实需求的信息和数据，为后续的分析提供坚实基础。同时，在收集过程中，还应注意保护学习者的隐私和权益，确保信息的合法性和安全性。

第三，对收集到的信息和数据进行分类统计，数据较多且复杂时，可建立数据分析模型或使用计算机软件进行分析。这一步骤是学习需求分析的核心环节，涉及对数据的深入处理和分析。通过建立数据分析模型或使用计算机软件，可以进一步挖掘数据背后的深层含义和规律，为解决问题提供有力支持。

第四，撰写学习需求分析报告。报告应简要概括分析的目的、参与者、方法和整个过程，清晰描述出分析的结果，并根据结果和数据提出解决问题的措施或建议。这一步骤不仅是对整个分析过程的总结，更是将分析结果转化为实际行动的关键。通过撰写报告，可以将学习需求分析的成果转化为具体的教学改进措施，为提升教学质量提供有力保障。

在整个学习需求分析过程中，还需注意：①始终保持客观、公正的态度，避免主观臆断和偏见；②注重与学习者的沟通与交流，确保分析结果的准确性和实用性；③及时将分析结果反馈给相关教学人员和管理者，以便及时调整教学策略和管理措施。

(三) 学习需求分析的内容

学习需求分析，作为教学活动的重要前置工作，其核心在于深入挖掘学习者的内在需求，以指导教学资源的组织、课程内容的确定以及教学方法的选择。对于任何教学项目而言，无论其规模大小或目标差异，需求分析都是不可或缺的一环。这是因为，只有充分了解学习者的需求，才能确保教学活动能够精准地满足学习者的期望，进而实现教学效果的最大化。

第一，对学习者的学习背景进行深入分析，是需求分析的起点。学习者的生活环境、人际关系等因素都会对其学习态度和学习能力产生影响。因此，在设计问卷或座谈提纲时，应充分考虑这些因素，以便全面了解学习者的学习状况。通过了解学习者的背景信息，教师可以更有针对性地设计课程内容，使之更符合学习者的认知特点和实际需求。

第二，对学习内容的认识和想法的调研同样重要。学习者对于即将学习的内容往往持有不同的观点和期待。通过调查了解学习者对学习内容的认识和想法，教师可以更好地把握学习者的学习需求，进而调整课程内容，使其更加贴近学习者的实际需求。此外，了解学习者的学习缺失或不平衡之处，也有助于教师在教学过程中重点解决这些问题，提高课程的针对性和实效性。

第三，了解学习者对学校、教师、教材、学习内容、课堂、课程资源、学习环境等方面的期望，是需求分析的重要补充。这些期望反映了学习者对于教学活动的整体看法和期待。在课程设计与开发时，充分考虑这些期望，有助于教师更好地满足学习者的学习愿望，实现"以学习者为中心"的教育理念。

三、在线开放课程学习需求类型

基于网络平台向学习者在线提供教学服务的在线开放课程，除了能够满足学校的线上线下混合式教学、翻转课堂教学、学生自主学习等需求外，也适合各类培训机构的职业培训和社会人员自主性碎片化的学习。学校的在线开放课程的学习需求，主要还是学生本着完成学业要求的目的，当然也有基于个人兴趣爱好或某一方面成长的需要，而选择相应的在线开放课程。在此重点探讨的是社会人员的在线开放课程学习需求的类型，也兼顾在校学生的学习需求。

(一) 基于知识拓展更新

基于知识拓展更新的课程主要是为了满足学习者对丰富个人知识、提升理论素养的渴望。这种需求通常源于学习者的内在动机和兴趣爱好，是出于对知识的追求和对个人成长的期待。这类课程的学习需求主要受到认知内驱力的影响，学习者通过参与相关在线开放课程来满足自己对知识、视野和认知的拓展。这些课程涵盖了多个领域，如兵器知识科普类、演讲技巧类、诗词鉴赏类等。学习者可能会选择参加这些课程，因为他们对这些领域感兴趣，希望了解更多相关知识，并且从中获得乐趣和满足感。比如，对于兵器知识科普类的课程，学习者可能是出于对历史、军事等方面的兴趣而选择参加，通过学习了解不同兵器的类型、功能以及历史背景，拓展自己的知识面。

此外，这类课程也可能涉及学习者关注的某些专业领域的发展前沿介绍等知识。在当今快速发展的社会和技术环境下，许多行业都在不断变革和创新，学习者可能希望通过参加相关的在线开放课程，了解最新的行业动态、技术趋势和发展方向，以便及时更新自己的知识和技能，保持竞争力。

(二) 基于履职能力提升

在职场中，不同岗位的工作性质和要求各不相同，但一些基本的素质和能力却是几乎所有工作都需要的。这些包括具备一定的问题分析和解决能力、良好的沟通能力以及出色的团队协作能力等。

第一，在职场中，具备问题分析和解决能力是至关重要的素质之一。面对各种技术挑战、管理问题或市场变化，能够迅速、准确地分析问题的根源，并提出有效的解决方案，是成功的关键。职场人士需要不断提升自己的专业技术能力，以适应日益复杂和多变的工作环境。

具备优秀的问题分析能力可以帮助职场人士更好地理解和把握工作中遇到的各种挑战和问题。通过深入分析问题的根源和影响因素，他们能够更准确地判断问题的严重程度和紧迫性，有针对性地制订解决方案。良好的问题解决能力意味着职场人士可以更快速地应对各种突发情况和挑战。他们能够灵活运用已有的知识和技能，结合实际情况，迅速提出解决方案，并有效地实施和落实，从而及时解决问题，确保工作的顺利进行。

此外，不断提升专业技术能力也是应对工作挑战的重要途径之一。随着科技的不断发展和行业的不断变革，职场人士需要不断学习新知识、掌握新技能，以保持自己在职场上的竞争力。只有不断充实自己的专业知识和技术水平，才能更好地应对工作中的各种挑战，并取得更好的业绩和成就。

第二，在职场中，良好的沟通能力是至关重要的素质之一。职场人士需要与同事、上司以及客户进行频繁的沟通，而清晰地表达自己的想法和观点，并能够倾听和理解他人的意见和需求，是有效沟通的核心。良好的沟通能力有助于促进团队合作。通过清晰地表达自己的想法和意见，职场人士能够与团队成员建立良好的沟通渠道，增进彼此之间的理解和信任，从而提高团队的凝聚力和协作效率。在团队合作中，有效的沟通可以促进成员之间的信息共享和资源协调，推动工作的顺利进行。良好的沟通能力有助于推动工作的顺利进行。在与上司和同事进行沟通时，清晰明了地表达自己的想法和观点，可以减少误解和沟通障碍，提高工作效率和质量。同时，职场人士还需要善于倾听和理解他人的意见和需求，从而更好地协调工作安排和解决问题，确保工作的顺利进行。

此外，良好的沟通能力对于与客户进行沟通也至关重要。通过清晰地表达产品或服务的优势和特点，职场人士能够更好地满足客户的需求和期待，提高客户的满意度和忠诚度，从而促进业务的发展和壮大。

第三，在当今企业环境中，出色的团队协作能力是职场成功的重要保障之一。现代企业往往注重团队合作，将团队协作视为推动企业发展的关键动力。在这样的背景下，职场人士需要具备良好的团队合作精神，以更好地应对企业面临的挑战和任务。

团队合作能够促进任务的高效完成。在团队合作中，团队成员可以共同分担任务和责任，相互配合，发挥各自的专长和优势，从而更加高效地完成困难的任务和项目。团队成员之间的相互支持和合作可以加快工作进程，提高工作效率，为企业的发展提供强有力的支持。团队合作有助于促进创新和协同。在团队合作中，不同背景和经验的团队成员可以共同思考和讨论问题，各抒己见，激发出更多的创新和灵感。通过团队协作，可以集思广益，汇聚各方智慧，找到更加全面和切实可行的解决方案，推动企业的持续创新和发展。

此外，团队合作还有助于促进团队凝聚力和士气提升。在团队合作中，团队成员之间建立起相互信任和支持的关系，形成紧密的团队凝聚力。通过共同面对挑战和克服困难，团队成员之间的关系更加融洽，士气更加高涨，为企业的长远发展奠定了坚实的基础。

(三) 基于职业发展需要

在职业发展的宏大图景中，基于职业发展需要的在线课程需求日益凸显出其不可或缺的重要性。学习者作为职业发展的主体，他们的需求在很大程度上决定了在线课程的设计与开发方向。

从提升职业能力的角度看，学习者对于在线课程的需求主要聚焦于那些能够直接提升他们职业技能和知识的课程。这类课程通常涵盖了行业前沿知识、职业技能训练以及实际案例分析等内容，旨在帮助学习者更好地适应职场变化，提高工作效率，实现职业晋升。这种需求源自学习者内在的职业发展动机，是他们为了实现自我价值、提升职业竞争力而主动寻求的学习机会。

学习者对于组织忠诚度和理解度的提升也构成了在线课程需求的重要组成部分。通过学习组织文化、价值观以及发展战略等相关课程，学习者能够更深入地理解组织的运作机制和发展目标，从而增强对组织的认同感和归属感。这种认同感的提升有助于激发学习者的工作热情和创新精神，使他们能够更加积极地投入到工作中，为组织的发展贡献自己的力量。

随着社会对学历要求的不断提高，越来越多的学习者开始将在线课程作为提升个人学历的重要途径。他们希望通过学习预备课程或注册学历教育类在线课程，为进入更高层次的院校深造打下基础。这种需求反映了学习者对于个人学历层次进阶的强烈愿望，也体现了他们对于适应社会发展和职业竞争压力的积极态度。

　　基于职业发展需要的在线课程需求具有多元化、个性化的特点。这些需求既体现了学习者对于提升自身职业能力的追求，也反映了他们对于组织忠诚度和理解度的提升以及个人学历层次进阶的渴望。因此，在线课程的开发者应深入了解学习者的实际需求，结合行业发展趋势和职业特点，设计出更加符合学习者需求的课程内容和形式。同时，学习者也应根据自身职业发展目标和学习需求，选择适合自己的在线课程，不断提升自身职业能力和素质，为未来的职业发展奠定坚实的基础。

第二节　在线开放课程的设计理念

　　在线开放课程，作为现代远程教育体系的核心组成部分，正日益受到广泛关注。这一设计理念，融合了多种教育理论与实践，旨在通过构建高质量、高效率的在线学习环境，促进学习者的全面发展。

　　第一，贯彻"以学习者为中心"的课程建设宗旨，是在线开放课程设计的基本出发点。这一理念强调在设计、开发、实施和评价课程的每一个环节，都要紧密围绕学习者的需求和特点进行。课程应充分考虑学习者的认知规律，以及在线学习碎片化、自主性强的特点，开发出既具有针对性又具备实用性的课程内容。通过精准把握学习者的学习需求和学习风格，有效激发学习者的学习动力和潜能，提升学习效果。

　　第二，构建"成果导向教育"的课程开发模式，是确保在线开放课程质量的关键。这一模式强调以学习成果为导向，关注学习者在完成学业后能够具备的能力和素质。通过设定明确的预期学习成果，设计相应的教学活动和评价方式，确保学习者在学习过程中能够逐步达到预设的目标。同时，对学习者的学习成果进行及时、有效的测评，为课程设置提供反馈和指导，不断优化课程设计，提升教学质量。

　　第三，建立"持续质量改进"的课程开发机制，是提升在线开放课程竞争力的重要保障。这一机制要求在课程开发过程中，建立有效的质量监控和持续改进机制，对教学质量进行全程跟踪和监控。通过收集和分析学习者、同行专家的反馈信息，结合学科发展情况和教学改革成果，不断对课程设计方案、课程内容、教学方法等进行调整和优化。这种持续改进的过程，有助于提升课程的适应性和前瞻性，确保在线开放课程能够始终保持与时俱进。

第四，营造"在线协作学习"的课程学习情境，是在线开放课程设计的重要创新点。这一理念强调通过构建协作学习环境，促进学习者之间的交流和合作，实现知识构建和技能提升。主讲教师、助理教师或技术支持人员应在课程设计中注重协作学习环境的构建，引导学习者开展讨论和协作学习。同时，加强协作过程中教师干预措施的设计及实施，确保学习者能够在有效的指导和监控下开展学习，避免在线讨论偏离主题或过于表面的现象。

第三节　在线开放课程的设计内容

一、在线开放课程构成要素

在线开放课程是碎片化交互式学习课程，视频内容短小且模块化，按问题组织知识点，以知识点开展教学。课程内容包含课程介绍、课程宣传片、教学资料（PPT教案、参考资料等）、教学视频、课间提问、在线讨论、随堂测验、单元测验、单元作业、考试、实践教学（实验教学）、学科前沿等。

（一）课程介绍

课程介绍包括课程基本信息、课程简要描述、课程详细介绍、课程选修要求、课程教学安排、教材或参考文献目录、学习考核方式、课程评分规范等。课程介绍包含的信息，采用文本格式（见表2-1）[①]。

表2-1　课程介绍信息表

项目	内容描述
基本信息	内容要求、适用专业层次、教学团队等
课程简要描述	课程宣传口号，突出课程特色，不超过100字

---

① 孙福，孙佳怡，贾帅. 在线开放课程建设与管理 [M]. 北京：北京理工大学出版社，2021：48.

续表

项目	内容描述
课程详细介绍	用200~500字说明课程背景、教学目的、重要性、核心知识点或技能点、教学特点等
课程选修要求	说明学习者需要具备哪些知识基础
课程教学安排	以讲或周为单位给出讲或周的教学目标、教学内容和教学要求
教材或参考文献目录	列出课程主要教材和参考文献。教材或参考文献的格式符合《中国数字图书馆标准与规范建设》(CDLS)相关要求。对于网络资源，需标明资源内容和链接地址。给出具体的文献资料，提供概要性解释说明
学习考核方式	单元测验和单元作业的个数，分值。其他考核方式，如论坛讨论发帖数
课程评分规范	计算课程总分的方式以及通过课程的规范

(二) 课程宣传片

课程宣传片是一种简洁而有效的方式，旨在向潜在学习者介绍课程的特色、内容和要求。通常，这些宣传片时长不超过2分钟，采用MP4格式，以方便在各种设备上播放。通过生动的画面、有吸引力的配乐和简洁明了的文字说明，宣传片能够吸引学习者的注意力，激发他们对课程的兴趣和好奇心。宣传片通常包括课程的核心内容、教学方式、师资力量以及学习者所能获得的收益等信息，旨在让学习者对课程有一个初步的了解，进而决定是否选择参加。宣传片的制作需要精心策划和设计，以确保准确传达课程信息并吸引目标受众。

(三) 教学资料

教学资料在课程中的重要性不言而喻，它可以是课程教学演示文稿、参考资料、文献等形式。为了方便学习者获取和阅读，演示文稿和其他格式文档通常以PDF文档的形式上传到课程平台，也可以使用在线文本编辑器进行编辑。教学资料的齐全性十分关键，每个章节或篇章都应该配备相应的多媒体教学课件或教学软件。根据教学内容的性质和需要，各个章节或篇章中应包含一定数量的图片、图形或动画，以丰富教学内容，增强学习者的学习体验和理解。通过精心准备和丰富多样的教学资料，可以有效提升课程的教学效果和学习者的学习体验。

（四）教学视频

在线开放课程中的教学视频，其功能多样，可用于详尽讲解知识点、直观示范技能操作、全面介绍实验设备和环境、详细解读例题、深入分析案例以及生动演示动画等。为了确保学习者的有效学习，教学视频的时长应控制在5~15分钟之间，尽量不超过20分钟，这样的时长有助于保持学习者的注意力和兴趣。

在拍摄教学视频时，形式应灵活多样，不拘一格。若画面中出现教师，则应以中景和近景为主，以便清晰地展示教师的讲解和动作。同时，画面效果要求人物和板书（资料）同样清晰，避免模糊或失真。此外，不推荐全程仅展示板书或PPT教案配音而无教师形象的方式，因为这种方式可能缺乏互动性和生动性。

视频格式应采用通用的MP4格式，以便于在各种设备上播放。同时，为了方便传输和存储，单个视频文件的大小应控制在800M以内。视频中不应出现任何影响观看的水印或标记，以保持画面的整洁和美观。音频方面，要求清晰、无杂音，确保学习者能够清晰地听到教师的讲解和示范。

教学视频可选择性地添加片头和片尾，但总时长应控制在10秒以内，以避免过长而影响学习者的观看体验。若一个教学单元内有多个视频，建议仅在第一个视频添加片头，在最后一个视频添加片尾，以保持整体的连贯性和一致性。

此外，教学视频应配备单独制作的字幕文件，不应与视频合并。字幕文件应采用srt格式，以便于编辑和修改。在字幕文件中，应使用符合国家规范的规范字，避免出现繁体字、异体字或错别字，以确保字幕的准确性和可读性。

（五）课间提问

为了增强学习者对视频课程的专注度和参与度，特别是在时长超过5分钟的视频中，建议在适当的时机插入课间提问。这有助于激发学习者的思考和参与，促进对课程内容的理解和记忆。对于有条件的课程，更建议每5~6分钟插入一次课间提问，以保持学习者的活跃度。课间提问可以采用单选题、多选题、填空题或判断题等客观题型，以确保学习者能够简单明了地回答。这种互动形式有助于巩固学习内容，提高学习效果，同时也为学习者提供了检验自己理解程度的机会，从而更好地参与到课程学习中。

（六）在线讨论

在线讨论是课程团队在教学单元中发起的讨论话题，也可以是学习者提出的问题。这些讨论问题通常是开放性的，没有规范性答案，能够激发学习者的思考和交流。教师提出的问题应该表述清晰严谨，以确保学习者能够准确理解并展开讨论。每个教学模块至少提供一个讨论问题，以推动学习者对所学内容的深入思考和互动交流。教师可以选择将学习者的发言情况纳入其平时成绩评定的考量因素中，以鼓励学习者积极参与讨论，促进学习效果的提升。通过在线讨论，学习者不仅可以加深对知识的理解，还能够从与他人的交流中获得新的观点和思路，丰富自己的学习经验。

（七）随堂测验

随堂测验在教学单元中的应用可以有效促进学习者的学习效果。如果一个教学单元包含多个视频，可以在视频之间或整个教学单元末尾添加随堂测验。这样的设计可以让学习者在学习的过程中进行即学即练，巩固所学知识。随堂测验不应设提交时间的限制，也不应计入学习者的平时成绩，以减轻学习压力，但可以方便学习者随时检查自己对教学内容的理解和掌握程度。通常，随堂测验由客观题组成，包括单选题、多选题、填空题或判断题等，题目数量不限。课程平台通常能够自动判分，为学习者提供即时的反馈，有助于他们及时调整学习策略，提高学习效率。

（八）单元测验

单元测验是课程中的重要评估方式，应设有提交截止时间，教师可选择是否计入学习者的平时成绩。在发布之前，教师需要确保题目和答案的准确性，以保证评估结果的客观性和公正性。通常，单元测验由客观题组成，包括单选题、多选题、填空题和判断题等，平台能够自动进行评分，简化了教师的工作。教师还可以根据需要设置管理策略，如学习者可提交的次数、有效成绩取最后一次成绩还是最好成绩等。在设计填空题时，应注意答案的格式，避免由于字符比对规则严格导致学习者的答案无法被正确评分，一般建议填空题答案为名词或数字。

(九) 单元作业

单元作业是学习过程中的重要组成部分，应设有提交截止时间，并根据需要选择是否计入学习者的平时成绩。在发布之前，教师需要对题目和答案进行核查，确保准确性和完整性。单元作业通常以主观题为主，包括简答题、论述题等，可以采用学习者互评或教师批改的方式进行评判。作业内容应包括作业要求、作业题目、分值和评分规范。作业要求应清晰明了，说明学习者需要完成的任务、作业的批改方式以及相关建议。作业题目则具体描述了要求学习者完成的内容。分值和评分规范则是评判作业的依据，包括对得分项的描述和对应分值等。通过合理设计单元作业，可以有效地促进学习者的学习和提高教学质量。

(十) 考试

考试作为学习者课程阶段性或整体学习情况的检测和考核方式，支持期中考试和期末考试。考试题目可以包括客观题和主观题，数量不限。一旦考试题发布，就不应该再修改，因此在发布之前需要确保考试内容经过核查无误。考试题的形式与单元测验和单元作业一致，客观题由平台自动判分，主观题则可以采用学习者互评或教师批改的方式进行判分。通过考试，学习者可以全面地检验和评估自己在学习过程中所掌握的知识和技能，同时也能够为他们的学习提供明确的目标和方向。

二、教学模式与方法

课程教学模式与方法是网络在线开放课程教学中的核心要素，其构建与实施必须严格遵循网络在线开放课程教学的基本规律，并充分体现其开发理念。在当前教育背景下，线上线下混合式教学和翻转课堂等教学模式已成为主流趋势，它们有效地融合了在线学习与课堂教学的优势，为学习者提供了更为灵活和多样化的学习体验。

在教学方法的运用上，应强调多种方式、多种手段的综合运用。通过在线异步讨论，可以打破时空限制，促进学习者之间的深度交流；信息提醒则能够及时传递课程更新、作业提交等重要信息，确保学习者不错过任何关键内容；测验、答疑和作业等环节则有助于检验学习者的学习效果，发现学习中存在的问题，并及时进行反馈和指导。

讨论作为在线开放课程中的重要环节，其质量直接关系到学习者的参与度和学习效果。因此，课程团队的教师应根据课程内容和学习者特点，精心设计讨论主题，并灵活运用混合式、探究式、案例分析、分组讨论、角色扮演、启发引导等多种教学方法，引导学习者积极参与讨论，发表自己的观点和看法，从而培养他们的批判性思维和创新能力。

此外，还应重视学习任务与活动的设计。通过在线测试，可以实时了解学习者的学习进度和掌握情况；即时网上辅导反馈则能够及时解答学习者的疑问，帮助他们解决学习中的困难；线上、线下讨论答疑，网上作业布置，提交和批改等环节则能够进一步促进学习者之间的互动和协作，提高他们的学习效果和学习兴趣。

三、教学内容与资源

教学内容与资源，作为在线开放课程的核心要素，承载着知识与技能的传递使命。在构建这些内容与资源时，必须紧密围绕预设的教学目标，结合学科特性及学习者的认知规律，进行精细化的组织与规划。教学内容应当依据学科的核心概念进行碎片化设计，每个碎片聚焦于一个明确的知识点或技能点，确保内容的精练与高效。资源的选择与制作同样需要紧扣这些碎片化的内容，从课程资源与素材的准备到课程脚本的创作，再到教学视频的拍摄制作，每一环节都需精细打磨，力求达到最佳的教学效果。

视频作为教学内容的主要载体，其时长需控制在 5~15 分钟之间，以适应在线学习的特点。在每个视频之后，应设置适量的内嵌测试作业题或讨论题，帮助学习者巩固所学内容，并检验其学习效果。这种即时反馈的机制，有助于提升学习者的参与度和学习效果。

课程资源库的建设也是至关重要的一环。一个系统完整、丰富多样的资源库，能够为教学与学习的各个环节提供有力支持。除了教学视频外，还应包括课程介绍、教学大纲、教案、试题库等各类资料，形成对教学内容的全方位支撑。同时，这些资源应呈现有序，与知识点、技能点一一对应，确保学习者能够方便快捷地获取所需信息。

在课程内容呈现方式上，应充分利用信息技术的优势，合理使用各类素材，如文本、图形、音频、视频、动画和虚拟仿真等，以丰富多样的形式展现教学内容，提升学习者的学习兴趣和体验。同时，资源的标注和属性管理也需科学规范，以便于资源的检索和智能重组，提高资源的使用效率。

四、教学效果与影响

教学效果与影响是评价在线开放课程建设与应用成效的重要维度，它直接反映了教育教学活动的质量以及学习者的发展情况。在当前教育环境下，坚持"持续质量改进"的教育观念显得尤为重要。这一观念强调对教学过程和效果的持续跟踪、调查与评价，旨在通过不断地反馈与调整，优化教学方案，提升教学质量。

对学习过程和教学效果的跟踪调查是确保在线开放课程质量的关键。通过全程记录和跟踪教师的教学与学习者的学习过程、内容及反馈，能够全面了解学习者的学习动态和教师的教学状态。这不仅有助于及时发现和解决教学中存在的问题，还能为课程方案的改进提供有力的数据支持。

掌握每个学习者的个性特点和学习行为是提升教学效果的基础。通过大数据技术对学习者和同行专家的反馈信息与数据进行采集和分析，能够深入了解学习者的学习需求、学习风格和兴趣点，从而为个性化教学提供依据。同时，这些数据也能帮助教师更好地调整教学方法和策略，以适应不同学习者的学习特点。

基于对学习过程和教学效果的跟踪调查与数据分析，可以持续改进课程方案、课程设计、课程内容及教师的教学方法与教学质量。这种持续改进的过程不仅有助于提升在线开放课程的建设水平，还能推动教育教学模式的创新与发展。

五、学习考核评价模式

多元化学习考核评价模式旨在构建一个科学、系统、全面的评价体系，以充分反映学习者的学习成果和进步。

在构建多元化学习考核评价模式时，应关注课程学习效果的全面评价。针对不同课程的特色和目标，设计简单而有效的评价体系，确保评价内容能够真实反映学习者的学习状态和水平。同时，在设置问卷与访谈调查的问题时，应充分考虑学习者的心理预期，以简洁明了的方式呈现问题，从而获取更为准确和有效的评价信息。

推进评价主体多元化是多元化学习考核评价模式的核心要求之一。除了传统的教师评价外，还应引入同学互评、自我评价等多种评价方式，使评价更加客观、公正和全面。此外，评价内容也应实现多维化，涵盖知识掌握、技能提升、情感态度等多个方面，以全面反映学习者的综合素质。

在评价方式的选择上，应实现多样化。既要重视终结性的考试环节，通过客观题、主观题等多种形式考查学习者的学习效果；也要注重学习过程评价，通过记录学习者的学习轨迹、参与讨论的情况等方式，对其学习过程进行全面跟踪和评估。同时，探索线上和线下融合评价、过程性评价与终结性评价相结合的方式，使评价更加贴近学习者的实际学习情况。

为了确保多元化学习考核评价模式的顺利实施，课程应有明确合理的考核评价策略。课程负责人应在开课前确定并向学习者公布各项学习活动的数量、评分标准及各部分成绩构成比例，使学习者明确学习目标，有针对性地开展学习活动。同时，还应建立有效的反馈机制，及时向学习者提供评价反馈和建议，帮助他们改进学习方法，提高学习效果。

六、课程团队支持与服务

课程团队支持与服务是确保在线开放课程质量的关键因素，其构建与运行需遵循教育教学规律，并紧密结合在线教学的特点与要求。在团队建设上，应明确课程建设负责人的资格标准，要求其具有丰富的教学经验、较高的学术造诣以及良好的师德师风，并具备副高及以上职称。这一要求确保了课程建设在学术和教学层面均能得到有力的引领和保障。除了主讲教师外，课程团队还需配备教学一线的其他教师，包括助理教师和现代教育技术人员。这些成员能长期在线服务课程建设，负责课程内容更新、在线辅导、答疑等工作。这种多元化的团队结构，既确保了教学任务的顺利完成，又提供了全方位的技术支持和服务保障。

主讲教师在团队中扮演着至关重要的角色。他们应深谙在线教学的特点和规律，熟悉学习者在线学习的认知规律。在教学过程中，主讲教师应将关注点放在学习者的学习行为上，关注其学习情况和效果，以引导教学进程并监控教学质量。此外，主讲教师还应提供丰富的教学内容和自主学习资源，并明确考核机制，以促进学习者的有效学习。主讲教师在教学过程中的角色定位应是引导者和支持者，而非领导者和干涉者。他们应尊重学习者的主体地位，鼓励其自主学习和探究，提供必要的指导和帮助，而不是强加自己的意志和观点。

七、媒体与内容有效结合

在在线开放课程设计中，媒体与内容的有效结合是实现高质量教学体验的关键所在。多媒体信息的呈现形式多种多样，包括文本、图形、图像、视频、音频、动画等，它们各自具有独特的表达优势。为了最大限度地发挥这些媒体形式的潜力，需要在深入分析各类媒体信息特性的基础上，结合学习者的学习特点、课程内容和课程目标，进行精心选择和组合。

在课程内容呈现上，单一的媒体形式往往难以满足学习者的多元化需求。因此，通过组合运用多种媒体形式，可以更加生动、直观地展现课程内容，促进学习者的认知建构。例如，文字能够精确地传达信息，而图形和图像则能直观地展示事物的形态和结构。将这些媒体形式结合起来，不仅能够使课程内容更加丰富多彩，还能帮助学习者建立起清晰的知识脉络，实现真正意义上的意义建构。

此外，根据认知负荷理论的通道效应，同时利用视觉和听觉两个通道呈现信息，能够显著提高学习者的学习效果和学习满意度。因此，在保证课程内容快速流畅呈现的基础上，应尽可能采用视频、音频等多种媒体形式进行呈现。当然，在追求多媒体效果的同时，也要避免过度装饰和冗余信息的出现，以免干扰学习者的注意力，降低学习效果。

八、降低学习者认知负荷

在线开放课程设计过程中，应注重媒体素材的合理使用，坚持"呈现形式服从于内容表达"在线开放课程设计思想，处理好媒体呈现形式与教学内容表达需求之间的关系。对于课程内容的呈现方式，应遵循认知负荷理论，降低学习者的内在认知负荷。内在认知负荷与学习内容要素交互的复杂程度有关，当学习内容要素之间的联系较复杂，而学习者又未掌握信息加工所需要的相关图式时，就会出现较高的内在认知负荷。在线开放课程设计可以从以下方面降低学习者的内在认知负荷。

第一，减少屏幕上无关信息的干扰至关重要。屏幕上的冗余信息，如过量的动画、图形、图像以及复杂多变的字体、控件和导航菜单，都可能导致学习者的注意力分散，进而影响其学习效果。因此，界面设计应简洁明了，避免不必要的视觉元素，以减轻学习者的认知负担。

第二，利用图表或概念图来解释抽象的内容是降低认知负荷的有效手段。这些视觉工具能够直观地展示复杂的概念和关系，帮助学习者更好地理解课程内容，并将其整合到已有的知识体系中。通过这种方式，学习者可以更加高效地构建知识网络，提高自学能力和思维能力。

第三，添加标注说明也是降低认知负荷的重要策略。在呈现文字材料或图表时，为关键内容添加标注和提醒，有助于学习者快速把握重点，减少不必要的猜测和推理过程。这不仅可以提高学习效率，还能降低工作记忆的认知负荷，使学习者能够更加专注于课程内容的学习。

第四，最小化且连续的课程结构对于降低认知负荷同样具有重要意义。根据认知负荷理论，学习者的认知资源有限，因此课程设计应遵循模块化原则，将内容划分为小而精练的模块，每个模块聚焦于一个知识点。这种结构有助于学习者在短时间内掌握核心知识，同时避免信息过载导致的认知负荷增加。同时，模块之间的连续性也是保证学习者能够顺利构建知识体系的关键。

第四节　在线开放课程的脚本开发

脚本是教学团队和技术团队开发在线开放课程过程中的一种规范，明确在线开放课程制作的各个细节问题，避免或减少后期出现因不符合教学设计要求而不必要的返工现象。脚本又是对教学设计方案的细化再设计，使其更合理地安排资源。同时，脚本也是技术制作人员开发在线开放课程的依据。

"在线开放课程开发必须重视内容科学性、对象复杂性、资源立体性、学习开放性、建设持续性的特征，按照深入分析、整体设计、资源制作、持续改进等步骤，循序渐进地进行建设。"[1] 从利于课程开发的角度出发，在线开放课程脚本可以划分为内容脚本和分镜头脚本。在线开放课程内容脚本主要体现课程定位与目标、课程设计思想、课程教学内容等，以及课程开发制作过程中相应的规范与要求，是在线开放课程教学内容与媒体呈现方式融合于一体的文字稿本。文字稿本一般应由熟谙教学方法、懂得教学规律，并有丰富教学经验的专业教师编写。因此，在线开放课程内容脚本，应以教学团队教师为主进行撰写，拍摄与制作技术人员参与并指导完成。在线开放课程分镜头脚本主要是在课程开发中的拍摄与制作环节使用的，应以拍摄与制作技术人员为主撰写，教学团队教师全程参与完成。

一、在线开放课程内容脚本

在线开放课程内容脚本的编写，是一项集学术性、专业性、技术性于一体的复杂工作。它不仅是课程内容的外在表现形式，更是实现课程目标、提升教学效果的关键所在。因此，对内容脚本的编写进行深入研究，具有极高的理论价值和实践意义。

第一，内容脚本的编写，需要对课程内容进行深入剖析，明确教学目标和学习者的需求。在此基础上，对教学内容进行精心选择和结构化布局，确保知识的系统性和连贯性。同时，还需充分考虑视听形象的表现和人机界面

---

① 刘国强，时自力，赵涛.在线开放课程教学资源开发与建设研究 [J].大学，2021 (11): 17.

的形式，以提升学习者的学习体验和效果。

第二，在具体编写过程中，序号的设计至关重要。它不仅是脚本卡片的标识，更是教学过程顺序的体现。通过合理的序号划分和排列，可以使教学内容呈现出清晰的层次和逻辑。

第三，教学内容是脚本的核心部分，它涵盖了知识点及其相关元素。在编写时，需要准确、简洁地表述知识内容，同时注重知识的内在联系和拓展。对于需要建立链接的内容，应采用统一的格式进行标注，以便于后期的技术实现。

第四，画面显示媒体顺序及位置的设计，是内容脚本编写的又一重要环节。它涉及多媒体元素的呈现方式和顺序，对于提升教学效果至关重要。在编写时，需要根据教学内容的特点和学习者的认知规律，合理安排媒体元素的呈现顺序和位置。

第五，详细效果描述是对复杂教学效果的进一步说明，它可以使制作人员更加准确地理解设计意图，从而实现更好的技术效果。在编写时，应注重描述的准确性和具体性，以便于制作人员理解和操作。

第六，配音解说词是内容脚本的重要组成部分，它可以增强教学内容的吸引力和感染力。在编写时，需要注重语言的准确性和生动性，同时与画面内容相协调，以达到最佳的教学效果。

第七，所属章节及栏目的标注，有助于制作人员了解知识点的从属关系，从而进行更加有针对性的制作。相关链接和文字的说明，则可以为学习者提供更加丰富的学习资源和交互方式。

第八，时长的设定是内容脚本编写的收尾工作。它需要根据教学内容的重要性和复杂性，以及学习者的学习节奏和注意力特点进行合理设定，以确保教学过程的连贯性和完整性。

二、在线开放课程分镜头脚本

(一) 在线开放课程分镜头脚本规范

第一，根据拍摄场景和视频内容分出场次 (也可注明场景的名称)。按顺序列出每个镜头的镜号。

第二，确定每个镜头的景别。编辑对景别的选择不仅是出于表达内容的需要，还要考虑到不同景别对表现节奏的作用、物体的空间关系和人们认识事物的规律。一般根据视距的远近可分为远景、全景、中景、近景、特写等大小不同的景别。

第三，规定每个镜头的拍摄方法和镜头间的转换方式。固定镜头或运动镜头（推、拉、摇、跟、移，变焦推拉等）；拍摄高度是平摄或仰、俯摄；镜头间直接切换或淡、化、划方式转换；画面特技处理是内键、外键、色键、分割画面、重叠或数字特技以及动画；一般情况下，对固定镜头、平摄和镜头的直接切换不需要在分镜头剧本中特别说明。

第四，估计镜头的长度。镜头的长度取决于阐述内容和领会镜头内容所需要的时间。同时，还应考虑到情绪的延续、转换或停顿所需要的长度（以秒为单位进行估算）。

第五，用精练、具体的语言描绘所要表现的画面内容，包括事件发生的时间和场所，情节的安排，人物及人物的主要动作、表情和心理状态以及细节的处理。

第六，编辑应充分考虑到声音的作用和声音与画面的对应统一关系。配置好解说、音响效果和音乐。

在线开放课程的分镜头脚本规范，是确保课程内容从文字到音、视频形式顺利转化的关键所在。这一规范并非对内容脚本和讲稿的简单图解或翻译，而是在此基础上的音、视频语言的再创造。分镜头脚本的编写，需要考虑到镜头运用的流畅性、画面形象的简洁易懂性，以及分镜头间连接的明确性。

分镜头脚本中的每一个镜头都应当有清晰明确的意图和形象表达，使拍摄团队能够准确地理解并实现拍摄要求。同时，分镜头间的连接也需明确标识，以确保视频剪辑时的连贯性和流畅性。对于需要特殊切换效果的部分，如溶入、溶出等，应在分镜头脚本上清晰标识，以便后期制作时能够准确实现。

此外，分镜头脚本中的对话和音效标识也是至关重要的。这些标识应当明确且准确，放置在恰当的分镜头画面下方，以便配音和音效制作人员能够准确理解和执行。在撰写分镜头脚本时，还应考虑到脚本的管理和查询便利性。以知识点为单位进行撰写，并以知识点（技能点）命名文件，以章（篇）文件夹存储，能够有效地提高脚本的组织性和可查询性。

在实际操作中，有时会将课程内容脚本与分镜头脚本合并成一个脚本，以简化工作流程。虽然这样做可以减少一定的工作量，但也可能导致脚本要素过多、过于烦琐，使用起来不够便捷。因此，在合并脚本时，需要仔细权衡利弊，确保脚本的规范性和实用性。

（二）在线开放课程分镜头脚本内容

在线开放课程的分镜头脚本，作为文字文本到立体视听影像转换的关键环节，其重要性不言而喻。这一脚本不仅是前期拍摄的指导，也是后期制作的基石，它精细地描绘出每一个镜头的内容、形式与节奏，确保课程内容能够以最为生动、直观的方式呈现给学习者。

在编写分镜头脚本时，需依据内容脚本和讲稿，对每一句话进行深入的剖析与拆分，细化到每一个分镜头。这就要求不能仅仅停留在笼统的构思上，而是要深入每一个细节的刻画。镜头的数量或许繁多，但每一个镜头的情节都必须细致入微，确保信息传达的准确性和完整性。

对于每一个镜头，需要明确其拍摄的场景、时间以及精确到秒的具体要求。即使是片头这样的短暂镜头，也应详细标注其拍摄的具体时间点，以确保整体视频的连贯性和节奏感。同时，还应清晰安排每个镜头的拍摄目的，以及在后期编辑加工中的具体要求，这有助于提升视频的专业性和观赏性。

在线开放课程的分镜头脚本编写并不需要像影视分镜头脚本那样分别创作文本分镜头脚本、画面分镜头脚本和色彩分镜头脚本，只需依据内容脚本和讲稿，编写出文本形式的分镜头脚本即可。这既简化了编写流程，也提高了工作效率。

第一，镜号。镜头顺序号，按组成视频画面的镜头先后顺序，用数字标出。它可作为某一镜头的代号。拍摄时不一定按次序号拍摄，但编辑时必须按顺序编辑。

第二，机号。现场拍摄时，往往用2～3台摄像机同时进行工作，机号代表这一组镜头由哪一台摄像机拍摄。前后两个镜头分别用2台以上摄像机拍摄时，镜头的组接，就在现场通过特技机将两个镜头进行编辑。单机拍摄无须标明。

第三，景别。根据内容需要和情节要求，反映对象的整体或突出局部。一般有远景、全景、中景、近景、特写等。

第四，技巧。视频技巧包括拍摄时摄像机镜头的运动技巧，如推、拉、摇、移、跟等；镜头画面的组合技巧，如分割画面和键控画面等；以及镜头间的组合技巧，如切换、淡入、淡出、叠化等。在线开放课程分镜头脚本中，技巧一般用来表明镜头间运动技巧，镜头组合技巧可以放到效果栏中。

第五，时间。时间是指镜头画面的时间，表明该镜头的长短，一般以秒标明。

第六，画面内容。用文字阐述所拍摄的具体画面。为了阐述方便，推、拉、摇、移、跟等拍摄技巧也可在这一栏中与具体画面结合在一起加以说明。有时也包括画面的组合技巧，如画面分割为两部分，或键控出某种图像等。

第七，解说（讲稿内容）。对应某一组镜头的解说词，须与画面密切配合、协调一致。

第八，音响。在相应的镜头上表明使用的效果声。

第九，音乐。注明音乐的内容（曲子的名称）以及起止位置，用来做情绪上的补充和深化，增强表现力。

第十，效果。场景转换的效果，如淡入、淡出、切入等。

第十一，备注。方便拍摄人员作记事用，可以把拍摄实景地点和一些特殊要求、注意事项等写在此栏。

(三) 在线开放课程媒体素材规范

在线开放课程的制作过程中，对于内容的处理和教学过程中所采用的媒体表现形式，需根据内容的特点和教学设计进行精确匹配。教学团队与技术制作人员之间的紧密协调至关重要，确保内容以最合适的媒体形式呈现。这一协调过程最终通过详细的脚本卡片形式体现，设计细节的详尽程度将直接影响后期开发制作的效率与质量。媒体素材依据媒体类型可划分为五大类：文本素材、图形（像）素材、音频素材、动画素材以及视频素材。

第一，文本素材作为课程内容的核心组成部分，其处理应遵循统一编码原则。汉字作为中文文本的主体，应采用 GB 码进行编码和存储，以确保在不同平台上的兼容性。而英文字母和符号则使用 ASC Ⅱ 编码和存储，以形成统一的文本处理标准。这一规范有助于消除因编码不一致导致的文本乱码问题，保证文本素材在不同学习终端的准确呈现。

第二，图形（像）素材的处理和存储应采用当前通用的格式。GIF 和 JPG 作为 Internet 上广泛使用的格式，应成为图形（像）素材存储的基本选择。对于彩色图像，颜色数应不低于 8 位色，以保证色彩的丰富度和视觉效果的饱满度。灰度图像的灰度级则不低于 128 级，以满足图像清晰度的基本要求。此外，图形的单色处理以及扫描图像的分辨率设定，都是确保图形（像）素材质量的关键因素。

第三，音频素材的制作同样需要满足一定的技术标准。数字化音频的采样频率和量化位数是保证音质的基本参数，采样频率至少应达到 11kHz，量化位数至少为 8 位。双声道的推荐使用，能够为学习者提供更为丰富和立体的听觉体验。音频数据的存储格式应根据使用场景来选择，WAV 格式适合作为主要存储格式，MP3 格式适用于音乐欣赏，MIDI 格式则适用于 MIDI 设备录制的音乐，而流式媒体格式则更适用于实时交互的音频场景。所有音频数据转换为 REAL 流式媒体格式，以及原格式的保留，都是为了适应不同使用场景的需求。

第四，动画素材的使用在在线开放课程中具有灵活多样的特点。MB、SWF、ANI、GIF、FLA 等格式的支持，为动画素材的选择和制作提供了广阔的空间。根据课程内容的需求，可以收集现成的动画素材，也可以委托专业公司进行定制开发，以进一步提升课程的吸引力和教学效果。

第五，视频素材的制作和存储同样需要遵循特定的格式规范。AVI、QuickTime、MPEG 和流式媒体格式等都是常见的存储格式，它们的选择应根据使用平台和场景来确定。视频素材的每帧图像颜色数和灰度级，以及音频与视频图像的同步性，都是保证视频质量的关键因素。将所有视频数据转换为 REAL 流式媒体格式，并保留原格式，有助于应对不同网络环境和播放设备的需求。

第三章 智能时代高校在线开放课程建设的理念演化

在智能时代的浪潮下，高校在线开放课程建设正经历着深刻的理念演化。本章将深入剖析在线开放课程建设的演变过程及其与时代发展的紧密关联，探索理念演化的清晰路径，揭示演化的核心驱动力。同时，本章还将展望在线开放课程建设现代化理念的新取向，以期在智能化背景下推动高校在线开放课程的创新与发展，为高等教育质量的提升注入新的活力。

第一节 在线开放课程建设的演变与关联

随着信息技术的飞速发展，其在教育领域的应用已经成为推动教育现代化的重要力量。信息技术与教育的结合不仅改变了传统的教学模式，也为教育资源的优化配置和教育公平的实现提供了新的可能性。在此背景下，在线开放课程作为一种新兴的教育形式，以其独特的开放性、灵活性和可扩展性，为高等教育改革注入了新的活力。

信息技术与教育结合的趋势体现在教育资源的数字化和网络化上。数字化教育资源的广泛传播和共享，使得学习者能够突破时空限制，随时随地获取所需的知识和技能。网络化教育平台的建立，为学习者提供了丰富的互动交流机会，促进了学习者之间的知识共享和经验交流。此外，人工智能、大数据等前沿技术的应用，使得教育服务更加个性化和精准化，为满足学习者多样化的学习需求提供了技术支撑。

在线开放课程对高等教育改革的推动作用主要表现在以下方面：一是扩大了教育资源的覆盖范围，使优质教育资源得以跨越地域限制，惠及更广泛的学习者群体；二是促进了教学方法和教学内容的创新，教师可以利用在线课程平台提供的丰富教学工具和资源，设计更加灵活多样的教学活动，提高教学效率；三是推动了教育评价体系的变革，在线课程的评价方式更加多元化和综合性，有助于全面评估学习者的学习成绩和能力发展。

另外，国家教育政策的制定和实施，对在线课程建设的方向、规模和质量都有着重要的指导和影响。例如，国家对在线教育的重视和支持，通过政策引导和资金投入，推动了在线课程资源的建设和优质课程的推广。同时，国家教育政策还对在线课程建设提出了质量要求和监管措施，确保在线课程的教学质量和教育公平。此外，国家政策还鼓励高校、企业和社会组织参与在线课程建设，形成多元化的在线教育资源供给体系，促进教育创新和人才培养。

综上所述，信息技术与教育的结合为在线开放课程建设提供了技术基础，在线开放课程的建设和应用对高等教育改革具有重要意义，而国家教育政策则为在线课程建设提供了政策支持和制度保障。因此，深入研究在线开放课程建设的演变与关联，不仅有助于理解在线教育的发展趋势，也对推动教育现代化和提高教育质量具有重要的理论和实践价值。

一、高校在线课程建设理念的理论内涵及演变脉络

（一）国内高校在线课程建设理念的理论内涵

在探讨国内高校在线课程建设理念的研究时，研究者往往将其视为一项理论探讨的重要议题。在线课程作为一项新兴事物，其兴起、建设和发展过程中的理论探索被视为发展的逻辑前提和支撑。自从在线课程引入中国以来，已经经历了10多年的发展历程，其间初步形成了一套较为完整的理论体系。对这一体系内涵的深入分析有助于揭示适应事物发展规律、具有时代特征的理论亮点，同时也为理论创新的生长点提供了考察角度。这样的分析不仅有助于理解在线课程建设理念的演变过程，还为构建适应"互联网+"时代在线课程建设理念模型提供了重要的理论基础。

首先，国内高校在线课程建设的理论研究是对当代教育发展规律的深入探讨。随着信息技术的飞速发展，传统教育模式受到了前所未有的挑战，而在线课程的出现为教育提供了全新的发展路径。因此，研究者们需要从理论层面探讨在线课程建设的内在逻辑，以应对教育发展的新挑战。这种理论

探讨不仅包括对在线课程本身的特点、优势和局限性的分析，还需要将其置于教育发展的整体框架下进行思考，探讨其与传统教育模式的关系以及在教育改革中的定位和作用。

其次，国内高校在线课程建设理念的研究是对教育技术融合的深入探索。在线课程建设不仅仅是教育方式的转变，更是对教育技术与教育教学之间关系的重新思考。在这一过程中，研究者们不仅需要关注在线课程技术平台的建设和应用，还需要探讨教育技术与课程设计、教学方法等方面的融合与创新。这种融合不仅涉及教育理论与技术的结合，还需要考虑到教育实践中的具体问题和挑战以及技术发展对教育教学模式的影响和改变。

最后，国内高校在线课程建设理念的研究是对教育改革与创新的深入思考。在线课程的兴起为教育改革提供了新的契机，也为教育创新注入了新的活力。因此，需要从在线课程建设的角度出发，思考如何通过在线教育推动教育改革和创新。既包括对在线课程在教育教学中的应用与实践的研究，也包括对在线课程发展的战略规划和政策支持的探讨。只有深入研究在线课程建设的理论与实践，才能够更好地推动教育改革与创新。

因此，国内高校在线课程建设理念的研究不仅是一项理论探讨，更是对当代教育发展规律、教育技术融合和教育改革创新的深入思考。通过对在线课程建设的理论分析和实践探索，可以更好地把握教育发展的脉络和方向，为推动教育现代化和建设学习型社会提供理论支持和实践指导。

1. 在线开放课程建设的理论基础

在线开放课程建设的理论基础是该领域研究的重要组成部分，其核心在于将众多教育教学理论的观点和方法融入在线教育的实践中。

（1）建构主义学习理论被认为是在线开放课程建设的重要理论基础之一。建构主义理论强调学习者通过主动参与、探索和建构知识的过程来实现学习，强调学习的个体化和交互性。在在线开放课程建设中，建构主义理论倡导的学习者参与、合作学习和自主学习等理念得到了广泛应用，促进了课程设计和教学方法的创新。

（2）人本主义学习理论也对在线开放课程建设产生了深远影响。人本主义学习理论注重尊重和关怀学习者的个体差异，强调教师与学生之间的互动和情感交流，倡导以学生为中心的教学模式。在在线开放课程建设中，人本主义理论的倡导使得课程设计更加关注学生的需求和兴趣，强调教师与学生之间的良好关系和情感沟通，有助于营造积极的学习氛围和促进学习者的情感投入。

（3）认知负荷理论也对在线开放课程建设提供了重要的理论支持。认知负荷理论关注学习者在学习过程中处理信息的认知负荷，提出了减轻认知负荷、优化学习环境的策略。在在线开放课程建设中，认知负荷理论的应用使得课程设计更加注重信息呈现的清晰度和易理解性，采用多媒体技术和交互式教学手段来优化学习环境，提高学习效率和效果。

（4）掌握学习理论也是在线开放课程建设的重要理论基础之一。掌握学习理论强调学习者通过实践和经验积累来掌握知识和技能，强调学习的过程性和动态性。在在线开放课程建设中，掌握学习理论的应用使得课程设计更加注重学生的实践性学习和问题解决能力的培养，强调学习者的参与性和主动性。

2. 国内高校在线课程建设理论形成

作为快速发展的新兴学科，在线教育的基本理论和学科建设问题成为国内研究者十分关注的主题。在我国教育技术和远程教育如此广阔的实践土壤中，应该而且有可能总结和构建有中国原创特色的教育技术和远程教育学科理论体系。我国网络远程教育的实践发展正在呼唤理论创新和指导。网络信息技术的日趋成熟和发展使得更多的技术被广泛应用于教育领域，支持和促进教育的改革与发展，成为解决我国教育问题的一种重要手段。但是，技术本身并不能促进有效教育的发生，只有当技术与教育、人形成有机体系时，技术对于教育的促进作用才能够得以发挥。在研究技术应用的同时，要重视教育技术理论对于技术促进教育革新的指导作用，积极创新原有的理论，不断探寻指导实践的新的理论。

（1）信息技术与课程整合理论。信息技术与课程整合理论是在教育领域中的重要理论框架之一，它旨在将信息技术与学科课程有机结合，共同促进教学过程的创新与发展。信息技术与学科课程的整合不仅仅是简单地将技术应用于教学活动之中，而是涉及教学模式、教学环境以及教学理念等多个方面的深刻变革。

首先，信息技术与课程整合理论强调了先进教育理论在整合过程中的重要性。教育理论作为整合的指导原则，为信息技术在教学中的应用提供了理论支撑。特别是建构主义理论的引入，强调学生在学习过程中的主体性和探究性，为构建以学生为中心的教学环境提供了理论基础。通过将先进教育理论与信息技术相结合，可以创造出更加符合学生学习需求和教学目标的教学模式。

其次，信息技术与课程整合理论提出了教学结构的变革。传统的以教师为中心的教学模式已经不再适应当今信息化时代的教育需求，而是需要建立一种"主导—主体"的教学结构，即教师在教学过程中发挥主导作用，同时充分尊重学生的主体地位。这种教学结构的变革不仅需要技术的支持，更需要教师的教学设计能力和教学理念的更新。

此外，信息技术与课程整合理论还强调了教学资源的优化利用。在整合过程中，教师需要充分利用各种教学资源，包括数字化教材、多媒体课件、网络资源等，为学生提供丰富多样的学习体验。同时，教师还需要根据学科特点和教学目标，合理选择和组织教学资源，以达到最佳的教学效果。

（2）信息技术与教育深度融合理论。信息技术与教育深度融合理论是在教育信息化发展的背景下提出的一种重要理论框架，旨在推动信息技术在教育领域的全面应用，实现教育体系的结构性变革和教学模式的创新。教育部在2010年和2012年相继发布的相关规划中，对信息技术与教育深度融合理论进行了明确的阐述，将其作为推动教育现代化和促进教育变革创新的关键路径之一。这一理论强调了信息技术与教育的双向融合，强调了以教育为本、应用驱动、深度融合、共建共享的工作方针，从而为推进教育信息化进程提供了明确的指导思想和行动纲领。

与简单的技术整合相比，深度融合更加注重教育体系的变革，其核心在于实现课堂教学结构的转变，从以教师为中心的传统模式向既能发挥教师主导作用，又能凸显学生主体地位的新型教学模式过渡。这种变革需要从多个方面着手，包括营造信息化的教学环境、改革传统的教学结构、实现新型的教学方式等。只有通过实现教学结构的变革，才能真正实现信息技术与教育的深度融合，推动教育的变革与创新。

信息技术与教育的深度融合不仅是技术的应用，更是一种教育创新的推动力量。如果将技术仅视作解决教育问题的工具，那么很可能会导致技术对于教育的异化作用。因此，深度融合要求在技术与教育之间实现双向融合，推进教育创新。这意味着教育不仅要借助技术的力量进行改革，更要在教育理念、教学模式等方面与技术进行有机结合，共同推动教育的创新发展。而未来教育信息化的发展重点则在于在基础设施建设的基础上，进一步推进信息技术在教育教学、科研、管理等方面的应用，促进教育创新发展。

（3）"互联网＋教育"理论。"互联网＋教育"理论作为教育领域的新理论框架，自其提出以来，呈现出两个显著特点，即推动传统学校教育制度变革以及教育信息化进入创新发展阶段。

首先，"互联网＋教育"理论的价值取向在于推动传统学校教育制度的变革。与过去教育信息化的技术导向不同，"互联网＋教育"理论强调的是一种破坏性的创新。它不仅关注技术的应用与技术环境的建设，更注重构建开放的教育服务系统。该理论并非简单追求教育的技术化或网络化，而是以互联网为基础设施和创新要素，推动教育生态的全新构建。在"互联网＋"时代，在线课程不仅意味着课程的网络化，更重要的是教学模式的革新。基于互联网的教学模式变革着眼于以学生为中心的个性化教学，旨在通过技术创新打破传统教学模式的束缚，实现更为灵活、多样化的教学方式。

其次，"互联网＋教育"将推动教育信息化进入创新发展阶段，并在多个方面实现创新。线上线下教学模式的融合将改变传统的教学结构，促进教学重点的转移。这种融合不仅拓展了资源配置方式，还促进了知识供给渠道的多元化。学习过程因社会交互的多元化而变得更加复杂，呈现出网络化的交互模式。此外，基于大数据的教育管理将为教育提供更为个性化的服务，推动教育管理模式向更加精准和个性化的方向转变。

（二）国内高校在线课程建设理论的演变脉络

1. 从媒体论向系统论转变

在教育信息化的起步阶段，教育技术理论主要以媒体论为主导，将教育技术视为一种媒体技术和系统技术的统称，这一理论框架强调教学媒体的开发、应用以及教学过程的设计。媒体开发理论和教学设计理论成为其核心原理，而教学技术被视为一种介质，用以解决教学过程中的具体问题。然而，这种理论取向在强调技术工具性的同时，忽视了教育系统的整体性和复杂性，无法触及教育结构的根本变革。此时，教育技术的研究主要集中于技术的应用和教学过程的改进，未能深入探讨教育系统内在的结构性问题。

随着教育技术理论的发展，系统论逐渐成为其核心研究方法。人们开始意识到，单纯地修补教学系统的局部问题无法实现教育结构的根本变革，因此需要进行系统性的思考和实践。教育技术的研究逐渐从局部因素转向整体系统，注重教学因素与非教学因素的内在结合，以实现教学流程的全面优化。在这一阶段，教育技术理论强调技术与教育的有机融合，提倡系统方法来审视和变革教育体系，以实现优化教学、强化学习的目标。

而"互联网＋教育"理论的提出，则为教育信息化领域注入了全新的创新元素。与之前的系统论不同，"互联网＋教育"理论不仅是简单的系统性思考，更是一种复杂的系统认识论。该理论将教育的视角拓展到联通主义哲学观的层面，从动态的角度重新审视教育的根本性问题，并尝试对教育组织体系进行整体变革和创新。它不再局限于学校教学结构的改革，而是着眼于构建开放的教育服务体系，从而提出了对传统学校教育体系和制度的系统性挑战。

此外，"互联网＋教育"理论还深入探讨了教育的价值与意义、知识的生成和传播、学校与社会的关系等一系列重要问题，涉及教育系统内外的各个方面。它所带来的是一次破坏性的创新，将传统的学校教育体系和制度置于一个全新的语境中，为教育领域的发展开辟了新的思路和途径。因此，"互联网＋教育"理论的提出标志着教育技术理论从媒体论向系统论的转变，从局部问题解决到整体教育系统变革的重要里程碑。

2. 从以教为中心向以学为中心转变

在在线课程初期的发展阶段，教育领域逐渐形成了以教师为中心的传统教学模式。这一模式下，教学过程主要由教师掌控，而学生则处于被动接受知识的地位。在线课程的工业化模式在一定程度上加剧了这种以教师为中心的趋势，其注重知识教学和教师主导的理念，导致了生产过程的机械化和产品种类的单一化。然而，这种教学模式往往无法满足学生个性化学习的需求，因为学生在这一模式下缺乏自主性和参与度。

后工业主义理论试图弥补这种不足，强调在线课程的灵活性，并赋予教师更多的自主权。然而，尽管这一理论注重教师的自主性，但仍未能摆脱以教师为中心的教学观念束缚。信息技术与课程整合理论的出现进一步强调了教育的先进理论，特别是建构主义理论对信息技术条件下教学环境的重要支持。该理论强调教学过程中技术与教育的有机结合，倡导以学生为中心的个性化教学模式，从而实现教学过程的变革。

信息技术与教育深度融合理论再次强调了对传统教学结构的变革，提倡构建既能发挥教师主导作用，又能凸显学生主体地位的教学结构。该理论主张通过变革课堂教学结构，充分认识到教师、学生、教学内容和教学媒体等因素在地位和作用上的变化，以创新教学模式实现学生综合素质的提升。

"互联网＋教育"理论的提出则进一步深化了对以学为中心教学模式的探讨。该理论倡导以互联网为基础设施和创新要素，实现以学生为中心的个性化教学模式的变革。通过充分利用互联网技术，构建学生、教师、教学设计者以及学习资源之间的有机整合，实现对知识的迁移、批判、整合、创造和建构，从而促进深层次高阶学习的真正发生。此外，"互联网＋教育"理论还强调打破学校与社会、教育领域内外以及学校之间的隔阂和限制，构建开放教育服务体系，推动终身教育体系和学习型社会的构建，以重构教育信息新生态。

二、现代化理念推动下的政策演变及其内在逻辑

（一）我国高校在线课程建设的政策演变

经过多年的建设和发展，我国高校在线课程逐步形成了"高校主体、政府支持、社会参与"的建设模式，这一模式的确立既体现了高等教育发展的历史进程，也呼应了当今社会经济形态的需求。在这一建设模式中，政策的制定扮演着至关重要的角色。这些政策不仅反映了国家对高校在线课程建设的理念，同时也折射了我国教育环境变迁的缩影。回顾我国高校在线课程建设的历程，可以看到其经历了不同阶段，而每个阶段都伴随着相应的政策出台，这些政策既是在线课程建设理念转变的重要标志，也是时代演进的见证。

在早期阶段，政府主导下的政策制定主要体现了对在线课程建设的初步探索和规划。这一阶段的政策倾向于强调技术基础设施的建设和人才培

养，旨在为在线课程的推广和实施奠定基础。政府通过制定政策，督促高校积极开展在线课程建设，引导社会力量参与到在线教育的发展中来。同时，政府对在线课程建设给予了一定的财政支持和政策倾斜，为高校在线课程的发展提供了必要的保障和支持。

随着在线课程建设逐步深化，政策制定呈现出了更加多元化和精细化的趋势。这一阶段的政策更加关注在线课程建设的质量和效益，强调以提高教学质量和服务水平为核心目标。政府逐渐调整政策导向，加大对在线教育的政策支持力度，为高校提供更多的政策优惠和激励措施。同时，政府还积极鼓励社会各界的参与，倡导形成政府主导、高校主体、社会参与的良性互动机制，共同推动在线课程建设的深入发展。

到了当前阶段，政府在在线课程建设中的角色逐渐转变为服务和监管，更多地强调引导和支持高校在线课程建设的自主发展。政府通过制定相关政策，促进在线课程建设与学科建设、人才培养和科研创新的深度融合，推动在线课程建设与高等教育改革发展的有机结合。同时，政府还加强对在线课程建设的监管和评估，确保在线教育质量和服务水平的持续提升，保障广大学生的学习权益和学习体验。

1. 从有限开放到充分开放的建设目标

随着教育信息化的不断深化和高等教育教学改革的不断推进，我国在线课程建设目标也从有限开放逐步演变为充分开放。在此过程中，从2003年教育部发布《关于启动高等学校教学质量与教学改革工程精品课程建设工作的通知》开始，国家在精品课程建设方面制定了一系列的政策文件，逐步明确了建设目标，引导高校在线课程建设朝着更加开放的方向发展。

初始阶段，国家精品课程建设旨在推进教育创新、深化教学改革、促进信息技术在教学中的应用，并共享优质教学资源，以提高教育教学质量为主要目标。此时的开放主要体现在促进教学改革、推动信息技术应用和共享优质资源等方面，尽管有一定的开放性，但整体上还属于有限开放状态。

随着时间的推移，特别是2007年教育部、财政部《关于实施高等学校本科教学质量与教学改革工程的意见》的发布，国家精品课程建设逐渐深入到高等教育体系中，建设目标逐渐转变为全面带动高等学校的课程建设水平和教学质量。这一阶段的开放目标更加注重教学内容、教学方法和手段等方面的改善，以全面提高高等教育的教学质量为中心。

2011年，《教育部关于国家精品开放课程建设的实施意见》的发布标志着国家精品开放课程建设的开始，将建设目标进一步扩展为利用现代信息技术手段，加强优质教育资源开发和普及共享，进一步提高高等教育质量，服务学习型社会建设。这一阶段，建设目标的开放性更加突出，不仅着眼于开放高校的教育资源，更加强调传播现代科学技术前沿知识和国际影响力的提升。

2015年，《教育部关于加强高等学校在线开放课程建设应用与管理的意见》的发布，建设目标进一步明确，强调在线开放课程建设要深化高等教育教学改革，适应学习者个性化发展和多样化终身学习需求，加强课程建设与公共服务平台运行监督，全面提高教育教学质量。这一阶段，建设目标更加突出地着眼于满足学习者的个性化发展需求，以及推动教育教学质量的全面提升。

到2020年，我国在线开放课程已经在深化高等教育教学改革和提升高等教育人才培养质量等方面发挥了重要作用，同时也扩大了优质教育资源的共享范围。这一阶段，建设目标的充分开放性得到了进一步的体现，不仅关注学习者的个性化发展需求，也注重教育教学质量的全面提升，服务于学习型社会建设的目标更加清晰。

2. 从示范引领到教学相融的建设内容

在我国高等教育的发展过程中，高校在线课程建设的内容不断丰富和深化，体现了教育改革的不断深入和教育质量的持续提升。从最初的示范引领到教学相融，课程建设内容的演变不仅反映了教育理念的更新，也展现了教育技术与教学实践的紧密结合。

在早期的教育部《关于启动高等学校教学质量与教学改革工程精品课程建设工作的通知》中，国家精品课程的建设内容主要以"基础课和专业基础课"为主体，强调课程的示范引领作用。这一阶段的课程建设着重于通过高标准的课程建设，推动教育教学工作的全面改进，实现教育资源的优化配置和高效利用。课程内容的选择和设计旨在体现学科专业的核心价值和教学要求，以期达到"五个一流"的标准，即一流的教师队伍、教学内容、教学方法、教材和教学管理。

随着教育改革的不断深入，《关于国家精品开放课程建设的实施意见》对课程建设内容进行了进一步的界定和拓展。国家精品开放课程的建设内容不再局限于基础和专业课程，而是更加注重普及共享优质课程资源，体现现代教育思想和教育教学规律。这一阶段的课程建设更加强调教师的教学理念和方法以及服务学习者自主学习的能力。精品视频公开课和精品资源共享课的建设，旨在通过网络传播，使科学、文化素质教育类视频课程和学术讲座，以及专业课程资源得到更广泛的共享和应用。

进入《关于加强高等学校在线开放课程建设应用与管理的意见》阶段，课程建设内容的重心进一步向教学服务相融的方向转移。这一阶段的课程建设更加注重课程应用与教学服务的融通，强调大规模开放在线课程的建设，以及课程的网络传播适应性和教学效果。课程内容的选择更加多样化，涵盖了大学生文化素质教育课程、专业核心课程和公共课程，优先引进具有先进教育理念和教学经验的工程技术、自然科学等学科的优质课程。

2021 年，我国高校在线开放课程建设已经全面进入应用与管理阶段。在这一阶段，课程建设内容的构建更加注重适应时代发展的需求，强调思想政治理论课在线开放课程的建设以及自然科学、工程技术类课程的引进和融合。这一转变体现了教育内容与时代发展的紧密结合，以及对培养具有社会责任感和创新精神的高素质人才的重视。

3. 从教师中心到面向大众的服务指向

在高等教育的发展进程中，高校在线课程建设的服务面向经历了从教师中心到面向大众的转变。这一转变不仅反映了教育理念的演变，也体现了教育服务模式的创新和教育技术的普及。

教育部在《关于启动高等学校教学质量与教学改革工程精品课程建设工作的通知》中，政策的实施主要针对高等院校，旨在通过精品课程建设提升高等教育水平和人才培养质量。在这一阶段，服务面向主要集中在高校师生，尤其是教师群体上。课程建设的目标是满足国家和地方发展的需求，培养高素质的专门人才和创新人才。这一时期的服务面向体现了教师在教育教学中的中心地位，以及高等教育对于培养高水平人才的重视。

随着《关于国家精品开放课程建设的实施意见》的发布，政策实施的服务面向开始出现转变。该政策明确界定了国家精品视频公开课主要服务于高校学生，并面向社会公众免费开放；国家精品资源共享课则服务于高校教师和学生，同时也向社会学习者提供服务。这一阶段的服务面向扩展到了更广泛的群体，不仅包括高校师生，还涵盖了社会大众和社会学习者。这种转变体现了教育资源开放共享的理念以及教育服务模式的多元化和普及化。

进入《关于加强高等学校在线开放课程建设应用与管理的意见》阶段，服务面向进一步拓宽，高校在线开放课程被要求为高校师生和社会学习者提供优质高效的全方位、个性化服务。这一阶段的服务面向已经从单一的高校师生转变为高校师生和社会学习者的共同主体。这种转变不仅体现了教育服务的普及化和平等化，也反映了教育技术发展带来的教育机会均等化趋势。

4. 从政府主导到政府支持的建设模式

在我国高等教育在线课程建设的历程中，建设模式的演变体现了教育管理体制的创新和教育服务体系的完善。从政府主导到政府支持的转变，不仅标志着高校自主权的增强，也反映了教育治理模式的现代化。

在《关于启动高等学校教学质量与教学改革工程精品课程建设工作的通知》中，高校在线课程建设模式以政府为主导，通过建立国家级、省级、校级三级精品课程体系，实现教育资源的优化配置。在这一模式下，高等学校需要从事业费中安排经费进行先期建设，省级教育行政部门负责评选和推荐，最终由教育部进行评选和经费补助。这一模式下，政府在课程建设中起到了决定性的作用，确保了课程建设的方向和质量。

随着《关于国家精品开放课程建设的实施意见》的出台，建设模式开始出现转变。高校在精品开放课程建设中的地位得到提升，采取了"高校先行建设、省区市择优推荐、教育部评审授称、补助建设经费"的方式。这一模式下，高校的自主建设成为课程建设的主体，政府的角色逐渐转变为支持和评价。同时，社会力量的参与也开始被引入，为课程建设提供了新的动力和方向。

在《关于加强高等学校在线开放课程建设应用与管理的意见》中，建设模式进一步明确为"高校主体、政府支持、社会参与"。在这一模式下，高校在课程建设中的地位得到了进一步的巩固和提升，成为课程建设的主导力量。政府的角色转变为提供政策研究、宏观指导和条件支持，同时组织课程的评选与认定，对课程的实际应用和教学效果进行跟踪监测和综合评价。

省级教育部门则负责对本省的在线开放课程建设进行引导和支持。此外，社会力量的参与更加广泛和深入，不仅参与课程的推广，还参与课程的评价和建设。

从建设模式的演变来看，我国高校在线课程建设已经从政府主导的模式转变为政府支持、高校主体、社会参与的新模式。这一转变不仅提升了高校的自主性和创新性，也促进了教育资源的共享和教育服务的多样化。在未来的教育发展中，应继续坚持和深化这一建设模式，以实现高等教育的全面、均衡和可持续发展，更好地服务于社会大众和国家发展战略。同时，也应加强对高校在线课程建设的监管和评价，确保课程建设的质量和效果，推动我国高等教育的持续进步和国际竞争力的提升。

5. 从评选驱动到应用驱动的运行管理

针对高校在线课程建设不同阶段的建设目标和建设内容，相关政策文本在在线课程的运行管理方面做出了相应调整，主要集中在经费支持、监督管理、推广应用和知识产权保护等方面。

（1）经费支持。在高等教育领域，经费支持一直是在线课程建设中至关重要的一环。政策文件对于经费支持的规定主要集中在三个方面：来自事业费拨款的安排、省级教育行政部门的行政经费支持以及国家层面的经费补助。这三个方面构成了校、省、国家三级共同资助的在线课程建设经费支持体系。

首先，《关于启动高等学校教学质量与教学改革工程精品课程建设工作的通知》明确规定，高校应从事业费拨款中安排一定比例用于精品课程建设，这为高校提供了稳定的经费来源。同时，省级教育行政部门也应投入行政经费支持精品课程建设工作，从而进一步强化了地方层面的经费支持。

其次，《关于国家精品开放课程建设的实施意见》中提到，对于完成建设且社会反映良好的精品视频公开课以及共享应用效果良好的精品资源共享课，将给予适当经费补贴，这为在线课程建设提供了积极的激励机制。此外，教育部对国家精品在线课程建设予以适当支持，进一步确保了国家级别的经费保障。

最后，在《关于中央部门所属高校深化教育教学改革的指导意见》中，对于部属高校的经费支持也有所规定，要求对高校在线开放课程建设给予专项的资金支持和相应的政策保障。这一措施旨在确保高校在线课程建设在政策层面得到充分的经费保障和支持。

另外，政策文件还强调了对在线课程建设的监督与管理，以确保经费使用的合理性和效益性。例如，《关于启动高等学校教学质量与教学改革工程精品课程建设工作的通知》规定，不合格的"国家精品课程"将停止维护经费，这为建设过程中的经费使用提供了一定的约束机制。同时，《关于国家精品开放课程建设的实施意见》提出建立动态监测与监管机制，形成国家精品课程内容审查制度，以确保课程内容的及时更新和安全共享。这些措施不仅有助于提高在线课程建设的质量，也有利于保障经费使用的合理性和透明度。

（2）监督管理。在高等学校在线开放课程建设中，监督管理是确保教学质量和安全的重要手段。政策文件对监督管理的规定主要包括定期监测和跟踪教学效果、综合评价用户应用实效以及规范管理课程内容安全、网络安全和数据安全等方面。

首先，《关于加强高等学校在线开放课程建设应用与管理的意见》明确规定了对在线开放课程的教学效果进行定期监测和跟踪监测的要求。这一举措旨在通过持续监测课程的教学效果，及时发现存在的问题和不足，为进一步改进和提升课程质量提供数据支持。同时，对用户应用实效进行综合评价，可以客观地评估课程的受众覆盖情况和实际应用效果，为未来课程设计和改进提供参考。

其次，政策文件要求对在线开放课程的内容安全、网络安全和数据安全进行规范管理。随着在线教育的发展，课程内容的安全性和网络环境的安全性成为日益关注的焦点。规范管理课程内容安全，包括对课程内容的合法性、准确性和权威性进行审核和监督，以确保教学内容符合相关法律法规和学术规范。同时，加强网络安全和数据安全的管理，包括对课程平台和数据传输过程中的安全漏洞和风险进行监测和防范，以保护用户的个人信息和教育数据安全。

从监督管理的角度来看，高等学校在线课程建设的监督主体逐渐由依托专家、组织、机构转向以高校师生和社会评价为主。这一趋势体现了对教育质量和效果更加注重实际应用和用户体验的理念。同时，监管机制也更为实时多样，不仅包括定期的监测和跟踪，还包括对课程内容安全、网络安全和数据安全的实时监管和规范管理。这些措施有助于提高在线课程建设的透明度和质量，为教育教学改革提供了有力的保障。

（3）推广应用。在推广应用方面，政策文件提出了一系列激励和评价机制，以促进精品课程建设的不断发展。这些机制旨在鼓励教师、教学管理人员和学习者积极参与课程建设，并对其进行相应奖励。其中，建立健全的课程评价体系和学习者评价反馈制度是推动精品课程建设的关键举措之一。通过这些机制的建立，可以促进精品课程建设的良性可持续发展，确保课程质量和效果得到有效提升。此外，《关于国家精品开放课程建设的实施意见》中强调了与多媒体合作的重要性，特别是与教育网站和主流门户网站等媒体的合作。通过加强宣传与推广，可以提升高校师生对精品开放课程的认知和使用意愿，引导社会公众更多地关注、使用和评价精品开放课程，从而推动其广泛应用。

在高校在线开放课程建设应用与管理阶段，《关于加强高等学校在线开放课程建设应用与管理的意见》进一步加强了推广应用的措施。政策文件鼓励高校使用在线开放课程公共服务平台，并提倡高校与课程平台协同使用在线课程大数据。这一举措有助于促进高校之间的合作与共享，提升在线开放课程的教学效果和资源利用效率。同时，政策文件还强调创新校内、校际课程共享与应用模式的重要性，倡导学分认定和管理制度的创新。这些举措旨在进一步拓展在线开放课程的应用途径，促进其广泛推广和应用。

（4）知识产权保护。高校在线课程建设的不同阶段对知识产权保护提出了明确要求，这反映了对于知识创造和知识传播的重视。在《关于启动高等学校教学质量与教学改革工程精品课程建设工作的通知》中，针对国家精品课程所属的研究成果，明确规定其为职务作品，同时规定了任课教师在享受"精品课程"荣誉称号期间所创造的课程资源具有非商业性质，这意味着其使用权被授予全国各高校。这一措施旨在确保优质课程资源的共享和流通，从而促进教学资源的高效利用和共同发展。

在《关于国家精品开放课程建设的实施意见》中，对知识产权保护提出了更为具体的要求，要求在国家现行著作权法等知识产权法框架下，通过协议明确各方的权利、义务和法律责任，以保护课程的知识产权。这一措施强调了法律框架下的合作与协商，使得各方在课程建设中的权益得到更为明确和有效的保护。

另外，在《关于加强高等学校在线开放课程建设应用与管理的意见》中，高度重视知识产权保护，并要求与高校和课程建设团队签订平等互利的知识产权保障协议。这一措施进一步加强了对知识产权的保护，强调了各方之间的平等和互利，从而确保了知识创新和资源共享的可持续发展。

(二) 在线课程建设政策演变的内在逻辑

1. 以需求为驱动的政策形成机制

随着信息技术的飞速发展和教育需求的日益多样化，我国高校在线课程建设政策的形成机制也在不断演变。其中，"以需求为驱动"的政策形成机制成为推动在线课程建设发展的重要动力。这种机制强调政策制定应紧密围绕内外部利益相关者的需求变化，以实现政策目标与各方利益的最大化。

在早期的在线课程建设阶段，政策形成机制主要受到政府内部动力的驱动。政府作为主要的政策制定者，期望通过在线课程建设推进高等教育教学改革，提高人才培养质量。在这一时期，政策主题集中在"精品示范"上，旨在通过建设一批高质量的在线课程，引领教育教学改革的方向。随着国际在线教育的兴起，政府逐渐意识到在线课程在文化传播、价值观弘扬以及文化软实力提升方面的重要作用，政策主题逐渐转向"开放"，推动在线课程的普及共享。

随着在线课程建设的深入发展，高校、教师、学生等内部利益相关者的需求开始对政策形成机制产生影响。高校期望在线课程能够成为提升学校声誉和引进优质教育资源的重要途径，教师期望通过在线课程实现教学效果的提升和职业发展，学生则期望在线课程能够满足其个性化和多元化的学习需求。这些需求的变化促使政策制定更加注重高校的主体地位，关注教师的应用动机和学习者的个性化需求。

在外部利益相关者方面，社会学习者、在线教育商业机构、技术机构等的需求也对政策形成机制产生重要影响。社会学习者对优质教育资源的需求不断扩大，推动政策从主要面向高校服务转向面向社会大众建设公共教育服务体系。同时，在线课程产业化的推进刺激了商业机构和技术支持机构的利益需求，政策逐渐演进为政府、高校、社会三者共同参与的模式，引入在线课程社会评价，并将在线课程逐步融入市场机制，推动在线课程与其他领域的融合创新。

在这一过程中，政策形成机制不断适应和调节各方矛盾，以满足多元化的利益需求。政策文本逐渐强调立足国情、加强管理，确保在线课程建设的安全性和适应性。同时，政策也注重激励与保障教师的应用动机，推动教学交互和教学相融，以满足学习者的个性化学习需求。政策的形成和演变体现了对各方利益的平衡和协调，旨在推动在线课程建设进入稳定的可持续发展状态。

在未来的在线课程建设中，应继续坚持"以需求为驱动"的政策形成机制，紧密围绕内外部利益相关者的需求变化，不断优化政策内容和实施策略。同时，应加强政策的动态监测和评估，及时调整和完善政策措施，以适应教育发展的新趋势和新挑战。通过这些努力，可以有效促进在线课程建设的持续进步和发展，实现高等教育现代化的目标。

2. 以制度规范为保障的过程指向

在我国高校在线课程建设过程中，以制度规范为保障的过程指向体现了政策文本的逐步完善和调整，以确保在线课程建设的系统化、共享性和可持续性。

（1）在技术层面，政策文本明确规定了在线课程的建设标准，以保证课程资源的一致性和共享性。在初期阶段，由于高校自主建设课程资源导致标准不一，课程资源难以共享。随后，政策对课程建设的标准进行了明确要求，并建立了统一平台发布国家级在线课程，从而推进了课程资源的共享和普及。

（2）在评审机制方面，政策逐步完善了评审主体和流程，以确保在线课程的应用适切性和实效性。初期的评审机制不完善导致课程"建的不用、评的不建"的现象，随后政策调整了评审主体，引入了社会评价和第三方评价，并调整了评审流程，实行了"先建设应用，后评审认定"的制度，以提升课程的实效性和应用性。

（3）在知识产权保护方面，政策建立了完善的知识产权保护机制，以确保在线课程的公共利益和安全。初期缺乏完善的知识产权保护机制影响了教师的积极性，随后政策明确了利益各方的权利和义务，激发了教师建设在线课程的积极性。

（4）在学分认定和转换方面，政策逐步明确了相应的原则，为在线课程的广泛推广和共享提供了基础保障。这些政策调整和完善体现了以制度规范为保障的过程指向，为在线课程建设的持续发展提供了坚实基础。

3. 以资源最优化为取向的政策价值

在探讨高等教育在线课程建设的政策演变过程中，"以资源最优化为取向"的政策价值取向是一个核心议题。该取向强调通过优化教育资源的配置和利用，实现教育资源的最大效益，满足不同利益相关者的需求，提高了教育的质量和效率。

在线课程的发展，本质上是教育资源最优化的过程。在教育资源的应用中，每个基本单元所需的资源是相对稳定的。为了在不增加应用主体基本单元资源消耗的前提下，降低整体资源消耗，实现资源共享成为关键途径。通过教育资源共享，可以有效减少资源配置的冗余，提高资源利用效率。

在我国高校在线课程建设初期，政策以"精品示范"为主题，通过标准化课程建设，降低了教师的工作负荷，提高了资源共享和协作的程度，有效降低了教学冗余，提高了教学效率。这一时期的政策取向体现了对教育资源最优化的初步探索和实践。

随着在线课程资源的大量累积和数字化，教学资源的投入不足开始限制教学交互的发展，学习者的个性化需求逐渐凸显。社会对教育资源的需求也从单一化向多元化方向发展。为了解决新的供需矛盾，政策开始强调"开放"的重要性，推动在线课程面向社会大众的充分开放，吸纳和引入新的教育资源，满足多样化的教育需求。这一阶段的政策演变体现了对教育资源最优化价值的深化认识和实践探索。

进入学习型社会后，教育资源的社会需求逐渐减少，而学习者的个性化需求成为主导。这一时期，教育资源的简单累积已无法满足个性化教学需求。资源共享的实现方式需要转向更小的共享单位，以增强资源的灵活性和多样性。这一转变要求政策在建设内容和管理机制上进一步优化，从"示范引领"到强调教学相融，从评价驱动转向应用驱动，以实现教育资源利用的最优化和教学的深度融合。

总体而言，我国高校在线课程建设政策的演变，始终围绕"以资源最优化为取向"的价值理念。这一价值取向不仅体现在政策目标的设定上，也体现在政策实施的具体措施中。通过不断优化政策，推动教育资源的合理配置和高效利用，可以有效提升教育质量和效率，满足学习者的个性化需求，促进教育公平，实现教育现代化的目标。

三、现代化理念指向下建设理念与应用实践的关联

(一) 哲学关联

在探讨现代化理念指向下建设理念与应用实践的哲学关联时，首先需要明确建设理念与应用实践的关系。从行为哲学的角度来看，这一关系涉及"思想和行动""言与行""说与做"之间的相互作用与转化。在这一过程中，思想和行动的辩证关系被置于核心地位，其中行动的产生依赖于语言作为媒介，而语言本身则是思想意识的外在表现。因此，任何有效的行动都必须有坚实的思想基础，而思想的实现又需要通过具体的行动来体现。

马克思主义哲学进一步深化了这一理解，将"物质与意识"的关系作为认识和实践的基础。物质作为一切存在的根本，决定了意识的形成，而意识又通过其能动的反作用影响物质世界。在这一辩证过程中，物质与意识的统一关系被揭示出来，强调了物质世界中的紧张与反抗是推动事物发展的根本动力。意识作为对物质世界的反映，其正确性和有效性取决于是否能够与个体的全面发展相符合。

在这样的哲学框架下，建设理念与应用实践的关系不再是简单的线性过程，而是一个复杂的、动态的、相互作用的过程。建设理念的有效性不仅取决于其内在的逻辑性和合理性，更在于其能否在实际应用中发挥作用，促进个体和社会的发展。这就要求我们在构建建设理念时，必须充分考虑其与应用实践的契合度，确保理念的实施能够真正推动实践的发展。

在教育领域，这一关系尤为重要。教育作为一个实践领域，其本质在于地方性和民族性，这就要求我们在构建教育建设理念时，必须充分考虑本土化的特点和需求。开放教育资源运动的兴起，为教育的现代化提供了新的思路和方法，但其成功的关键仍然在于能否将开放、共享的理念与本土化的

教育实践相结合。

因此，要使建设理念有效作用于应用实践，关键在于理念的构建必须基于对实践需求的深入理解和分析。这就要求我们在理念的构建过程中，不断反思和审视理念与实践之间的关系，确保理念的提出和实施能够真正满足实践的需求，促进实践的发展和完善。同时，我们还需要关注理念实施过程中的反馈和效果，通过不断地调整和优化，使理念与实践之间的联系更加紧密，确保理念的实施能够真正推动实践的进步。

在这一过程中，还需要关注建设理念的可持续发展。随着社会的发展和变化，实践的需求也在不断变化，这就要求我们的建设理念必须具有一定的灵活性和适应性，能够随着实践的发展而不断调整和完善。只有这样，建设理念才能真正发挥其应有的作用，推动实践的持续发展和进步。

(二) 现实影响

应用实效与建设理念存在紧密联系，一方面，建设理念对在线课程建设及其实践有着巨大的指导作用；另一方面，在线课程的应用实效对在线课程的建设理念起到不可替代的修正作用，两者相互作用，辩证统一。

1. 建设理念与应用效益的关系

在探讨建设理念与应用效益的关系时，必须首先明确应用效益的概念及其在在线课程建设中的重要性。应用效益是指通过在线课程的教育活动，受教育者和社会所获得的实际效果和利益。这一概念不仅涵盖了课程内容的传授效果，还包括了教育质量的提升、教育公平的促进以及教育创新的推动等多个方面。在线课程作为现代教育技术与教育理念相结合的产物，其建设理念的先进性与实践性直接关系到应用效益的高低。

随着信息技术的飞速发展和教育改革的不断深入，国内高校在线课程建设取得了显著的进展。大量的人力、财力、物力被投入到在线课程的建设中，旨在通过这种方式提升教育质量和效率。然而，与建设投入的增加相比，在线课程的应用效益并未呈现出相应的增长趋势。这一现象的出现，提示我们需要从建设理念的角度对在线课程的建设和应用进行深入的反思和探讨。

（1）建设理念应当重视课程的长期维护和监管。在线课程并非一次性的产品，其持续的更新和优化是保证课程质量和应用效益的关键。然而，目前的建设理念往往忽视了这一点，导致部分课程资源的闲置和浪费。为了提高应用效益，建设理念需要转变，将课程的长期维护和更新纳入课程建设的整体规划中，确保课程内容的时效性和教学方法的先进性。

（2）建设理念应当强调建设与应用的一体化。在线课程的建设不仅是技术层面的工作，更是教育理念和教学方法的革新。然而，目前教师和学习者仍然习惯于传统的教学模式，自主学习和线上、线下相结合的教学方式尚未得到广泛的推广和应用。为了改变这一现状，建设理念需要更加注重教师和学习者的培训和引导，帮助他们适应新的教学环境和方法，从而提高在线课程的应用效益。

（3）建设理念还应当关注课程建设的系统性和全面性。目前，在线课程建设在学科分布和区域布局上存在一定的失衡，这不仅影响了课程资源的均衡分配，也限制了在线课程应用效益的最大化。为了解决这一问题，建设理念需要从整体出发，充分考虑不同学科和地区的特点和需求，推动课程建设的均衡发展。

（4）建设理念应当注重课程建设与教育改革的紧密结合。在线课程的建设不应仅仅停留在技术层面的更新，更应成为推动教育改革和提升教育质量的重要手段。通过在线课程的建设，可以促进教育教学能力的提升和教育观念的改进，推动高层次教学科研项目的开展和成果的转化。为了实现这一目标，建设理念需要更加注重课程建设与教育改革的协同发展，确保在线课程建设的成果能够有效地服务于教育改革的大局。

综上所述，建设理念与应用效益之间存在着密切的联系。一个科学、合理的建设理念能够有效地指导在线课程的建设和应用，从而提高应用效益，推动教育的发展和进步。因此，我们需要不断地审视和完善建设理念，确保其能够适应教育发展的需要，真正发挥在线课程在现代教育中的重要作用。

2. 建设理念对应用规模的影响

在探讨建设理念对在线课程应用规模的影响时，必须认识到在线课程的普及与共享是现代教育发展的重要趋势。在线课程作为一种新型的教育模式，其应用规模的拓展不仅能够促进教育资源的均衡分配，还能够推动教育公平的实现，提升整体教育质量。因此，建设理念的科学性、先进性对于在线课程应用规模的扩大具有决定性的作用。

在当前的教育环境下，政府、高校和市场构成了推动在线课程建设和传播的三大主体。这三者之间的相互作用和协调发展对于在线课程建设规模的形成具有重要影响。建设理念的转变，从最初的政府主导、高校自主建设，逐步演化为高校主体、政府支持、社会参与的新模式，这一转变不仅提升了高校在线课程建设的主体地位，也为社会力量的广泛参与提供了空间，从而为在线课程的规模化效应的形成奠定了基础。

然而，尽管建设理念已经发生了积极的变化，但在实际应用中，仍然存在一些问题和挑战。首先，政府、高校和市场三者之间的角色定位不够清晰，分工不够明确，这导致了在线课程在传播效果和应用规模上的局限性。政府在推进在线课程建设方面的组织和调控优势未能得到充分发挥，这在一定程度上影响了在线课程的推广和应用。其次，高校在自主建设和维护在线课程过程中，由于缺乏统一的标准和质量控制，导致了课程质量的不一致，这成为课程传播和共享的主要障碍。为了解决这一问题，需要在建设理念中明确高校的责任和义务，推动高校之间建立统一的课程建设和质量控制标准，确保在线课程的质量和效果。此外，市场在在线课程建设和应用中的作用也未得到充分发挥。市场在平衡供求关系、降低开发成本、促进技术创新、调节资源配置等方面具有独特的优势和功能，但目前这些优势并未得到充分的激发和利用。因此，建设理念应当更加重视市场的作用，通过政策引导和激励机制，激发市场主体的积极性和创造性，推动在线课程的建设和应用。

为了进一步扩大在线课程的应用规模，建设理念还应当注重以下方面：一是加强在线课程内容的创新和多样性，满足不同学习者的需求；二是利用新媒体、自媒体、融媒体等现代传播手段，提高在线课程的可见度和吸引力；三是加强在线课程的国际交流与合作，提升课程的国际影响力和竞争力；四是建立完善的在线课程评估和反馈机制，不断优化课程内容和教学方法。

3. 建设理念对应用体验的影响

在深入探讨建设理念对应用体验的影响时，必须首先明确应用体验的核心要素及其在在线课程中的重要性。应用体验是指在线课程的应用主体在使用过程中对课程的满意度、可用性、可寻性、交互性等方面所形成的整体感知。这一概念涵盖了学习者与在线课程互动的全过程，从课程的发现、使用到学习成果的评估，每一个环节都直接影响着学习者的应用体验。

当前，国内高校在线课程的建设理念在不断演进，逐渐由"示范引领"向"教学相融"转变，这一转变的核心目标是提升课程使用者的学习体验。通过增强在线课程的学习交互和自适应能力，课程建设者试图为学习者提供更加个性化、高效的学习环境。从应用实效的分析与调查中可以看出，学习者对于在线课程的满意度正在逐步提高，这从侧面印证了在线课程应用体验的持续优化。

然而，尽管建设理念正在向着积极的方向发展，但在实际应用中仍存在一些问题。首先，课程学习支持服务的不完善是影响应用体验的一个重要因素。虽然以学科为中心的课程建设理念有助于学习者理解学科的基本逻辑结构，但目前在线课程资源仍以授课视频、多媒体课件、文字教案为主，缺乏习题、测验、互动讨论、仿真实验等多元化、开放性的课程资源类型。这种单一的资源类型限制了学习者实践能力和综合素质的提升，也影响了学习者对课程的全面体验。

此外，学习者互动反馈的不及时性也是影响应用体验的一个关键问题。在线课程的本质在于其开放性和互动性，而缺乏有效的互动反馈机制将大大降低学习者的参与度和学习效果。线上线下教学活动的联系不紧密也是一个不容忽视的问题，这不仅影响了学习者的学习连贯性，也降低了学习效率。技术团队对教师的支持不足同样影响了应用体验。教师作为在线课程的直接提供者，其对技术的掌握程度和应用能力直接影响到课程的质量和效果。如果技术团队不能提供及时有效的支持，将限制教师在课程设计和实施中的创新和改进，进而影响学习者的学习体验。

为了进一步提升在线课程的应用体验，建设理念应当从以下方面进行优化和改进：一是丰富课程资源类型，提供更加多元化、开放性的学习资源，以满足学习者的个性化需求；二是建立有效的互动反馈机制，增强学习者的参与感和学习动力；三是加强线上、线下教学活动的整合，提高学习效率和连贯性；四是加强技术团队对教师的支持，提升教师的技术应用能力，促进课程质量的提升。

总之，建设理念对在线课程的应用体验具有深远的影响。通过不断优化建设理念，提升课程资源的多样性和互动性，加强技术支持和服务质量，可以有效提升学习者的应用体验，进而推动在线课程的广泛应用和深入发展。

4. 建设理念对应用动机的影响

在深入分析建设理念对应用动机的影响时，必须认识到应用动机在在线课程建设和应用过程中的核心作用。应用动机是指在线课程各应用主体参与在线课程建设和应用的内在驱动力，它是推动在线课程广泛应用和可持续发展的关键因素。当前，国内高校在线课程的建设理念正在逐步强化高校的建设主体地位，评审机制也在向多元化方向发展，这不仅包括教育行政部门的管理人员、教育科研机构的研究人员、高校学科的专家，也涵盖了高校教师、学生以及社会学习者的广泛参与。这种多元化的评审机制有助于激发各应用主体的应用动机，从而提升高校建设的自主性和教师应用的积极性，进而推动在线课程应用规模的持续扩大。

然而，建设理念中激励机制和评审机制的不足，导致了教师应用在线课程的内生动力不足。在当前的建设理念中，对于教师建设和应用在线课程的权责利益划分尚存模糊之处，这使得教师在建设与应用在线课程过程中的主动性和积极性未能得到充分的激发。此外，建设理念从资源管理的角度进行功能开发时，往往忽视了建设与应用之间的耦合度，导致教师与学习者、平台技术开发人员之间的分离，这种分离状态阻碍了教师的技术支持服务和学习者的个性化学习服务的实现，进而影响了教师和学习者的应用动机。

评审机制中对在线课程核心利益相关用户的应用体验关注不足，也是影响应用动机的一个重要因素。目前，评审机制的重心主要集中在课程申报和建设阶段，而对于课程的后期维护、社会效益评价以及推广应用效果等方面的关注明显不足。这种偏重前期而忽视后期的评审机制，不利于课程应用的适切性和持续性，也难以准确评估在线课程的实际应用效果。

为了有效提升应用动机，建设理念应当从以下方面进行改进：首先，明确教师在建设和应用在线课程过程中的权、责、利，通过合理的激励机制激发教师的积极性和主动性。其次，加强建设与应用之间的耦合度，通过平台功能的优化和技术支持服务的提升，促进教师与学习者的有效互动，满足学习者的个性化学习需求。再次，评审机制应当更加关注用户的应用体验，尤其是在课程的后期维护和社会效益评价方面，确保课程的持续优化和应用效果的提升。最后，引入独立于教育系统的第三方评价主体，以客观、公正的态度对在线课程进行评价，进一步提高评审机制的有效性和公信力。

综上所述，建设理念对在线课程应用动机的影响是多方面的。通过不断优化建设理念，完善激励和评审机制，可以有效提升教师和学习者的应用动机，进而推动在线课程的广泛应用和持续发展。

第二节　在线开放课程建设理念演化的路径

一、精品开放课程建设理念的形成与变迁

"精品课程是高等院校课程的精华，也是极为宝贵的教学资源"[①]，精品开放课程的发展代表了在线课程建设的新趋势，其建设理念更加注重高校师生和社会力量的参与和评价，以提升课程建设的实用效果。这种理念的转变是对传统精品课程建设模式的创新和完善，旨在推动在线课程的普及与共享，实现"建用一体"的目标。

在过去的发展中，国家精品课程建设一直以评估驱动、精品示范和资源建设为核心理念，其成功经验为精品开放课程的发展奠定了基础。然而，随着在线课程建设逐步转向"开放"，新的发展阶段提出了更高的要求和挑战。精品开放课程不仅要注重课程资源的建设，更要关注使用者（如教师和大学生等）的实际需求，以确保课程的实际应用效果。因此，建设理念的转变成为推动精品开放课程建设的关键。

在精品开放课程的建设理念中，政府的主导作用至关重要。政府应加强整体规划和统筹设计，为精品开放课程的推广与应用提供有力支持。同时，高校自主建设的角色也十分重要，需要发挥其在课程建设和评价方面的专业性和灵活性。专家、高校师生和社会力量的参与评价是确保精品开放课程质量和实用性的关键环节，应得到充分重视和支持。

[①] 黄在范，郑成淑. 高等院校精品开放课程建设探讨 [J]. 教育教学论坛，2018（18）：168-169.

然而，尽管精品开放课程在建设理念上取得了一定突破和发展，但仍然面临着一些新的问题和阻碍。例如，在实践过程中，各实践主体之间的协同合作仍然不够紧密，导致课程建设和应用效果不佳；另外，课程建设过程中缺乏对使用者需求的深入调研和理解，导致课程实际应用效果不尽如人意。因此，未来精品开放课程建设需要进一步加强理论研究和实践探索，不断完善建设理念，以推动在线课程的普及与共享，为教育事业的发展作出更大贡献。

（一）精品开放课程建设理念的形成

精品开放课程建设理念的形成源于对高等教育质量与教学改革的深刻思考和探索，是现代信息技术与教育教学理念相结合的一种创新实践。2011年7月，教育部、财政部发布《关于"十二五"期间实施"高等学校本科教学质量与教学改革工程"的意见》，其中明确提出国家精品开放课程的建设与共享是该工程的重要内容，这标志着精品开放课程建设理念的正式确立。

精品开放课程的建设旨在利用现代信息技术，向社会大众和全球传播我国科技文化的发展趋势和最新成果，展示国内高等教育先进的教学理念、独特的教学方法以及丰硕的教学成果。这一建设理念的形成，不仅是对教育质量提升的一种回应，更是对教育公平、共享的重视。精品开放课程的推广和应用，使得高等教育资源得到了更广泛的传播和利用，促进了教育资源的均衡配置和优化利用。

在过去的几年里，国家精品课程建设经历了不断的升级改造，其中精品视频公开课及精品资源共享课两个部分取得了显著的进展。精品开放课程在普及共享的基础之上，实现了高校在线课程的"开放"性发展，为教育教学的改革和创新提供了新的动力和途径。其建设理念的形成，彰显了对现代教育理念的认同与实践，旨在打破传统教育的时空限制，实现教育资源的广泛传播与共享。

然而，精品开放课程建设仍然面临着一些挑战和困难。其中，课程质量与评价体系的建立、师资队伍建设、技术支持与平台建设等方面仍然需要进一步完善和提升。特别是在面向社会大众的广泛传播和应用过程中，如何确保课程的质量和可持续发展，是当前亟待解决的问题之一。因此，未来精品开放课程建设需要不断深化改革，加强制度建设和管理创新，以促进在线教育事业的健康发展，为构建现代化教育体系贡献更多力量。

(二) 精品开放课程建设理念的变迁

精品课程建设中所倡导的"以评价驱动为导向、以精品示范为目标、以资源建设为中心"的建设理念，虽然旨在提高教育质量和推动教学改革，但在实践中却可能出现异化现象，导致"建用脱节"的问题。这一现象表明理念与实践之间存在鸿沟，即课程的建设与实际应用之间脱节，从而影响了课程建设的实用效果。与此形成鲜明对比的是，MIT 视频公开课建设在全球范围内取得了巨大成功，使用者对其课程精度、深度和交互满意度普遍评价较高。这种成功背后的原因，正是 MIT 所秉持的"卓越、创新、领袖"的价值取向以及"开放、共享""以用户为中心"的建设理念给国内高校在线课程建设带来了深刻的启示。

精品开放课程与精品课程相比较，呈现出了从"精品"到"开放"的发展趋势。这种发展不仅符合国际开放教育迅速发展的时代背景，也是我国高校在线课程建设的必然选择。精品开放课程不仅承担着共享优质教育资源、服务学习型社会建设的任务，还肩负着传播中华优秀传统文化、提升国家文化软实力和国际影响力的重要使命。

精品开放课程与精品课程在课程建设目标、建设内涵、建设机制、服务对象、课程平台、传播途径、经费支持等方面存在着差异。精品开放课程的独特之处在于，它是在精品课程建设的基础之上，进一步促进高校在线课程的普及、共享与应用。为了更好地实现精品开放课程的目标，具体政策应当重视对建设理念的贯彻，同时充分支持和促进精品开放课程的共享与应用。评价指标体系应该突出课程开放共享的作用，确保技术标准在精品课程中得到充分共享，最终实现"建用一体"的精品开放课程建设理念。这样的措施将有助于弥合理念与实践之间的鸿沟，推动精品开放课程建设走向更加成熟和稳健的发展道路。

1. "资源建设"向"课程建设"转变

精品课程建设从"资源建设"向"课程建设"的转变，标志着我国高等教育在线课程建设理念的深化和发展。在过去，精品课程建设主要注重教育资源的积累和展示，着重于资源的汇聚和展示，以示范性课程的引领作用来推动高等教育质量和人才培养质量的提升。然而，随着时代的发展和实践的积累，人们逐渐意识到单纯地积累和展示教育资源并不能真正提升教育质量，更为关键的是要重视课程建设的质量及其规范，实现课程共享的目标。

精品开放课程作为精品课程建设的一部分，转变了建设目标的焦点，更多地关注于课程建设本身的质量和规范性。在这一转变的过程中，课程设计与实施、课程资源的拓展、教学录像等方面成为评价活动的重要组成部分。课程的定位、内容的选择和组织、教学方法和手段、课程资源的建设和组织等方面都受到了更为深入的考量。特别是针对课程录像制作技术的标准制定，进一步规范了课程录像及后期制作过程，从而提高了课程质量和标准化水平。

在这一转变中，精品开放课程建设以"课程"为中心的建设理念逐渐得到了凸显。这一理念的核心是将课程本身作为建设的核心要素，强调课程的质量、规范性和实用性，以及课程资源的有效利用和共享。通过以课程为中心的建设理念，精品开放课程能够更好地满足学习者的需求，促进教育资源的共享和传播，推动教育质量和人才培养质量的提升。因此，精品开放课程建设的这一转变具有重要的现实意义和深远的影响，为我国高等教育的发展和创新注入了新的活力和动力。

2. "有限开放"向"充分开放"转变

在精品课程建设实践中，高校作为课程开发和建设的主导力量，承担着自主建设和发布精品课程的任务。然而，由于知识产权保护机制的不健全以及课程制作技术标准的不统一，高校间的资源共享存在诸多障碍。这些问题的存在，限制了教育资源的广泛传播和有效利用，也影响了教育质量和效率的提升。

为了实现从"有限开放"到"充分开放"的转变，首先需要从国家层面进行整体规划和统筹设计。这包括建立统一的课程建设标准，完善知识产权保护机制，以及制定相应的政策和措施，以促进高校间的资源共享和课程开放。通过这些措施，可以为精品开放课程的建设和共享搭建一个良好的平台，从而推动教育资源的广泛传播和有效利用。

此外，投入建设资金和引入市场机制也是实现"充分开放"的重要手段。通过投入必要的建设资金，可以保证精品开放课程的质量和效果，吸引更多的学习者参与到在线学习中来。同时，引入市场机制可以激发高校和社会力量参与精品开放课程的建设和推广中，通过市场竞争和合作，提高课程的质量和效益，实现教育资源的优化配置。

精品开放课程网站短时间内点击率和互动率的迅速提高，从侧面印证了"充分开放"的应用效益。这一转变不仅提高了教育资源的利用效率，也促进了教育公平的实现。通过精品开放课程的广泛传播和应用，更多的学习者可以获得高质量的教育资源，提升自身的知识和技能水平。同时，高校也可以通过精品开放课程的建设和共享，提升自身的教学水平和科研能力，推动教育创新的发展。

3."教师中心"向"用户中心"转变

精品课程建设从"教师中心"向"用户中心"的转变，标志着我国高等教育在线课程建设理念的重大演进和发展。过去，精品课程建设以服务高校教师为主要目标，旨在通过示范性课程的借鉴来提升教师的教育教学水平。然而，随着教育信息化和互联网技术的不断发展，人们开始意识到单纯以教师为中心的建设模式存在局限性，必须将课程建设的重心转向更广泛的用户群体，以更好地满足社会的教育需求和推动教育公平。

精品开放课程作为精品课程建设的一部分，不仅服务于高校教师，更面向社会大众以及世界范围内的学习者。在课程教学交互中，借助现代信息技术支持的社会交互软件，实现了教学双向交互的有效发生，构建了适应用户需求的信息化教学环境，逐渐形成了以"用户生产内容"和"用户交互产生人际关系"为代表的学习社区。这种转变意味着精品开放课程建设不再局限于教师的需求，而是更加注重满足广泛学习者的需求，包括高校学生、社会大众乃至世界各地的学习者。

在课程的评价体系中，越来越多地关注和采纳除专家以外的社会大众的应用意见，以促进精品开放课程建设和可持续发展。在课程参加评审之前，需要经过学校师生的使用和评价，课程的申报和遴选也充分考虑广大师生及社会公众的意见和建议。同时，将符合建设标准、社会反响良好、共享使用效果良好作为授予"国家精品开放课程"荣誉称号的重要指标，这体现了精品开放课程建设已经从"教师中心"向"用户中心"的转变。

4. "精品示范"向"普及共享"转变

精品课程建设从"精品示范"向"普及共享"的转变，标志着我国高等教育在线课程建设理念的重大演进和发展。过去，精品课程建设主要以"五个一流"的示范性课程标杆为目标，力图通过精品课程的示范效应来提升整体教育质量。然而，随着时代的发展和实践的积累，人们开始意识到单纯依靠少数示范课程来提高教育质量的做法存在局限性，必须将课程建设的重心转向更广泛的普及和共享，以更好地满足社会的教育需求和推动教育公平。

精品开放课程作为精品课程建设的一部分，致力于构建特色鲜明的课程，并通过共享实现课程资源的充分利用。在这一转变的过程中，精品开放课程不仅制定了统一的课程制作标准以确保共享的基础，还扩展了课程建设的范围，从专业课和基础课向科学文化素质类课程的拓展。这种转变意味着精品开放课程的建设不再局限于少数示范性课程，而是更加注重覆盖更广泛的教育领域，以满足不同学习者的需求。

同时，精品开放课程建设也将目光投向了服务我国学习型社会建设和弘扬社会主义主流价值观的任务。它旨在提升社会民众的科学文化素养，推动社会的文明进步。与此同时，精品开放课程还承担着向世界传播中华优秀传统文化，提升国家文化软实力和国际影响力的使命。这一转变不仅促进了教育资源的共享和传播，也为我国的文化交流和国际合作提供了新的平台和机遇。

二、高校在线开放课程建设理念的演化趋向

国内高校在线课程的发展历程经历了精品课程建设、精品开放课程建设与应用以及在线开放课程全面建设应用与管理三个重要阶段。这些阶段的演进不仅反映了在线课程建设理念的变迁，也在一定程度上塑造了在线教育的发展格局。从宏观的视角出发，通过对在线课程建设的理论基础、课程形态、政策演变和应用实效等方面进行比较分析，可以揭示不同阶段在线课程建设理念外显形态的承继与差异。

在线课程建设的理论基础在不同阶段有所演变。理论基础是在线课程建设理念建立和形成的逻辑前提，也是推动在线教育不断向前发展的重要支撑。国内高校在线课程建设的理论体系，经历了从"信息技术与课程整合"

到"信息技术与教育深度融合",再到"互联网＋教育"的发展历程。这一演进过程体现了对技术与教育关系的不断深化认识,从简单地将技术作为教学手段,逐步转变为将技术融入教育体系以及将互联网技术作为教育变革的重要推动力量。

随着互联网技术的不断发展,国内高校在线课程的形态也发生了变化。从精品课程、精品开放课程到在线开放课程,课程形态经历了从结构化到非结构化、从单一性到多元化、从静态传授到动态生成的演变过程。这种演变反映了技术进步对教育模式的深刻影响,同时也为学习者提供了更多元化、个性化的学习选择。精品开放课程的出现使得教与学的双向交互成为可能,而在线开放课程更进一步实现了个性化学习支持和动态化的学习生成,推动了教育场景的创新与发展。

建设理念的演变推动了在线课程政策的变革。在线课程建设理念的转变从政策层面得到了积极响应和支持。政策建设目标从有限开放到充分开放,建设内容从示范引领到教学相融,服务面向从以教师为中心到面向大众,建设模式从政府主导到政府支持、高效主体,运行管理从评选驱动到应用驱动。这些政策变革为在线课程建设和应用提供了有力保障,推动了在线教育事业的不断发展。

应用实践是建设理念的实践载体,也是在线课程建设理念能否真正落地的关键。通过对在线课程的应用效益、应用规模、应用体验和应用动机等方面进行综合评估,可以发现建设理念的转变对在线课程应用实效的提升起到了积极的推动作用。然而,仍然存在一些问题和挑战,如教育文化的差异、自适应学习服务支持不足等,这些问题需要进一步解决,以推动在线课程建设和应用的持续健康发展。

国内高校在线课程建设理念的演进不仅反映了时代的变迁和技术的进步,也为在线教育的发展提供了重要的理论和实践支撑。未来,随着科技的不断创新和社会的不断发展,在线课程建设理念将继续不断完善和深化,为构建更加智慧、开放、包容的教育生态作出更大的贡献。

(一)从重建轻用到建以致用

随着高校扩招,大学入学率的不断攀升并未与教学质量的提高形成正比关系，反而暴露出教育资源分配的不均衡性和人才培养的质量问题。为应对这一挑战，国家层面启动了精品课程建设项目，旨在通过汇聚优质教育资源，提升教学质量和人才培养水平。

在精品课程建设阶段，教育资源的数字化和网络化成为主要任务，超链接技术的应用使课程内容之间的非线性关系得以构建，实现了教育资源的广泛传播。然而，这一阶段的建设理念存在一定的局限性，即过分强调资源建设而忽视了课程的实际应用，导致了所谓的"重建轻用"现象。这种以资源建设为中心的理念，未能充分考虑在线课程的"以用户为中心"的原则，使得课程建设与应用之间的发展力量不均衡，精品课程往往陷入"静态共享"和"悬置开放"的状态。

随着互联网技术的进步，特别是社会性软件如 Blog、WiKi、TAG 等的兴起，在线课程建设开始从"资源思维"向"学习者思维"转变。在"信息技术与教育深度融合"的理论指导下，课程建设不再单纯以技术应用为核心，而是更加注重用户的参与和交互。这一转变促进了学习社区的形成，其中"用户生产内容"和"用户交互产生人际关系"成为新的教育模式。在此基础上，精品开放课程的建设理念进一步强调"建用一体"，即在注重资源建设和累积的同时，也强调从教师中心向学习者中心的转变，以及从有限开放向充分开放的过渡。

尽管政策导向、评价模式和技术标准等方面为"以用户为中心"的课程应用提供了保障，但由于教育文化中"重教文化"的缺失，高校及教师在课程建设与应用中的自主性和积极性尚未得到充分激发，课程应用的实效性仍存在差异。此外，随着互联网大数据时代的到来，在线课程的发展面临着新的挑战。虚拟现实、物联网、人工智能等技术的发展，为在线课程提供了新的发展空间，同时也对学习者的个性化学习需求和国际在线课程的竞争提出了新的要求。

在这样的背景下，"建以致用"的建设理念应运而生，成为国内高校在线开放课程全面建设应用与管理阶段的核心。这一理念强调立足自主建设、注重应用驱动、加强规范管理，以实现在线课程建设与应用的深度融合。微课建设的实践表明，这种理念的转向有助于将在线课程建设根植于真实的教学实践之中，从课程应用者的实际需求出发，保障应用的广泛性与有效性。

(二) 从"自上而下"到"自下而上"

国内高校在线课程建设长期受到国情和高等教育管理体制的影响，形成了以政府为主导的"自上而下"的建设模式。这种模式在一定程度上保证了课程资源的快速积累和课程建设的共享性与系统性，同时也获得了政策和资金的有力支持。然而，这种过度依赖行政手段的管理模式也带来了一系列问题，尤其是在课程建设与实际应用之间的衔接上存在明显的脱节。

"自上而下"的建设理念往往导致课程建设的评价驱动而非应用驱动，这种模式难以充分激发课程建设主体的自主性和积极性。结果，课程建设可能陷入"评的不用、建的不评、用的不建"的困境，课程质量的保障和后期维护成为难题。此外，在这种模式下，课程建设可能过于表面化和功利化，价值取向可能出现偏差，无法真正满足学习者和教师的实际需求。

为了解决这些问题，教育资源共享的途径需要进一步拓展。一方面，可以通过多元化的渠道和方式增加教育资源的来源；另一方面，可以通过缩小共享单位的规模来突出教育资源的灵活性和多样性。在自媒体和融媒体时代背景下，"草根文化"的兴起逐渐解构了传统的"精英文化"，在线课程资源的生成与传播也突破了名校、名师、名课的局限，形成了多元化的来源结构。

在这样的背景下，国内高校在线开放课程建设和微课建设开始逐步实现从"自上而下"到"自下而上"的建设理念转变。这种转变强调课程建设应植根于真实的教学实践，采用"化整为零"和"草根影响草根"的民主化、平民化建设理念，以更好地贴合用户的实际需求。从教与学的实际需求出发，新的建设理念不仅满足了学习者在实现主体性基础上的自我调控和生成性、智慧性学习，也契合了教师应用在线课程的动机。

(三) 从精品示范到开放共享

在高等教育领域，精品课程建设阶段的实施旨在提升教学质量与人才培养水平，其建设理念主要围绕"精品示范"展开，以实现教育资源的高效利用和教学质量的显著提升。在此阶段，精品课程主要发挥了示范引领的作用，通过标准化的教学流程和提升的协作程度，降低了教师的工作负荷并提高了教学效率。然而，这种建设理念在实践中也暴露出一定的局限性，尤其是在满足在线课程用户个性化需求方面存在不足。

随着在线课程用户的个性化需求日益增长，传统的精品课程建设理念已难以适应多元化的教育资源需求。用户对教育资源的期望不再局限于单一化的教学内容，而是期待更为丰富和多样化的学习资源。这一变化促使在线课程建设理念向开放共享的方向发展，以满足不同用户的个性化学习需求。

在这一背景下，精品开放课程的建设理念应运而生，其核心在于强调课程的开放性，以实现教育资源的广泛共享。这种理念不仅关注专业课和基础课的建设，还强调科学文化素质类课程的发展，旨在提升公众的科学文化素养，并传播优秀的传统文化。通过这种方式，精品开放课程的建设理念实现了从高校师生向社会大众的拓展，推动了教育资源从有限开放向充分开放的转变。

随着社会需求的进一步分化，在线课程的共享程度和资源供给与需求之间的矛盾日益凸显。在信息化时代背景下，课程的开放与共享成为必然趋势，也是高等教育应对国际竞争的关键策略。面对前期在线课程建设中出现的资源闲置问题，开放共享的建设理念提供了新的解决方案。通过鼓励高校间的资源共享和跨领域的交流融通，以及与国际优质教育资源的协同互动，可以有效激活在线课程资源，实现教育资源的优化配置和教学质量的持续提升。

第三节 在线开放课程建设理念演化的核心驱动

一、国内高校在线课程建设的核心价值

教育与信息技术的深度融合代表着教育模式的革新和现代化进程的加速，对于提升教育公平、提高教育质量以及推动教育理念变革具有深远的理论和实践意义。在线课程作为教育与现代信息技术融合创新的代表，承载着推进我国教育现代化和教育信息化的历史使命。在这个过程中，在线课程的发展不仅是教育领域的必然选择，也是时代发展的需要和社会进步的要求。

(一) 实现个性化学习

实现个性化学习的支架是当前教育领域关注的重要议题之一，它旨在解决传统大班教学模式下学生个体差异性的挑战，为学生提供更加个性化、差异化的学习体验和教学服务。在线课程作为现代信息技术在教育领域的应用，为实现个性化学习提供了新的可能性和机遇。

首先，在线课程通过解除时间和空间的限制，为学生提供了更加灵活的学习方式。传统的大班教学往往受制于课堂时间和地点，难以满足学生个体差异化学习的需求。而在线课程则可以随时随地进行学习，学生可以根据自己的时间安排和学习节奏进行学习，充分发挥自主学习的特点，实现学习时间的个性化安排。

其次，在线课程通过记录学生的学习行为和学习数据，为个性化教学提供了数据支撑。在线学习平台可以收集和分析学生的学习行为数据，了解学生的学习习惯、学习进度、学习偏好等信息。借助大数据分析技术，教师可以更加准确地了解每个学生的学习情况，为其量身定制个性化的学习计划和教学方案，提供有针对性的学习指导和支持。

最后，在线课程通过提供多样化的学习资源和学习方式，为学生提供了更加丰富的学习体验。在线学习平台上的课程内容丰富多样，涵盖了各个学科领域和不同层次的教育资源，学生可以根据自己的兴趣和需求选择适合自己的课程进行学习。同时，在线课程还可以通过多种方式呈现学习内容，如视频讲座、在线讨论、实践项目等，满足学生多样化的学习需求，激发其学习兴趣，提高学习效果。

(二) 应对教育安全问题

在当今全球化的背景下，在线课程作为一种新兴的教育形态，不仅在教育理念上带来了革新，更在经济、政治、文化等多个领域产生了深远的影响。随着在线课程的广泛开放和发展，教育安全问题逐渐成为国内外广泛关注的焦点。西方国家通过在线课程的输出，不仅传播了其教育优势资源，更在某种程度上实现了意识形态的输出。这一现象对我国在线课程的本土化建设提出了新的挑战，也凸显了加强教育安全建设的紧迫性。

面对西方国家在线课程的意识形态输出，我国高等教育机构应当更加关注在线课程作为教育技术工具的内在价值，深入挖掘其为我国高等教育带来的启示和改变。在此基础上，对西方的在线课程进行合理、理性的分析和思考，避免盲目接受和模仿，确保在线课程内容的适宜性和安全性。同时，加快建设具有中国特色的在线课程体系，传递中华优秀传统文化，强化国家文化软实力，从而在全球化的教育领域中把握主导权。

在线课程建设不仅是教育领域的内在要求，更是国家文化安全和意识形态安全的重要组成部分。通过构建符合国情的在线课程体系，可以有效抵御外来文化冲击，保护和弘扬民族文化。此外，加强在线课程建设也是提升国家文化软实力的重要途径。通过高质量的在线课程，可以向世界展示我国的教育理念、文化特色和发展成就，增强国际影响力。

在实际操作中，把握在线课程建设的主导权需要从以下方面着手：首先，加强对在线课程内容的审查和监管，确保课程内容的科学性、适宜性和安全性。其次，培养一支专业的在线课程建设队伍，提高课程设计、制作和运营的专业化水平。再次，加大对在线课程技术平台的研发和投入，提升平台的稳定性、安全性和用户体验。最后，加强国际交流与合作，积极参与全球在线课程的建设和发展，同时保持警惕，防止外部不良文化影响的渗透。

二、教育和技术的"整合"与"融合"

20世纪90年代至21世纪初期，美国的"信息高速公路"计划为教育信息化的兴起奠定了基础，将信息技术引入教育领域成为当时教育改革的重要路径。教育信息化的发展经历了两个主要阶段，展现出了不同的关注重点和发展特征。

第一阶段可称为基础设施建设阶段，其时间跨度自20世纪90年代初至21世纪初。在这个阶段，教育信息化建设主要关注于硬件和软件基础设施的建设，特别是在教育行政部门和教育机构内部。信息技术在教学过程中的应用主要集中在课前和课后，主要体现在行政管理和资源管理等方面。这一阶段的重点是建立起信息化的基础设施，为后续的教育信息化发展奠定了技术和资源基础。

第二阶段始于21世纪初，教育信息化建设逐渐转向资源建设和课程建设。人们逐渐意识到，教育信息化的关键在于将信息技术与教育实践有机结合，促进技术与教育的相互渗透和促进。这一阶段的核心是将信息技术应用于教育教学过程中，重视教育资源的开发和共享，以及课程建设的优化和创新。教育信息化不再局限于技术的应用，而是更加关注教学过程中的教学内容、教学方法和教学效果。

综合来看，教育信息化建设经历了由基础设施建设到资源建设和课程建设的转变，彰显了技术与教育的深度融合和相互促进。

(一) 教育与技术的整合

1. 教育信息化的核心内涵

教育信息化的核心内涵在于信息技术在教育教学中的应用，这一观点是教育技术领域的共识。从计算机辅助教学到计算机辅助学习，信息技术与课程整合的概念不断演进，反映了教育信息化建设的不断深化和发展。

随着教育技术的不断发展和教育信息化建设的不断推进，信息技术在教育教学中的应用也进入了新的阶段。联合国教科文组织发布的《亚太地区教师发展技术与教学整合能力标准》将信息与通信技术（ICT）在教育教学中的应用划分为四个发展阶段，即兴起、应用、融合和革新。这一标准从发展的角度界定了信息技术在教育中的应用进程，反映了信息技术与教育教学整合的演变轨迹。

在当前阶段，中国的教育信息化建设正处于从"初步应用整合阶段"向"融合创新阶段"推进的过程中。这一观点由祝智庭教授提出，也得到了广泛认可。在初步应用整合阶段，信息技术主要被用于教学辅助和管理，还没有真正实现与课程内容、教学方法的有机融合。但随着教育信息化建设的深入推进，信息技术将逐渐融入教学过程的各个环节，与课程内容、教学方法相互交融，实现教学方式的创新和教学效果的提升。

2. 信息技术与课程的整合

信息技术与课程的整合在教育领域中具有重要意义，它通过技术的介入，改变了传统教育系统存在的种种问题，如教学资源不足、教学内容和方式单一以及教学模式的标准化和模式化倾向。这种整合在一定程度上推动了教育的本质力量发展，但其内涵与技术发展的本质仍存在着一定的差异。

（1）教育技术化的进程伴随着技术教育化的发展。随着技术在教育中的应用，它本身所具备的结构和功能变革特性为教育形式的演变提供了前提和基础。然而，要实现技术的教育化，需要将技术从单纯的工具转化为教育内的技术，以适应教育的本质力量发展。只有这样，技术才能够创造并实现教育的真正价值。

（2）教育内的技术发展的高级阶段应该是实现技术与人的融合，而非技术与人的分离。信息技术与课程的整合虽然着眼于技术对教育环境和教学方式的改变，但局限于教育系统内部的渐进性修补，并未触及教育的结构性变革。特别是在技术教育化的过程中，技术本身与作为教育主体的人之间的关系仍然需要进一步探讨。信息技术与课程的整合往往以叠加合并的方式进行，难以实现技术的结构化改造和技术与人的真正融合。

（二）教育与技术的深度融合

信息技术与课程整合着重应用技术改善教学环境和教学方式，仍然停留在技术应用于教育的初级阶段。而信息技术与教育教学的深度融合则不仅局限于技术所引起的课堂的变化，还应引发更深层次的教育系统结构性变革。

1. 融合核心

融合的核心在于技术的生态观，即将技术视为教育过程中的常态应用，形成良好的信息生态。这种生态观的提出意味着技术不再是作为一个孤立的工具而存在，而是融入教育教学的方方面面，与教学活动形成有机的整合。

在信息技术应用于教育的不同阶段，可以观察到各种不同类型的整合形式。在初级阶段，即加入和嵌入阶段，信息技术主要用于教学管理和日常教学活动中，着重于硬件环境和资源的建设。这一阶段的特点是技术的应用停留在形式上，教师在课堂上使用多媒体教学等方式，但并未触及教学模式和结构的根本变化。技术的引入仍然以"人灌"为主，即教师将技术引入课堂，但并未深入改变教学方式和学习过程。

随着信息技术软硬件环境的基本建设完成，技术应用于教育进入融合式阶段。在这一阶段，技术的应用不仅触及表面的形式，更重要的是涉及教育的本质。教学结构发生变化，教师开始尝试生成符合学生认知发展的新的教学模式和结构,强调技术与教育的双向互动和发展。这种融合式的技术应用意味着教育与技术之间的相互影响和共同发展,促进了教育的创新和进步。

在信息技术与教育的融合过程中,技术不再是简单的辅助工具,而是与教育活动相互融合、相互促进的重要组成部分。这种融合不仅体现在教学过程中,更重要的是影响到教育系统的整体结构和运行方式。技术的融入使教育变得更加灵活和个性化,促进了学生的学习效果和教师的教学效率。

2. 融合发展

信息技术与教育的融合,不是简单地将技术引入教育中,而是一种深层次的变革和发展过程。这种融合涉及教育的方方面面,包括师生关系、教学组织形式、教学方法以及教学内容等方面的变化和创新。通过技术的介入,教育的本质力量得以更好地发挥和实现,为教育的进步提供了新的动力和机遇。

从技术的角度看,信息技术与教育的融合意味着技术对教育产生了深刻的影响和改变。技术的发展不仅改变了教育资源的呈现形式,使之更加多样化和便捷化,同时也提升了教育的管理效率和教学质量。通过技术的介入,教育可以更好地实现个性化和人本化的目标,满足不同学生的学习需求,促进教育的公平和包容性发展。

而从教育的角度看,技术的融合使教育更加开放和灵活。教育不再局限于传统的课堂教学模式,而是借助于技术的力量,实现了线上、线下教学的有机结合,拓展了学习的空间和时间。教育的融合也促进了教育教学方法的创新和改进,使教学更加生动和有效,激发了学生的学习兴趣和创造力。

在技术与教育的融合过程中,技术的生态观发挥了重要作用。技术不再是简单的工具,而是与教育形成了一种紧密的联系和互动关系,共同推动教育的发展和进步。技术与教育的融合不仅促进了技术的创新和发展,也提升了教育的质量和效益,为实现教育现代化和信息化提供了新的路径和思路。

(三) 融合驱动教育与技术互构

融合驱动教育与技术的互构是一个深层次的过程,它涉及技术从外部向内部的转化，并与教育相互作用，以推动教育的发展和技术的演进。这种互构过程不仅涉及技术的结构和功能的变化，也涉及教育的本质力量的塑造和发展。

在融合的过程中，技术从"教育取向技术"逐渐转化为"教育内的技术"，这意味着技术不再是简单地应用于教育的外部工具，而是与教育融为一体，成为影响教育本质的重要力量。这个转化过程是一个复杂的相互作用过程，涉及技术和教育内部的诸多因素和要素。在这个过程中，技术的功能和结构会受到教育需求和发展的影响，而教育也会因为技术的介入而发生变化和创新。

然而，在转化的过程中，技术与教育之间也会出现一些矛盾和挑战。例如，某些教育内的技术可能因为过于陈旧或不适应教育的发展而被"教育取向技术"所替代；而一些"教育取向技术"也需要适应教育的需求，以完成向"教育内技术"的转变。这种转化过程往往是一个动态的过程，需要不断地调整和协调，才能实现技术与教育的有机融合。

在信息技术与课程的整合阶段，教育与技术的融合主要表现为形式上的叠加，没有触及教育和技术的本质。然而，当信息技术与教育教学深度融合发生时，教育和技术都会发生结构性的变革。在这个过程中，教育会重新调整自身的结构和功能，以适应新的技术环境，而技术也会因为教育的需求而发生相应的变化和创新。

总的来说，融合驱动教育与技术的互构是一个动态的过程，涉及技术和教育的相互影响和相互作用。通过不断地调整和协调，教育和技术可以实现双向互动和发展，推动教育事业的进步和技术的创新。

三、我国高校在线课程在现代化理念下演化的内在逻辑

国内高等教育机构对在线课程领域的探索与实践，呈现出从精品课程到精品开放课程，再到翻转课堂、微课程、慕课程等多样化的创新形态。这一发展脉络不仅为现代化教育理念提供了理论支撑，而且为在线课程的可持续发展寻找到了理论基础和实践焦点。在线课程的发展可视为技术在教育领域应用的典范。

随着教育理念的不断演进，国内高校在线课程的发展已经从最初的"重

建轻用"模式，即重视课程建设而相对忽视课程应用，转变为"建用一体"，即在课程建设的同时注重其应用效果，进一步发展为"建以致用"，即以应用为出发点和落脚点的课程建设理念。这一转变体现了教育与技术"深度融合"的理念，即不仅是将技术作为教育的辅助工具，而是将技术与教育实践紧密结合，使之成为推动教育变革的内在动力。

教育与技术的深度融合代表了教育变革的递进发展阶段。在这一过程中，教育实践的主体——教师和学生——对于教育与技术关系的认知发生了根本性的变化。这种变化促使教育领域内部对技术变革的接受度和应用方式发生了本质的迁移。技术不再仅仅是教育的外在附加，而是成为教育过程的内在组成部分，推动教育模式、教学方法和学习方式的革新。

在这一演化过程中，国内高校在线课程的现代化理念逐渐聚焦于教育与技术的深度融合。这种融合不仅要求技术在教育中广泛应用，更要求技术与教育目标、内容和方法的深度整合。通过这种深度融合，可以实现教育资源的优化配置，提升教育质量，促进教育公平，同时也为学习者提供了更加个性化和灵活的学习途径。

(一) 技术变革教育的着力点——回归到人类自身

在线课程的理念演化与教育技术的深刻变革紧密相连，二者之间的互动与共进，共同推动了教育领域的革新与发展。在这一过程中，技术变革教育的着力点逐渐回归到人类自身，凸显了人在教育中的核心地位与主体作用。

教育技术的发展历程，可以清晰地划分为硬件阶段、软件阶段、潜件阶段和融件阶段。

在教育技术发展的历程中，硬件阶段是一个至关重要的起始点。在这一阶段，教育技术的核心任务集中在构建和完善教育实施所需的物质基础。这包括了各种教学设备和设施的配备，如计算机硬件、投影仪、互动白板、网络基础设施等。这些硬件设备为教育提供了必要的物理平台，使得数字化教学资源的利用成为可能。然而，随着硬件设施的逐步完善和普及，教育界逐渐认识到，单纯的硬件建设并不能直接导致教育效果的提升。硬件设备虽然为教学活动提供了物质条件，但如果没有与之相匹配的软件资源和教学方法的支持，硬件的潜力将难以充分发挥。因此，教育技术的焦点开始从硬件建设转向软件资源的开发与应用。

软件阶段的到来标志着教育技术发展的一个重要转折点。在这一阶段，软件资源的开发不再仅仅是硬件设备的附属品，而是成为教育技术发展的核心内容。这包括了教学软件、在线课程平台、虚拟实验室、教育游戏等多样化的教学资源。这些软件资源的开发和应用，使得教学活动更加灵活多样，能够更好地适应不同学习者的需求。

教育技术的软件阶段强调的是软件资源与硬件设备的协同作用。软件资源的开发需要考虑到硬件设备的性能和使用环境，而硬件设备的更新换代也需要根据软件资源的需求来进行。这种协同作用的实现，要求教育技术的设计者和应用者具备跨学科的知识结构和创新能力。

此外，软件阶段的教育技术发展还涉及教学方法和教学理念的创新。软件资源的有效利用，要求教师更新传统的教学观念，采用更加互动和学生中心的教学方法。同时，学习者也需要培养自主学习和协作学习的能力，以适应数字化学习环境的要求。在教育技术的软件阶段，教育公平和资源的可获取性也成了关注的焦点。如何确保所有学习者都能够平等地享受到高质量的教育软件资源，如何通过网络和远程教育缩小城乡、区域之间的教育差距，这些问题的解决对于推动教育技术的普及和教育公平具有重要意义。

然而，无论是硬件还是软件，它们都只是教育中的技术手段，而非教育的本质。教育的核心在于人与人之间的交互作用，以及生命与生命之间的全方位交流。这种交流是教育过程中不可或缺的一部分，它能够促进学习者的认知发展、情感交流和社会化进程。因此，教育技术的发展必须回归到人类自身，关注人的需求、特点和规律，以实现教育的最优化。

随着教育技术的不断进步，其发展已经进入了所谓的潜件阶段。在这一阶段，教育技术的重点转向了如何将心理学、教育学以及信息技术等领域的理论知识和认知规律应用于在线课程的设计和开发中，以实现教学与学习效果的最优化。潜件阶段的核心在于深入挖掘人的认知特性和学习需求，以此来指导技术手段的应用，创造更加人性化的教育环境。

在潜件阶段，教育技术的发展不再单纯依赖于硬件设施的完善或软件资源的丰富，而是更加注重这些技术与人的认知规律、学习特点的结合。这种结合要求教育技术的设计者和开发者不仅要具备跨学科的知识背景，还需要对学习者的心理和行为特征有深刻的理解。通过这种方式，教育技术能够更好地服务于学习者，促进其认知和技能的发展。

然而，潜件阶段的发展也面临着一系列挑战。如何确保在线课程的设计能够真正满足学习者的需求，如何使这些课程产生实际的教育效果，是当前亟待解决的问题。这不仅需要教育技术的设计者和开发者进行深入的研究和探索，还需要教育实践者的积极参与和反馈。此外，如何根据学习者的多样性来定制和调整教学资源，以实现教育的个性化和最优化，也是潜件阶段需要重点关注的问题。

为了克服这些挑战，教育技术的发展进入了融件阶段。在融件阶段，硬件、软件和潜件不再是孤立的元素，而是相互融合、相互促进，共同构成了一个完整的教育生态体系。在这一体系中，信息技术与课程结构、课程内容、课程资源以及课程实施等方面实现了深度融合。这种融合不仅提高了教育的效率和质量，还为学习者提供了更加丰富、更加灵活的学习体验。

融件阶段的发展标志着技术变革教育的着力点回归到了人类自身。在这一阶段，我们更加关注如何利用技术手段服务于人的发展，提升教育的内在价值。通过深入研究人的认知规律、学习特点和教育需求，我们可以设计出更加符合人性需求的在线课程，实现教育的最优化。这种最优化不仅仅是知识传授的效率提高，更是学习者能力培养、个性发展和创新精神培育的综合体现。

(二) 技术变革教育的内生动力——触发应用实践

在教育技术的飞速发展中，技术变革教育的内生动力源于触发应用实践，这一观点日益凸显出其深远意义。教育资源的开放确实为人们获取教育资源和教育机会提供了前所未有的可能性，然而，资源的开放本身并不足以引发有效的教学或学习。事实上，资源的有效利用和教学实践的深度融合，才是技术变革教育的真正动力所在。

在在线课程的发展历程中，仅仅关注资源的制作和获取是远远不够的。精品课程和精品开放课程的建设阶段，尽管在资源的数量累积上取得了显著成果，但由于缺乏对应用问题的普遍关注，使得在线课程的建设实效并未达到预期。这种偏重资源而忽视应用的建设模式，使得大多数常态课程的教学结构并未发生实质性的变化，教学实践和教学方法的革命性变革也未能如期而至。

在线课程现代化理念在国内高校的传播与应用过程中，也存在着一定的误区。简单照搬照用舶来的理念，缺乏对本土化教学情境的深入理解和改造，导致应用需求的内生动力不足。这种缺乏本土化和情境化改造的在线课程，难以真正满足学习者的需求，也难以在教育实践中发挥应有的作用。

然而，随着教育技术理念和技术本身的不断发展，在线课程的建设必须转向关注应用。这一转变不仅体现在理论层面，也体现在实践层面。在线开放课程全面建设应用与管理阶段提出的"应用驱动""建以致用"等现代化理念，正是对技术应用实践的深刻反思和积极回应。这些理念强调以用户的需求和应用作为技术变革教育的根本着力点，通过应用来实现教学实践与教学方法的变革和创新。

我国在线课程建设经过多年的发展，已经逐渐从关注建设转向关注应用，从关注资源建设转向关注课程建设，从精品示范引领转向开放共享，从以教师为中心转向以服务对象为中心等。这一系列转变都体现了对技术应用实践的深入理解和积极追求。在这个过程中，我们逐渐认识到，技术变革教育的内生动力不仅来源于技术的创新和发展，更来源于技术应用实践的不断探索和深化。

具体来说，技术应用实践能够推动在线课程从简单的资源累积向深度的课程整合转变，从单一的教学模式向多样化的教学方式转变，从被动的知识接受向主动的知识建构转变。这些转变不仅能够提高在线课程的教学效果和学习体验，还能够促进教育领域的整体创新和发展。

同时，技术应用实践还能够促进教育资源的优化配置和共享利用。通过技术的应用，我们可以更好地整合和优化教育资源，提高资源的利用效率和效果。同时，技术的应用也能够打破地域和时间的限制，使得优质教育资源更广泛地传播和共享。

（三）技术变革教育的着眼点——在于技术的融合

在线课程作为现代教育技术的重要载体，其现代化理念的演化过程深刻反映了技术变革教育的内在逻辑。在这一进程中，技术的融合不仅作为推动教育现代化的关键力量，更是构建教育新生态、实现教育目标的重要途径。深入探究这一融合过程，我们可以发现其多重维度和深远影响。

技术的融合，首先体现在教育与技术的深度整合上。在传统教育实践中，技术的运用往往被局限在辅助性工具的层面，其角色主要是优化教学过程或提供额外的学习资源。然而，随着信息技术的迅猛发展，尤其是云计算、大数据、人工智能等技术的崛起，教育与技术的关系发生了深刻的变化。这种变化不仅体现在硬件与软件的升级换代，更在于教育理念、教学模式的根本性变革。在线课程作为这种变革的集中体现，通过打破时空界限、实现资源的优化配置和共享，为个性化教育提供了前所未有的可能。

在线课程的建设与应用，进一步推动了教育领域的创新与发展。传统的教学方式和学习方式在很大程度上受限于物理空间和时间，而在线课程则打破了这些限制，使得学习变得更为灵活和高效。更重要的是，在线课程借助大数据、云计算等技术，能够精准地把握每个学生的学习需求和学习特点，从而为每个学生提供定制化的学习方案。这种个性化的教育方式不仅能够提高学生的学习兴趣和学习效果，还有助于培养学生的创新精神和实践能力。

同时，技术的融合也促进了教育资源的开放与共享。优质教育资源是教育发展的重要基础，然而在传统教育模式下，这些资源往往被局限在特定的学校或地区，难以广泛地传播和应用。而在线课程则通过技术手段，将这些资源数字化、网络化，使任何有网络接入的地方都能够获取到这些资源。这不仅有助于缩小教育差距，促进教育公平，还有助于提升整个社会的教育水平。

除了在教育实践层面的影响，技术的融合还体现在对教育本质和目标的深刻认识上。技术哲学认为，技术的本质不仅是工具，更是人类认识世界、改造世界的手段。因此，在线课程的建设与应用，不应该仅仅停留在技术层面，更应该关注技术如何更好地服务于教育目标、如何实现教育的本质回归。在线课程通过技术的融合，不仅提高了教育的效率和质量，更重要的是，它有助于我们重新审视教育的本质和目标，推动教育向更加注重人的全面发展和社会进步的方向发展。

　　当然，技术的融合也面临着一些挑战和问题。技术的融合并不意味着技术的全面替代。在教育实践中，教师的作用始终是无可替代的。他们不仅传授知识，更通过言传身教，引导学生形成正确的世界观、人生观、价值观。技术的融合，应当被视为一种辅助和增强教师作用的手段，而非完全取代教师的角色。通过技术的支持，教师可以更加高效地完成教学任务，更好地展现自己的专业知识和教学经验，从而进一步提升教学效果和质量。另外，技术的融合在提升教学效果的同时，也面临着诸多挑战和问题。其中，技术的安全性和稳定性是最为关键的问题。在线课程需要依托稳定的网络环境和安全的技术平台，以确保教学的顺利进行。因此，我们需要不断加强对技术平台的维护和升级，确保其能够应对各种突发情况，保障教学的连续性和稳定性。

　　此外，保护学生的隐私和数据安全也是技术融合过程中不可忽视的问题。在线课程往往涉及大量学生的个人信息和学习数据，如何确保这些数据不被泄露或滥用，是我们在推进技术融合过程中需要重点考虑的问题。我们需要建立完善的数据保护机制，加强对数据的安全管理，防止数据被非法获取和使用。同时，避免技术的滥用和误用也是我们在技术融合过程中需要关注的问题。技术的快速发展使得一些新兴的教学工具和方法不断涌现，但并不是所有的工具和方法都适用于所有的教学场景。我们需要根据具体的教学需求和学生的特点，合理选择和使用技术工具，避免盲目追求技术的先进性而忽略了其实际的教学效果。

　　面对这些挑战和问题，我们需要采取一系列措施来应对和解决。首先，加强技术研发和创新，提升技术的稳定性和安全性。其次，建立完善的数据保护机制，确保学生的隐私和数据安全。同时，加强对教师的培训和教育，提升他们的技术素养和应用能力，使他们能够更好地利用技术来辅助教学。

第四节　在线开放课程建设现代化理念的新取向

一、融合创新：技术应用于教育的理念趋势

　　要分析国内高校在线课程现代化理念未来的发展取向，就要明确当前

在线课程建设所处的现实阶段。当前我国教育信息化处于"初步应用整合"向"融合创新"的发展阶段。融合创新是国内高校在线课程建设的理念趋势。

融合创新的本质是技术的生态观。技术与教育只有触发本质的、有意义的影响和作用，教育的创新才能得以实现，教育与技术、技术的本质与人的精神才能和谐统一，从而形成稳定的教育信息生态体系。

(一) 融合创新：教育信息化发展的趋向

1. 融合创新的理念内涵

融合创新，作为当代教育技术发展的核心理念，其内涵丰富且具有深刻的教育变革意义。该理念不仅关注于技术在教育中的应用，更强调技术与教育实践的深度结合，以及由此引发的教育模式和思维方式的创新。融合创新的本质在于通过技术手段的介入，促进教育内容、方法、管理和评价等方面的根本性变革，实现教育目标的最优化。

在融合创新的理念下，技术不再是教育的外在附加，而是成为教育过程的内在组成部分。这种内在化的技术应用要求教育者深入理解技术的特性和潜力，以及如何将这些特性和潜力与教育教学的目标和需求相结合。融合创新强调的是技术与教育的双向互动和相互促进，即技术的发展应考虑教育的实际需求，而教育的创新也应充分利用技术提供的可能。

融合创新的实施，要求教育者具备跨学科的知识结构和创新能力。在这一过程中，教育者需要不断更新自己的技术知识，掌握最新的教育技术发展动态，同时，还需要具备将技术应用于教学设计、课程开发和学习评估等方面的能力。此外，融合创新还要求教育者具备批判性思维，能够对技术在教育中的应用进行深入分析和反思，从而确保技术应用的有效性和适宜性。

融合创新的理念还涉及教育资源的优化配置和教育公平的促进。通过技术手段，可以实现教育资源的广泛共享和高效利用，打破传统教育中的地域和经济限制，为所有学习者提供平等的教育机会。同时，融合创新还强调个性化和差异化的教育服务，通过技术手段对学习者的需求进行精准分析，提供定制化的教育资源和学习路径。

在实践中，融合创新的理念要求教育政策制定者、教育技术开发者和教育实践者之间的紧密合作。政策制定者需要制定有利于技术与教育融合的政策和标准，技术开发者需要设计和开发符合教育需求的技术产品和解决方案，而教育实践者则需要在日常教学中不断尝试和实践新的教育技术，以实现教育的持续创新和发展。

2. 教育信息化发展的趋向

教育信息化作为推动教育现代化的关键力量，其发展趋势不仅反映了技术进步的步伐，更体现了教育领域对于创新和变革的不懈追求。随着信息技术的飞速发展，教育信息化已经从最初的基础设施建设和网络连接，逐步转向更加深入的教学内容、教学方法和教育管理的创新。这一转变标志着教育信息化正从量的扩张走向质的提升，从单一的技术应用走向系统的整体优化。

教育信息化的发展趋势体现在对教学内容的数字化和个性化上。传统的教学内容正在经历一场数字化转型，越来越多的教材、参考资料和课程内容通过网络平台得以传播和共享。同时，教育信息化还强调根据学习者的特点和需求，提供个性化的学习资源和路径，从而实现真正意义上的因材施教。

教育信息化的发展趋向还体现在教学方法的创新上。信息技术的应用使得教学方法更加多样化和互动化。例如，通过虚拟现实（VR）、增强现实（AR）等技术，可以创建沉浸式学习环境，使学习者在模拟的现实场景中进行体验式学习。此外，基于大数据和人工智能的教育分析工具能够对学习者的学习行为进行跟踪和分析，为教师提供精准的教学反馈和支持。

教育信息化的发展趋势还表现在教育管理的现代化上。通过信息技术，可以实现教育资源的高效管理和优化配置。例如，学校管理系统可以帮助教育机构进行学生信息管理、课程安排、教学质量评估等各项工作。此外，教育信息化还促进了教育决策的科学化，通过数据分析和智能预测，教育管理者可以更加精准地制定教育政策和规划。

教育信息化的发展趋向还体现在教育公平的促进上。信息技术的普及和应用有助于缩小城乡、区域、校际的教育差距。通过网络教育、远程教育等形式，可以使优质教育资源覆盖到更广泛的地区和群体，特别是对于偏远地区和弱势群体的教育发展具有重要意义。

教育信息化的发展趋势还体现在国际合作与交流的深化上。信息技术的发展使跨国界的教育合作变得更加便捷和频繁。国际的教育资源可以互通有无，教育理念和实践经验可以相互借鉴，从而共同推动全球教育的发展。

3. 教育信息化2.0行动计划的实施与影响

教育信息化2.0行动计划是在教育信息化基础上提出的全新战略，旨在通过深度融合信息技术与教育教学，推动教育模式的根本变革和教育质量的全面提升。该计划的实施标志着教育信息化从初步的资源整合和基础设施建设，转向更加注重教育创新、教学方法改革和教育管理现代化的新阶段。

教育信息化2.0行动计划强调新技术的引入和应用，如云计算、大数据、人工智能等，这些技术的发展为教育资源的共享、教学方法的创新和教育管理的优化提供了新的可能性。例如，云计算技术使得教育资源的存储和访问更加灵活便捷，大数据技术可以帮助教育者更好地理解学习者的需求和行为，人工智能技术则可以提供个性化的学习体验和智能辅导。

教育信息化2.0行动计划推动了教学方法的革新。传统的以教师为中心的教学模式正在向以学习者为中心的模式转变。这种转变体现在教学设计上更加注重学习者的主动参与和协作学习，利用信息技术支持翻转课堂、混合学习等新型教学模式的实施。同时，通过在线课程和虚拟实验室等资源，学习者可以在课堂之外进行自主学习和实践操作，从而提高学习的灵活性和实效性。

教育信息化2.0行动计划还对教育评价体系产生了深远影响。在线测试、电子档案袋和学习分析等评价工具的使用，不仅提高了评价的效率和准确性，还能够全面反映学习者的学习过程和能力发展。此外，这种评价体系的改革也促进了教育公平，使得评价更加客观和公正。

教育管理的现代化是教育信息化2.0行动计划的另一重要目标。通过信息技术的应用，学校管理变得更加高效和透明。同时，教育决策的科学化也得益于数据分析和模型模拟等技术的支持，使得教育政策和规划更加符合教育发展的实际需求。

教育信息化2.0行动计划的实施对教育公平也产生了积极影响。通过信息技术，教育资源得以跨越地域限制，实现更广泛的共享。这对于偏远地区和弱势群体的教育发展具有重要意义，有助于缩小不同地区和群体之间的教育差距。同时，在线教育和远程教育的普及，为学习者提供了更多的学习机会和选择，促进了终身学习体系的构建。

（二）教育技术发展的潜件阶段

教育技术发展的潜件阶段是指教育技术与教育理论、学习者心理认知规律深度结合的阶段。在这一阶段，教育技术不再仅仅关注于硬件设施的建设和软件资源的开发，而是更加注重如何将这些技术手段与人的认知规律、学习特点相结合，以创造更加符合人性需求的教育环境。

潜件阶段的特征在于其对教育内容、教学方法、学习过程和管理策略的深度定制化和个性化。这一阶段强调教育技术的内在价值，即如何利用技术手段促进学习者的认知发展和知识构建。潜件阶段的重要性体现在其对提升教育质量和效率的潜在影响以及对实现教育公平和终身学习的长远贡献。

教育技术与认知规律的结合是潜件阶段的核心。在这一阶段，教育技术的设计和应用必须基于对学习者认知发展规律的深入理解。这包括了解学习者的知识获取、处理和应用的过程，以及学习者在不同认知阶段的需求和特点。通过将教育技术与认知心理学、教育学等学科理论相结合，可以设计出更加符合学习者认知特点的教学活动和学习资源，从而提高教学效果和学习效率。

个性化与最优化教育的实现是潜件阶段追求的目标。在这一阶段，教育技术的应用旨在满足每个学习者的个性化需求，提供定制化的学习路径和资源。通过智能教学系统、个性化推荐算法等技术手段，教育者可以为学习者提供与其知识水平、兴趣和学习风格相匹配的教学内容和活动。这种个性化的教育方式有助于激发学习者的内在动机，促进其主动学习和深度学习。

然而，潜件阶段的发展也面临着一系列挑战。首先，如何准确理解和应用认知规律仍然是一个难题。认知规律的复杂性和多样性要求教育技术的设计者和开发者具备跨学科的知识和技能。其次，个性化教育的实现需要大量的学习数据和精准的学习分析，这在数据收集、处理和隐私保护方面提出了挑战。此外，潜件阶段的教育技术应用还需要教育政策的支持和教育实践者的积极参与。

为了解决这些挑战，需要采取一系列策略。首先，加强跨学科研究，促进教育学、心理学、信息技术等领域的交流与合作，共同探索认知规律在教育技术中的应用。其次，建立健全的学习数据分析和隐私保护机制，确保学习者数据的安全和隐私。再次，加强教师培训，提升教师对教育技术的理解和应用能力，鼓励教师在教学实践中不断尝试和创新。最后，制定相应的教育政策，为教育技术的研究和应用提供支持和引导。

(三) 教育生态体系的融件阶段

融件阶段，作为教育技术发展的一个重要里程碑，其核心理念在于将硬件、软件和潜件等多个层面的教育资源和技术手段有机地结合在一起，形成一个统一、协调、高效的教育生态系统。这一阶段的核心理念强调的是技术与教育实践的无缝融合，以及由此带来的教育模式、教学方法和学习体验的全面革新。

1. 融件阶段的核心理念

融件阶段的核心理念首先体现在对教育环境的重塑上。在这一阶段，教育环境不再局限于传统的教室和学校，而是扩展到了线上平台和虚拟空间。通过高度集成的技术平台，学习者可以随时随地访问丰富的教育资源，参与多样化的学习活动。这种环境的重塑不仅提高了教育资源的可获取性，也为学习者提供了更加灵活和个性化的学习路径。

融件阶段的核心理念还体现在教学方法的创新上。在这一阶段，教学方法的设计和实施更加注重学习者的主动参与和互动交流。利用互联网、移动通信、虚拟现实等技术手段，教师可以设计出更加生动和互动的教学活动，激发学习者的学习兴趣和创造力。同时，通过实时反馈和个性化推荐系统，教师可以及时了解学习者的学习状态和需求，调整教学策略，实现精准教学。

融件阶段的核心理念也强调学习体验的优化。在这一阶段，学习体验的优化不仅仅关注于学习内容的呈现和学习活动的组织，还包括学习过程中的情感支持和社交互动。通过社交媒体、在线社区和协作工具等平台，学习者可以与同伴和教师进行有效的沟通和协作，建立起积极的学习社群。这种社交互动和情感支持对于学习者的动机激发和知识内化具有重要作用。

融件阶段的核心理念还关注于教育评价体系的改革。在这一阶段，教育评价不再依赖于单一的考试成绩，而是采用多元化的评价方法，全面考察学习者的知识掌握、技能发展和情感态度。通过学习行为分析、电子档案袋和在线测试等工具，教育者可以更加准确地评价学习者的学习成果，为学习者提供及时和有针对性的反馈。

融件阶段的核心理念最终目标是实现教育的个性化和最优化。通过智能教学系统和个性化学习路径的设计，学习者可以根据自己的兴趣和能力发展自己的学习计划，实现自我驱动和终身学习。

2. 信息技术与课程结构的深度融合

信息技术与课程结构的深度融合是教育信息化发展的重要方向，它涉及教育内容、教学方法、学习过程和评价体系等多个方面的系统性变革。这种融合不仅仅是将信息技术作为教学的辅助工具，而是将技术内化为课程结构的核心组成部分，从而实现教育教学的全面革新。

信息技术与课程结构的深度融合体现在教学内容的数字化和网络化上。传统的纸质教材和课堂讲授逐渐被在线课程、电子书籍、多媒体课件等数字化资源所取代。这些资源不仅丰富了教学内容的表现形式，也使得学习者能够通过网络平台进行自主学习和协作学习。数字化的教学内容可以根据学习者的反馈和学习进度实时更新和优化，保证了教学内容的时效性和动态性。

信息技术的应用推动了教学方法的创新。在深度融合的课程结构中，教学方法更加注重学习者的主动参与和问题解决能力的培养。利用信息技术，教师可以设计出基于项目的学习、探究式学习等教学活动，鼓励学习者通过实践操作和团队合作来探索知识和解决问题。同时，信息技术还支持教学方法的个性化和差异化，教师可以根据学习者的能力和兴趣设计不同的学习任务和路径。

信息技术与课程结构的深度融合还体现在学习过程的个性化和智能化上。通过智能教学系统和学习分析工具，教师可以实时跟踪学习者的学习行为和成果，及时提供个性化的指导和反馈。学习者也可以通过智能辅导系统和在线评估工具进行自我评价和自我调整，提高了学习的自主性和自我效能感。

信息技术的应用还促进了评价体系的改革。在深度融合的课程结构中，评价不再局限于传统的笔试和口试，而是采用了更加多样化和全面化的评价方法。在线测试、电子档案袋、学习行为分析等评价工具可以全面反映学习者的学习过程和能力发展，为学习者提供了更加客观和公正的评价。

信息技术与课程结构的深度融合还面临着一些挑战。例如，如何确保所有学习者都能够平等地获取和利用信息技术资源，如何保护学习者的隐私和数据安全，如何提升教师的信息技术应用能力等问题都需要得到有效解决。为此，需要加强教育政策的制定和执行，提供充足的技术支持和培训资源，建立完善的数据管理和保护机制。

3. 教育信息生态系统的构建

教育信息生态系统的构建是教育信息化发展到高级阶段的必然产物，它旨在通过信息技术的深度融合与创新应用，形成一个动态平衡、自我调节、持续进化的教育环境。这一系统的构建不仅关注技术层面的集成与应用，更强调教育活动的参与者、教育资源、教学方法、学习过程以及评价机制等多个维度的协同发展和有机结合。

教育信息生态系统的构建需要确立以学习者为中心的核心理念。在这一系统中，学习者的个性化需求、学习风格和认知特点成为教育活动设计的出发点和落脚点。通过大数据分析、人工智能等技术手段，教育信息生态系统能够为每个学习者提供定制化的学习内容、路径和支持，实现真正意义上的个性化教育。

教育信息生态系统的构建强调教育资源的开放共享和优化配置。在这一系统中，教育资源不再局限于传统的教室和学校，而是通过网络技术实现广泛连接和共享。开放教育资源（OER）、在线课程平台、虚拟实验室等数字化资源的广泛应用，打破了地域和时间的限制，为学习者提供了丰富多样的学习机会。

教育信息生态系统的构建促进了教学方法的创新和多样化。在这一系统中，教学方法的设计和实施更加注重学习者的主动参与和协作互动。翻转课堂、项目式学习、协作学习等教学模式的推广，激发了学习者的探究精神和创造力。同时，信息技术的支持使得教学活动可以跨越物理空间，实现线上线下的无缝对接。

教育信息生态系统的构建还涉及评价体系的改革和创新。在这一系统中，评价不再仅仅是学习成果的单一测量，而是成为学习过程的有机组成部分。通过学习分析、电子档案袋等工具，教育者可以全面、持续地跟踪和评估学习者的学习表现，为学习者提供及时、有效的反馈和指导。

教育信息生态系统的构建还面临着一系列挑战。如何确保系统的安全性、稳定性和可持续性，如何平衡技术应用与学习者隐私保护之间的关系，如何提升教育者和学习者的信息素养，如何实现教育公平等都是亟待解决的问题。为此，需要加强政策制定和执行，建立健全的标准和规范，提供专业的培训和支持，促进教育公平和技术普惠。

二、现代化理念：从资源共享到智慧共生

"我国高等教育顺应信息技术发展和人才培养需要，陆续开展了精品课程、精品开放课程和在线开放课程建设。"[①] 在满足学习者的个性化学习需求方面，在线课程建设旨在实现其核心理念，这一理念贯穿于其发展的各个阶段。随着"互联网＋"时代的到来，在线课程的概念已经超越了传统的网络课程范畴，而更加强调的是一种革新的思维方式。"互联网＋"并非简单的算数层面叠加，而是具有乘数甚至指数效应的叠加，其所引发的不是简单的堆积性物理反应，而是基于融合创新的化学效应。"互联网＋教育"旨在通过"互联网＋"的推动，更新教育观念、变革教育模式以及重构教育体系，从而开创数字教育资源供给的新格局。这一新格局的核心在于实现每个人平等享有高质量学习资源服务的目标，同时鼓励每个人自愿、自由地参与资源的创作与传播。在这一进程中，优质学习资源的全球化流通与共享得以实现，同时确保每份资源的知识版权得到全面保护，从而推动教育整体变革与重构教育生态的发展。

这种发展不仅仅是经济新常态对高等教育提出的新需求的产物，更是在线课程价值取向的本质回归。此前，国内高校在线课程的发展主要集中在强化传统教育框架内的完善，这一路径已经不再适应"互联网＋"时代对数字教育资源供给改革的要求。单纯依靠技术支撑的在线课程现代化理念与"互联网＋"推进教育整体变革和重构教育生态的价值取向背道而驰。

因此，"互联网＋"时代的高校在线课程应该以从资源共享到智慧共生的现代化理念为基础，以提升学习者知识构建的自我交互为最终目标。这一目标的实现将促进教师与学习者、个体与群体之间的知识构建，从而共生出

---

① 李晓锋. 从精品开放课程到在线开放课程：精品课程建设理念与实践的转型 [J]. 中国教育信息化（高教职教），2021（1）：15-18.

新的知识与智慧。在这一过程中，不断形成新的共享资源，实现"共享到共生再到共享"的循环往复。这种循环构成了教育与技术融合、学校内与学校外融合以及"重教"与"重学"三重融合的新生态。为实现这一目标，在线课程的建设需要在微观的课程实践应用和宏观的战略理念方面作出突破。

在宏观层面，战略理念的突破涉及教育体系的重构和管理模式的创新。学校需要建立开放式的教育平台，促进内外部资源的共享与交流，打破传统学科和学校边界，构建跨学科的学习和研究环境。同时，教育管理者需要加强对在线课程建设的战略规划和组织管理，推动教学、服务和管理模式的创新，以适应"互联网+"时代教育发展的新要求。

在微观层面，课程建设需要注重个性化学习需求的满足。这包括灵活的学习路径设计、多样化的教学内容呈现以及个性化的学习评估机制。通过采用先进的技术手段，如人工智能和大数据分析，课程可以根据学习者的特点和需求进行定制，从而提升学习效果。

(一) 教育与技术融合，创新教学模式

教育与技术融合的教学模式创新是当代教育改革的重要议题。随着信息技术的飞速发展，传统的教学模式面临着前所未有的挑战和机遇。教学模式的现状与局限主要体现在教学方法的单一性、教学资源的局限性以及教学互动的不足。在这种背景下，"互联网+"教育的概念应运而生，对教学模式产生了深远的影响。

教学模式的现状在很大程度上仍然依赖于传统的面对面教学，这种模式虽然在知识传递上有其优势，但也存在诸多局限。例如，它往往忽视了学习者的个体差异，难以满足不同学习者的个性化需求；教学资源的共享和更新受到时间和空间的限制；教师与学生、学生与学生之间的互动交流有限，难以形成有效的协作学习环境。

"互联网+"教育的提出，为教学模式的创新提供了新的思路和工具。互联网技术的引入，特别是移动互联网、云计算、大数据等技术的应用，使得教学活动可以突破时间和空间的限制，实现教育资源的广泛共享和教学互动的实时进行。在"互联网+"教育的背景下，教学模式可以从传统的以教师为中心转变为以学习者为中心，更加注重学习者的主动参与和自主学习。

教学交互层次模型为教学模式创新提供了理论支持。该模型将教学交互分为三个层次：首先是学习者与教学资源的交互，这一层次的交互主要涉及学习者对教学资源的获取和处理；其次是学习者与教师、同伴之间的交互，这一层次的交互有助于学习者之间的协作和知识共享；最后是学习者与自我的交互，这一层次的交互是学习者进行自我反思和知识内化的过程。在教学模式创新中，应充分利用信息技术，优化这三个层次的交互，提高教学效果。

教学模式创新的实践路径应当注重这些方面：首先，建立开放、灵活的在线教学平台，为学习者提供丰富多样的学习资源和工具。其次，推广翻转课堂、混合学习等新型教学模式，鼓励学习者在课堂之外进行自主学习，课堂上则更多地进行讨论、实践和反馈。再次，利用大数据分析、人工智能等技术手段，对学习者的学习行为和成果进行跟踪和分析，为教学决策提供支持。最后，加强教师的信息素养培训，提升教师利用信息技术进行教学设计和实施的能力。

（二）学校内与学校外融合的服务模式创新

在当今信息化时代，"互联网＋"战略的实施对教育领域产生了深远的影响。其核心在于通过数据的连接与流动，推动教育服务模式的变革与创新，从而实现教育资源的优化配置和教育服务的个性化、智能化发展。

"互联网＋"的数据连接与流动是指通过互联网技术，实现教育数据的广泛收集、快速传输和有效处理。这种数据的连接不仅仅是量的增加，更重要的是质的飞跃。教育数据的流动使得教育资源跨越地域和时间的限制，实现全球范围内的共享。学习者可以通过网络平台获取到来自世界各地的优质教育资源，教育者也可以根据数据流动获得的反馈，及时调整教学策略和内容。

教育服务模式的变革与创新是在"互联网＋"背景下教育发展的必然趋势。传统的教育服务模式以学校为中心，教育资源和服务相对封闭和固定。而在"互联网＋"时代，教育服务模式正逐步向开放、共享、灵活的方向发展。在线教育平台、远程教育网络、虚拟课堂等新型教育服务形态不断涌现，为学习者提供了更加多样化和便捷的学习途径。

在教育服务模式的变革中，个性化教育成为可能。基于大数据分析的学习者行为分析，教育服务可以更加精准地满足学习者的个性化需求。学习者的学习习惯、知识水平、兴趣爱好等数据被收集和分析，以提供定制化的学习内容和教学支持。这种个性化的教育服务不仅提高了学习效率，也增强了学习者的满意度和学习动力。

教育服务模式的创新还体现在教育评价体系的改革上。传统的教育评价多依赖于定期的考试和评估，而在"互联网+"时代，教育评价可以实现实时化和过程化。通过持续追踪学习者的学习数据，教育者可以及时了解学习者的学习进展和存在的问题，从而进行及时的干预和指导。这种动态的评价体系更加全面和客观，有助于促进学习者的全面发展。

然而，教育服务模式的变革与创新也面临着一些挑战。数据安全和隐私保护是其中的重要问题。教育数据的收集和使用需要遵循严格的法律法规和伦理标准，确保学习者的个人信息不被滥用。此外，教育资源的数字鸿沟也是一个亟待解决的问题，需要采取措施，确保所有学习者都能够平等地享受到"互联网+"教育带来的便利和优势。

为了应对这些挑战，需要从政策、技术、管理等多个层面进行努力。政府应制定相应的政策和标准，加强对教育数据的监管和保护。教育机构和技术企业应加强合作，开发更加安全、高效的教育服务平台。教育工作者应不断提升自身的信息素养，利用"互联网+"技术提高教育服务质量。

1. 数字教育资源服务体系的构建

数字教育资源服务体系的构建是教育信息化进程中的关键一环，它涉及教育资源的数字化、网络化以及智能化管理。这一体系的构建旨在通过高效的资源整合和共享，促进教育资源的均衡分配和教育质量的整体提升。

数字教育资源服务体系的构建需要依托于先进的信息技术，如云计算、大数据、人工智能等。这些技术的应用使得教育资源的存储、处理和分发更加高效和智能。例如，云存储技术可以提供大规模的数据存储空间，保证教育资源的安全备份和快速访问；大数据分析技术可以对教育资源的使用情况进行统计和分析，为教育资源的优化配置提供决策支持；人工智能技术可以实现教育资源的个性化推荐和智能辅导，提升学习者的用户体验。

数字教育资源服务体系的构建还需要注重教育资源的标准化和兼容性。标准化的教育资源有利于实现资源的广泛共享和互操作，兼容性则确保不同平台和系统之间的无缝对接。通过制定统一的教育资源标准和协议，可以降低教育资源开发和使用的成本，提高教育资源的利用效率。

数字教育资源服务体系的构建还需要强化教育资源的版权保护和知识产权管理。在数字化和网络化的环境下，教育资源的版权保护面临新的挑战。需要建立健全的版权保护机制和知识产权管理制度，确保教育资源的合法使用和创作者的权益得到保护。

2. 开放的教育服务体系的构建

开放的教育服务体系的构建则是在数字教育资源服务体系的基础上，进一步推动教育资源的开放共享和协作创新。开放的教育服务体系强调教育资源的开放性和可访问性，鼓励社会各界参与教育资源的建设和应用。

开放的教育服务体系的构建需要政策层面的支持和引导。政府和教育管理部门应出台相应的政策和措施，鼓励和支持开放教育资源（OER）的发展，提供开放教育资源建设的资金和技术支持。同时，还需要加强国际合作和交流，推动教育资源的跨国界共享和协作开发。

开放的教育服务体系的构建还需要依托于开放的教育平台和网络。通过建立开放的在线课程平台、虚拟实验室、协作学习社区等，可以为学习者提供多样化的学习资源和交流空间。这些平台和网络不仅为学习者提供了自主学习的途径，也为教师和研究人员提供了协作研究和知识共享的机会。

在开放的教育服务体系中，教育评价和认证机制也需要相应的改革和创新。传统的教育评价和认证体系往往与特定的教育机构和课程体系绑定，而在开放的教育服务体系中，需要建立更加灵活和多样化的评价和认证机制，以适应学习者多样化的学习路径和需求。

(三)"重教"与"重学"融合的管理模式创新

在当代教育领域，管理模式的创新已成为推动教育发展的关键因素。特别是在在线课程的背景下，"以学习者为中心"的特点对传统的"重教"管理模式提出了挑战，要求教育管理者重新审视和构建教与学的关系，以实现"重教"与"重学"的有机融合。

在线课程的"以学习者为中心"的特点强调的是学习者的主体地位和个性化需求。在这种模式下，学习者不再是被动接受知识的对象，而是主动参与学习过程的主体。在线课程平台提供的多样化学习资源、灵活的学习路径和个性化的学习支持，都是为了满足学习者的个性化学习需求，激发学习者的自主学习能力和创新精神。这种以学习者为中心的特点对教与学关系提出了新的挑战。传统的"重教"模式中，教师是知识的传授者，学习者是知识的接受者，两者之间的关系是单向的。而在"重学"模式中，教师的角色转变为学习引导者和促进者，学习者则成为知识的探索者和建构者，两者之间的关系是互动的。这种关系的创新与变革要求教育管理者重新思考教师角色的定位，设计更加灵活和开放的教学活动，建立更加平等和协作的师生关系。

管理模式的创新路径应当遵循以下原则：①管理模式的创新应当基于对学习者需求的深入理解和尊重。这意味着教育管理者需要通过调查研究、数据分析等手段，了解学习者的学习习惯、知识水平和兴趣爱好，以此为基础设计教育服务和教学活动。②管理模式的创新应当注重教师专业发展和信息素养的提升。教育管理者应当为教师提供专业培训和技术支持，帮助教师掌握新的教学理念和方法，提高教师利用信息技术进行教学的能力。③管理模式的创新应当鼓励学习者的自主学习和协作学习。教育管理者可以通过建立在线学习社区、学习小组等方式，促进学习者之间的交流和合作，提高学习者的社交技能和团队精神。

共生教育信息生态体系的实现是管理模式创新的最终目标。在这一体系中，教育的各个参与者——学习者、教师、教育管理者、技术开发者等——都应当成为教育生态系统的共同构建者和维护者。这一体系的构建需要教育政策的支持和引导，需要教育机构和技术企业的合作和创新，需要学习者和教师的积极参与和反馈。通过共生教育信息生态体系的构建，可以实现教育资源的优化配置，教育服务的个性化和智能化，教育质量的整体提升。

第四章　智能时代高校在线开放课程建设的应用

随着信息技术的迅猛发展，智能时代已经悄然来临，为高等教育带来了前所未有的变革与挑战。在这一时代背景下，高校在线开放课程作为教育信息化的重要载体，正逐渐成为推动高等教育改革与创新的重要力量。本章研究在线开放课程的自组织学习、私播课教学、翻转课堂教学、混合式教学与协同学习，以及在线开放课程的平台教学资源库建设。

第一节　在线开放课程的自组织学习

一、自组织学习的理论基础

（一）自组织学习理论的兴起与重要性

自组织理论是指在复杂系统中，由系统内部元素之间的相互作用而产生的自我组织现象。这一理论认为，系统内部的相互作用和反馈机制可以导致系统从混沌状态逐渐演化出有序结构，形成自组织的特征。"作为一种内在的学习品质，自组织学习是对学生主体学习耐力的一种磨炼、发展乃至超越"[①]。自组织学习理论的兴起源于对传统学习理论的补充与发展，它强调学习过程中学习者内在的自我组织能力，认为学习是一个自发的、自主的过程。自组织学习的重要性在于它能够更好地解释和促进个体在复杂环境下的学习和适应能力。

---

① 姜艳. 自组织学习模式在理论与实践中的是与非 [J]. 教育理论与实践，2017，37 (10)：61.

(二) 自组织系统的特征与机制

自组织系统是一种具有分布式控制、非线性响应、反馈机制和自相似性等特征的系统。这些特征共同构成了自组织系统独特的运行机制。其中，分布式控制使得系统中的各个部分可以相互作用，并在没有集中式控制的情况下协调运行。非线性响应意味着系统的输出并不与输入成正比，而可能呈现出非线性的、复杂的关系。这种复杂性导致了系统的行为不可预测性，但也为系统带来了更大的灵活性和适应性。

另外，反馈机制在自组织系统中起着至关重要的作用。正反馈和负反馈相互作用，促使系统朝着稳定状态演化。正反馈可以加速系统的变化，将其推向新的状态；而负反馈则起到调节和稳定系统的作用，当系统偏离稳定状态时，负反馈将产生调节作用，使系统回归稳定状态。这种反馈机制使得自组织系统能够自我调节，保持动态平衡，并在面临外部扰动时能够自我修复。

自相似性也是自组织系统的重要特征之一。自相似性表明系统在不同的尺度上呈现出类似的结构或行为。这种特性使得系统的部分可以像整体一样相互作用，同时也使得系统更具有韧性和适应性。

(三) 自组织学习与传统学习的区别

自组织学习与传统学习在方法、理念和目标上存在显著差异。自组织学习强调学习者的主动性、探索精神和自我组织能力，这与传统学习理论所强调的外部教学和指导方式形成鲜明对比。

首先，自组织学习注重个体内在的学习能力。它强调学习者通过自主探索、思考和实践，从而获取知识、技能和经验。相比之下，传统学习更侧重于教师或教材的外部引导和灌输，学生在此过程中扮演被动接受者的角色。

其次，自组织学习强调学习者的自主性。在自组织学习中，学习者被赋予更大的自由度和责任，他们能够根据个人兴趣和需求选择学习内容、方法和节奏。相比之下，传统学习通常受制于固定的课程设置和教学计划，学生的学习过程往往受到严格的控制和规定。

最后，自组织学习追求适应环境的能力。它鼓励学习者主动应对多样化的学习环境和挑战，培养适应变化和解决问题的能力。而传统学习则更多地关注知识的传授和应试技巧的培养，往往忽视了学习者在实际生活中面对的复杂情境和挑战。

总之，自组织学习与传统学习在理念、方法和目标上存在显著差异。自组织学习强调学习者的主动性、自主性和适应能力，提倡个体内在的学习过程，而传统学习则更注重外部的教学和指导。在当今日益复杂和多变的社会环境中，自组织学习的理念和方法对于培养学生的创造力、创新能力和自主学习能力具有重要意义。

（四）在线环境对自组织学习的促进作用

在线环境在促进自组织学习方面发挥着重要作用，主要体现在以下方面。

首先，在线环境提供了丰富的学习资源。学习者可以通过互联网获取各种各样的学习资料，包括文字、图片、视频、音频等形式的资源，涵盖了几乎所有的学科领域和主题。这些资源的多样性和丰富性为学习者提供了更广泛的选择空间，使他们能够根据自身需求和兴趣进行自主学习。

其次，在线环境为学习者提供了交流平台。通过在线学习平台、社交媒体、在线论坛等工具，学习者可以与其他人进行交流和互动，分享学习经验、解决问题、讨论学术观点等。这种交流互动的过程不仅能够促进学习者之间的信息共享和知识构建，还能够激发学习者的思维，拓宽他们的视野，从而更好地实现自组织学习的目标。

最后，在线环境提供了个性化学习的机会。通过在线学习平台的学习管理系统和智能推荐算法，学习者可以根据自身的学习需求和水平，定制个性化的学习路径和学习计划。这种个性化学习的模式使学习者能够更加灵活地安排学习时间和学习内容，更好地适应自己的学习节奏和学习方式，从而更有效地实现自组织学习的目标。

二、自组织学习与在线开放课程

（一）自组织学习在在线开放课程中的适用性

自组织学习在在线开放课程中具有较强的适用性。

首先，在线开放课程通常具有高度的灵活性和自主性，学习者可以根据自身的兴趣、学习目标和时间安排进行学习，这与自组织学习的理念相符。

其次，在线开放课程提供了丰富多样的学习资源和学习工具，学习者可以根据自己的需求和偏好选择适合自己的学习内容和学习方式，促进了学习者的自主学习过程。

最后，在线开放课程常常通过在线讨论、协作项目等形式鼓励学习者之间的交流和合作，这有利于学习者在学习过程中通过互相分享、讨论和合作构建知识，从而促进了自组织学习的实现。

(二) 在线开放课程与自组织学习的契合点

在线开放课程与自组织学习有多个契合点。

首先，在线开放课程的开放性和自由性为学习者提供了自主选择学习内容和学习路径的机会，符合了自组织学习的核心理念。

其次，在线开放课程通常采用多样化的教学方式和学习活动，如视频讲座、在线讨论、小组项目等，这有助于激发学习者的学习兴趣和参与度，促进了自组织学习的发展。

最后，许多在线开放课程注重学习者之间的互动和合作，通过在线讨论、团队项目等形式鼓励学习者之间的交流和合作，这有助于学习者在共享知识、合作解决问题的过程中实现自组织学习的目标。

(三) 在线开放课程中自组织学习的价值与意义

在在线开放课程中，自组织学习具有重要的价值与意义。

首先，自组织学习能够培养学习者的自主学习能力和自我管理能力，使他们能够更好地适应未来社会和职业发展的需要。

其次，自组织学习有助于激发学习者的学习兴趣和主动性，提高他们的学习效果和学习动力。

再次，自组织学习能够促进学习者的思维发展和创造力培养，使他们能够更好地解决复杂问题和应对挑战。

综上所述，自组织学习在在线开放课程中具有重要的价值与意义，有助于提升学习者的学习能力和终身学习能力，促进其个人发展和社会进步。

三、在线开放课程中自组织学习的特点

(一)学习者的自主性与主动性

第一，学习者自我设定学习目标与计划。在在线开放课程中，学习者拥有自主选择学习目标的权利，并能够根据个人需求和兴趣自行规划学习进程。他们可以设定具体、可行的学习目标，并制订相应的学习计划，以提高学习效率和达成预期成果。

第二，学习者自主选择学习资源与路径。在线开放课程提供了丰富多样的学习资源，包括视频讲座、在线文献、课程资料等。学习者可以根据自身需求和学习偏好，自主选择适合自己的学习资源和学习路径，以满足个性化学习需求。

(二)学习过程的动态性与灵活性

第一，学习内容的动态更新与调整。在线开放课程的学习内容通常具有灵活性和动态性，可以根据最新的研究成果、学科发展趋势和学习者反馈进行更新和调整。这种动态更新的学习内容能够保持与时俱进，满足学习者不断变化的学习需求。

第二，学习路径的灵活变化与重构。学习者在在线开放课程中可以根据自身学习情况和反馈信息，灵活调整学习路径和学习策略。他们可以根据个人兴趣和需求重新规划学习路径，重构学习计划，以更好地适应个性化学习需求和学习进程。

(三)学习共同体的协作性与互动性

第一，学习者之间的交流与协作。在线开放课程促进了学习者之间的交流与协作，通过在线讨论、小组项目等形式，学习者能够分享学习经验、解决问题、共同探讨学术观点，从而促进知识共建和共享，提高学习效果。

第二，教师与学习者的互动与指导。在在线开放课程中，教师扮演着指导者和引导者的角色，与学习者进行积极的互动和指导。教师通过在线讨

论、作业批改、个性化辅导等方式，为学习者提供学习支持和指导，帮助他们解决学习困难，促进学习效果的提高。

四、在线开放课程中自组织学习的实施策略

(一) 提供丰富多样的学习资源

自组织学习在在线开放课程中的实施策略是关键性的，其成功实施需要多方面的支持和资源。

首先，提供丰富多样的学习资源是至关重要的。这包括优质教学视频和课件的制作与分享。这些视频和课件应当具有高质量的内容和清晰的表达，以确保学习者能够充分理解所学内容。同时，相关学习资料和拓展资源的整合与推荐也是必不可少的。通过整合各种学习资料和拓展资源，学习者可以更全面地了解所学内容，并有机会进一步探索和拓展知识面。

其次，教学视频和课件的制作与分享应当注重质量和多样性。制作教学视频时，应选择合适的教学方法和技术手段，确保视频内容生动有趣，能够吸引学习者的注意力，并能够清晰地传达知识点。此外，制作课件时，应当注重内容的结构化和逻辑性，使学习者能够轻松地理解和消化所呈现的信息。同时，分享这些教学视频和课件时，应当充分利用网络平台和社交媒体等渠道，以便更多的学习者能够获取到这些资源，从而促进自组织学习的实施和推广。

此外，整合和推荐相关学习资料和拓展资源时，应当根据学习者的需求和兴趣进行个性化推荐。这可以通过分析学习者的学习行为和偏好，以及根据他们的学习目标和水平，为他们提供符合其需求的学习资源。同时，还可以利用推荐系统和智能算法等技术手段，为学习者提供更精准和有效的推荐服务，从而提升其学习体验和学习效果。

(二) 建立灵活开放的学习平台

建立灵活开放的学习平台是现代教育的重要趋势之一，它为学习者提供了更加灵活和个性化的学习方式。在这样的学习平台上，学习者可以根据自己的兴趣、需求和学习节奏自由地选择学习内容和学习方式，从而更好地适应个性化学习的需求。

首先，学习平台的用户体验与交互设计至关重要。良好的用户体验和交互设计可以提升学习者的学习体验，使其能够更加轻松和愉快地使用学习平台进行学习。例如，学习平台应当具有清晰简洁的界面设计，便于学习者进行导航和操作；同时，还应当具有友好的交互设计，支持学习者之间的互动和合作，促进知识的共享和交流。通过不断优化用户体验和交互设计，可以提高学习者的参与度和满意度，从而增强其对学习平台的依赖和信任。

其次，学习数据的收集与分析是建立灵活开放的学习平台的关键支持。通过收集学习数据，可以了解学习者的学习行为和学习习惯，从而为其提供个性化的学习建议和服务。例如，可以通过分析学习者的学习历史和学习进度，为其推荐适合其水平和兴趣的学习资源；同时，还可以通过分析学习者的学习行为和学习反馈，为其提供个性化的学习辅导和指导，帮助其更好地理解和消化所学内容。通过不断积累和分析学习数据，可以不断优化学习平台的功能和服务，为学习者提供更加个性化和有效的学习支持。

(三) 营造积极的学习氛围与社区文化

在在线开放课程中实施自组织学习的策略之一是营造积极的学习氛围与社区文化。建立一个积极的学习社区可以促进学习者之间的互动与合作，激发学习动力，提高学习效果。

首先，制定明确的学习社区规则与制度是至关重要的。这些规则与制度应当明确规定学习者在学习社区中的行为准则和规范，以维护学习秩序和良好的学习环境。例如，可以规定学习者在学习社区中应当保持尊重和礼貌，不得发布不当言论或侵犯他人权益的内容，以及遵守学习资源的使用规定等。通过制定明确的规则与制度，可以有效地规范学习者的行为，促进学习社区的健康发展。

其次，学习成果的展示与分享是营造积极学习氛围的重要手段之一。学习者通过展示自己的学习成果，可以增强学习动力，提高学习积极性。同时，通过与他人分享自己的学习成果，可以促进学习者之间的交流与合作，激发学习的乐趣和热情。例如，可以组织学习者参加学习成果展示活动或比赛，鼓励他们分享自己的学习心得和经验，以及展示自己的学习成果。通过这样的活动，可以营造积极的学习氛围，激发学习者的学习热情和动力，提高他们的学习效果和成就感。

第二节　在线开放课程的私播课教学

一、私播课教学的兴起与背景

私播课教学的兴起源于当今信息技术的迅猛发展和网络传播的普及。随着互联网技术的日益成熟，教育领域也逐渐迎来了一场数字化革命，私播课应运而生。传统教学主要依赖于学校、教室等固定场所进行，师生面对面进行交流，而私播课则通过互联网平台，将教学内容以视频、直播等形式传递给学生，打破了时空的限制，实现了异地、异时的学习。

私播课与传统教学相比，存在着诸多区别与联系。传统教学注重师生面对面的交流与互动，更能够促进师生之间的情感联系和思想碰撞，而私播课则更加注重学习内容的专业性和全面性，学生可以通过多次重复观看视频，更好地理解和消化知识。同时，私播课教学也可以结合在线互动讨论、在线测验等形式，使学生在学习过程中获得更多的互动与反馈，从而提高学习效率。

私播课教学的优势主要体现在以下方面：首先，私播课具有灵活性和便捷性，学生可以根据自己的时间和地点选择学习，避免了传统教学中时间和空间的限制；其次，私播课的内容丰富多样，可以涵盖各个学科的知识，并且随时更新，保持与时俱进；最后，私播课教学还能够实现个性化教学，根据学生的学习情况和需求进行针对性的指导和辅导，提高学习效果。

二、私播课教学的设计与实践

(一) 私播课的教学目标设定

私播课作为一种新兴的教学模式，其教学目标的设定对于确保教学效果和学生学习体验至关重要。教学目标通常分为知识目标、技能目标和情感目标三个方面。

首先，针对知识目标，私播课的设计应该确保学生能够全面、系统地掌握相关学科的知识内容。这包括对于基础概念的理解、重要原理的掌握以及相关知识点的扩展和应用能力。通过私播课的教学，学生应该能够在知识层面上建立坚实的基础，为未来的学习和发展奠定良好的基础。

其次，针对技能目标，私播课应该注重培养学生的实际操作能力和解决问题的能力。除了传授理论知识外，私播课还应该通过实例演示、案例分析等方式，引导学生运用所学知识解决实际问题，培养学生的创新思维和实践能力。技能目标的设定不仅有助于学生在实践中运用所学知识，还能够提升学生的综合能力和竞争力。

最后，情感目标是私播课教学中的重要一环。私播课不仅应该传授知识和技能，更应该培养学生的情感态度和价值观念。这包括培养学生的自信心、责任感、合作意识等，引导学生积极地面对挑战和困难，塑造学生良好的品格和人格。私播课教学通过丰富多样的教学内容和案例分析，可以激发学生的情感共鸣，增强学生对于学习的热情和动力。

(二) 私播课的教学内容选择与组织

私播课的教学内容选择与组织是确保教学有效性和学生学习效果的关键一环。在进行私播课教学时，需要精选和整合内容，同时确保内容具有层次性和递进性，以促进学生系统性地学习和理解。

首先，内容的精选与整合是私播课教学的基础。教师需要根据学科特点和学生学习需求，从海量的教学资源中精选出优质的内容。这些内容应当具有权威性、专业性和实用性，能够真正满足学生的学习需求。同时，教师还需要将选取的内容进行合理的整合和编排，确保内容之间的逻辑性和连贯性，使学生能够系统地学习和理解知识。

其次，内容的层次性与递进性是私播课教学的重要考量。在设计教学内容时，教师应该根据学科知识的结构和学生的学习进程，将内容划分为不同的层次和模块，并确保内容之间具有递进性和衔接性。这意味着先从基础知识开始，逐步深入，循序渐进地引导学生学习，避免知识跳跃和学习断层，确保学生能够逐步扎实掌握知识。

在私播课的教学内容选择与组织过程中，教师可以运用多种教学手段和资源，如视频讲解、案例分析、实例演示等，以增强教学的多样性和趣味性，提高学生的学习兴趣和参与度。同时，教师还应该根据学生的反馈和评价及时调整和完善教学内容，确保教学内容与学生的学习需求和水平相适应。

(三) 私播课的教学方法与手段

私播课的教学方法与手段是保证教学效果和学生参与度的重要保障。在私播课的教学过程中，教师可以运用互动式教学法、案例分析法和项目驱动式学习等多种方法和手段，以提升学生的学习体验和教学效果。

首先，互动式教学法是私播课中常用的一种教学方法。通过互动式教学法，教师可以与学生进行实时互动和交流，促进师生之间的互动和沟通。这包括在线讨论、问题解答、小组讨论等形式，能够激发学生的思维和积极性，增强学生对于学习内容的理解和掌握。同时，互动式教学法也能够提高学生的学习兴趣和参与度，营造良好的学习氛围。

其次，案例分析法是私播课中常用的一种教学手段。通过案例分析法，教师可以将抽象的理论知识与实际问题相结合，引导学生通过分析和解决实际案例来理解和应用所学知识。这种方法能够培养学生的问题解决能力和综合思考能力，提高学生的实际应用能力和创新能力。同时，案例分析法也能够增强学生的学习兴趣，使得学生能够更加主动地参与到教学过程中。

最后，项目驱动式学习是私播课中一种较为先进和实践性的教学方法。通过项目驱动式学习，教师可以组织学生参与到具体项目中，通过实际操作和实践项目，促进学生的综合能力和团队合作能力的提升。这种方法能够使学生将所学知识应用到实际问题中，培养学生的解决问题的能力和创新能力，提高学生的实际操作能力和职业素养。

三、私播课教学的未来发展趋势

私播课教学作为一种新兴的教学模式，其未来发展趋势备受关注。

随着人工智能技术的不断发展，私播课与人工智能的结合将成为私播课教学未来发展的重要方向之一。通过人工智能技术，私播课可以实现更加个性化的教学，根据学生的学习情况和需求提供定制化的学习方案和教学内容，提高教学的针对性和效果。同时，人工智能还可以实现教学过程的智能化管理和评价，帮助教师更好地监控学生的学习情况和进度，提供及时的反馈和指导。

私播课在终身学习体系中的作用日益凸显。随着社会的快速发展和知识的不断更新，终身学习已经成为一种时代潮流。私播课作为一种灵活、便捷的学习方式，能够满足人们不同阶段、不同需求的学习需求，为终身学习提供了重要支撑。未来，私播课将更加与终身学习体系相结合，为人们提供持续学习的机会和平台，助力个人职业发展和社会进步。

私播课教学的国际化趋势也日益明显。随着全球化的推进和信息技术的普及，私播课已经不再受地域和语言的限制，可以实现跨国、跨地区的教学和学习。未来，私播课将更加关注国际化课程的设计和开发，加强与国外教育机构的合作与交流，为学生提供更加多元化、国际化的学习体验和教育资源，促进教育的全球化发展。

第三节　在线开放课程的翻转课堂教学

一、翻转课堂兴起的背景

翻转课堂的兴起源于对传统课堂教学方式的反思和挑战，这一背景包括了教育技术的快速发展、学习者的多样化需求以及对于个性化教育的追求。传统的课堂教学模式通常由教师在课堂上向学生传授知识，学生则在课后完成作业来巩固所学内容。然而，这种模式存在着许多局限性，例如，学生的学习节奏不同、课堂时间有限以及教学内容无法满足每个学生的需求等。

为了解决这些问题，翻转课堂应运而生。翻转课堂是一种教学模式，它颠覆了传统的教学方式，将课堂内外的学习活动重新组织和分配。在翻转课堂中，教师会将课堂上的讲课内容转移到课堂外，通过在线开放课程等资源让学生在课前自主学习。而课堂时间则被用来进行更多的互动式学习活动，如讨论、解决问题和实践等，以促进学生的深层次理解和能力提升。

"基于在线开放课程的课堂教学日益盛行，但课程的设计、课堂实践实施应用对策及方法各异，课程教学效果也截然不同。"[①] 在线开放课程与翻转

---

① 黄巧玲．基于在线开放课程的翻转课堂设计与实践 [J]．集美大学学报 (教育科学版)，2020，21(06)：71.

课堂的结合具有重要的意义。首先，通过在线开放课程，学生可以根据自己的学习节奏和兴趣自主学习，从而提高学习的效率和质量。其次，教师可以更好地利用课堂时间，与学生进行互动，有针对性地解决学生的问题和困惑，促进学生的思维能力和创造力。此外，通过在线开放课程，学生可以获得更广泛的知识和资源，拓宽视野，提升综合素质。

二、翻转课堂教学模式的基本特点

翻转课堂教学模式已成为当今教育领域的一种重要趋势，其基本特点可以概括为学生中心、课堂重构、个性化学习和互动增强。

第一，翻转课堂以学生为中心，旨在将学习者从被动接受知识的角色转变为主动学习的参与者。通过预先提供学习资源，如视频、阅读材料或在线模块，学生得以在课堂前自主学习，激发他们的学习兴趣和积极性。

第二，翻转课堂进行了课堂重构，重新分配了课堂时间与空间。传统的课堂教学往往以教师为中心，师生间的互动时间较少，而翻转课堂将课堂时间用于深度讨论、实践活动和解决问题，更好地促进了师生之间的互动与合作。

第三，翻转课堂提倡个性化学习，致力于满足不同学生的学习需求。学生可以根据自身的学习进度和兴趣选择学习材料，以适应其个体差异，从而更有效地实现个性化学习目标。

第四，翻转课堂强调互动增强，倡导师生之间、生生之间的深度交流和合作。在课堂上，学生不再是接收信息的对象，而是积极参与讨论、分享观点，并与同学共同探讨问题，促进了学习效果的提升和思维能力的发展。

三、在线开放课程在翻转课堂中的应用优势

在线开放课程在翻转课堂中的应用优势是显而易见的，其主要体现在资源丰富、时空灵活、自主学习以及反馈及时等方面。

第一，通过在线开放课程，学生可以获得丰富多样的学习材料。这些材料可能来自不同学科领域、不同渠道，包括文字、图片、视频等形式，满足了学生个性化、多样化的学习需求。与传统教材相比，这种资源的丰富性不仅丰富了学习内容，更能够激发学生的学习兴趣和主动探索欲望。

第二，在线开放课程的应用使得学习的时空变得更加灵活。传统课堂通常受到固定的时间和地点限制，而在线开放课程则能够让学生根据自己的时间安排自由学习，不再受限于特定的学习环境。这不仅让学生能够更好地融入学习中，还能够提高学习效率和学习成果。

第三，在线开放课程的应用促进了学生的自主学习能力。学生可以根据自己的兴趣和学习目标选择课程内容，自主管理学习进度，探索自己感兴趣的知识领域。这种学习方式培养了学生的自主学习意识和能力，使他们在学习过程中更具有主动性和积极性。

第四，通过在线开放课程，学生可以获得及时的反馈和指导。在线学习平台通常提供了各种形式的测验、作业和讨论等互动方式，教师和同学可以通过这些方式对学生的学习情况进行跟踪和评估，及时发现和解决学习中的问题，从而提高学习效果和学习成果。

四、翻转课堂教学在在线开放课程中的实施策略

（一）课前准备阶段

在在线开放课程中实施翻转课堂教学是一项复杂而重要的任务，它需要一系列的准备工作以确保学习过程的有效性和顺利进行。在实施翻转课堂教学之前，必须经历课前准备阶段，该阶段包括三个主要方面：课程内容的精选与整合、学习任务的明确与发布以及学习资源的制作与上传。

首先，在课前准备阶段，教师应当对课程内容进行精选与整合。这一步骤至关重要，因为精心选择和整合的课程内容能够确保学生在课堂前获得清晰、有条理的学习资料，为后续学习打下坚实的基础。在这一阶段，教师需要仔细审视课程大纲，确定关键概念和核心知识点，以确保学生在学习过程中能够聚焦于重要内容，提高学习效率和深度。

其次，教师还需要明确并发布学习任务。在课前准备阶段，教师应该清晰地定义学生需要完成的任务，并将其发布给学生。这些任务可能包括阅读特定章节的教材、观看相关视频、完成练习题等。通过明确的学习任务，学生能够在课前有目标地进行学习，提前了解要学习的内容，为课堂上的讨论和深入学习做好准备。

最后，教师需要制作并上传学习资源。这些学习资源可以是教学视频、课件、教材摘要、练习题等。在制作学习资源时，教师应该注意资源的质量和有效性，确保其能够帮助学生理解和掌握课程内容。一旦学习资源制作完成，教师需要将其上传至在线平台，以便学生在需要时随时访问和使用。

(二) 课中互动阶段

在在线开放课程中，实施翻转课堂教学的成功与否在很大程度上取决于课中的互动阶段。这一阶段包括学生问题的收集与整理、疑难点的解答与讨论以及小组协作与项目实践。

首先，学生问题的收集与整理是课中互动的重要组成部分。在学习过程中，学生往往会遇到各种问题和困惑，而及时收集和整理这些问题对于教师来说至关重要。通过收集学生的问题，教师可以更好地了解学生的学习需求和困难，为接下来的教学提供有针对性的指导和支持。

其次，疑难点的解答与讨论是课中互动的另一个重要环节。在课堂上，教师应该充分利用时间解答学生的疑问，并鼓励学生之间展开讨论。通过解答疑难点和展开讨论，可以帮助学生更好地理解课程内容，促进他们思维的深入和发展，提高学习效果。

最后，小组协作与项目实践是课中互动的关键环节之一。在翻转课堂中，教师可以组织学生进行小组活动，让他们共同探讨问题、解决挑战，并实践所学知识。通过小组协作和项目实践，学生不仅能够加深对课程内容的理解，还能够培养团队合作能力和实践能力，提高综合素养。

(三) 课后巩固与拓展阶段

在在线开放课程中，实施翻转课堂教学的成功与否不仅取决于课前准备和课中互动，还需要重视课后的巩固与拓展阶段。这一阶段包括作业布置与批改、学习成果的展示与评价以及知识拓展与延伸。

首先，作业布置与批改是课后巩固与拓展的重要环节之一。通过布置作业，教师可以巩固学生在课堂上所学的知识，并帮助他们将知识应用到实际问题中。同时，作业也是教师了解学生学习情况和掌握程度的重要途径。在批改作业时，教师应该及时给予学生反馈，并针对学生的不足之处提出建议和指导，帮助他们改进学习方法和提升学习效果。

其次，学习成果的展示与评价也是课后巩固与拓展的关键环节之一。在翻转课堂中，学生通过课前准备和课中互动已经获得了一定的知识和技能，而在课后，他们需要有机会展示自己的学习成果。通过展示学习成果，学生不仅可以巩固已学知识，还能够提高自信心和表达能力。同时，教师也可以通过评价学生的学习成果，及时发现学生的优势和不足，并为他们提供进一步的指导和支持。

最后，知识拓展与延伸是课后巩固与拓展的重要内容之一。在翻转课堂中，学生已经掌握了基础知识，而在课后，他们需要有机会进一步拓展和延伸已学知识，提高学习的深度和广度。教师可以为学生提供相关的拓展阅读材料、课外活动或者深入讨论的机会，引导他们深入学习，并培养他们的批判性思维和创新能力。

第四节 在线开放课程的混合式教学与协同学习

一、在线开放课程的混合式教学

(一) 混合式教学及其传统教学的比较

混合式教学是指将传统面对面教学与在线教学相结合的一种教学模式。在混合式教学中，学生通过在线平台获取课程内容和资源，并且参与在线讨论、作业以及其他学习活动，同时还有面对面的课堂教学环节。"混合式教学设计体现的是老师的教学水平与综合智慧。要提高教学效果，就必须精心开展混合式课堂教学设计，采用各种新颖的课堂模式开展教学。"[①] 相比之下，传统教学主要依赖于面对面的课堂教学，学生通过教师直接讲授的方式获取知识和技能。

混合式教学与传统教学相比具有诸多优势。首先，混合式教学能够提供更灵活的学习方式，使学生可以根据自己的学习节奏和时间安排来完成课

---

① 张财生，黄勇，张林，等.高校课程混合式教学设计策略与思考[J].高教学刊，2024，10(09)：107.

程内容，从而更好地满足个性化学习的需求。其次，混合式教学可以通过在线平台扩展教学资源，丰富学习内容，为学生提供更广泛的学习资源和参考资料。此外，混合式教学还可以促进学生之间的合作和交流，通过在线讨论和合作项目，培养学生的团队合作能力和沟通能力。

(二) 混合式教学模式的构建

混合式教学模式的构建是一个综合考量多方面因素的过程，需要精心设计和策划。混合式教学模式的构成要素主要包括在线学习平台、面对面教学活动、学习资源和评估机制。

首先，在线学习平台是混合式教学模式的核心组成部分之一。这个平台可以是学校自建的在线教学平台，也可以是已有的第三方学习管理系统。通过在线学习平台，学生可以方便地获取课程内容、教学资源和作业任务，参与讨论与交流，进行在线测验等学习活动。

其次，面对面教学活动也是混合式教学模式不可或缺的组成部分。这包括传统的课堂授课、小组讨论、实验、实践等形式的教学活动。面对面教学可以提供与教师和同学互动的机会，促进学生的思维碰撞和知识交流。

再次，丰富的学习资源也是混合式教学模式的重要组成部分。这些资源可以包括教材、课件、视频、网络链接、文献资料等。通过提供多样化的学习资源，可以满足不同学生的学习需求，激发他们的学习兴趣和动力。

最后，评估机制是混合式教学模式的关键环节之一。这包括对学生学习过程和成果的评价，可以通过在线测验、作业、项目报告、课堂参与等方式进行评估。评估机制需要既能够客观地反映学生的学习情况，又能够激励他们的学习积极性，促进他们的全面发展。

在设计混合式教学模式时，需要遵循一些设计原则与策略。要根据学科特点和学生需求确定在线学习与面对面教学的比例和安排，保持平衡。根据学习目标和教学内容选择合适的学习资源和教学方法，确保教学效果。要注重教学过程的引导和反馈，及时调整教学策略，满足学生的学习需求。要关注学生的学习体验和反馈，不断改进教学模式，提高教学质量。通过混合式教学模式，可以"转变对学生的考核模式，促进了学生学习积极性和主动性，提高了课堂的教学效率，同时促进了课程教学团队的能力建设，形成了教师有效教、学生有效学的良性效应"[①]。

(三)混合式教学在在线开放课程中的应用

混合式教学在在线开放课程中的应用是一种创新的教学模式，它充分利用了在线教育平台的便利性和灵活性，同时结合了传统面对面教学的优势，为学生提供了更加丰富和高效的学习体验。

首先，混合式教学为在线开放课程提供了更多元化的学习方式。在传统的在线开放课程中，学生主要通过观看视频和阅读资料来学习知识。而采用混合式教学模式后，学生不仅可以通过在线平台获取课程内容，还可以参与在线讨论、完成作业任务、参加小组活动等，从而增加了学生的参与度和互动性，促进了学生的学习效果。

其次，混合式教学为在线开放课程提供了更加个性化和自主化的学习体验。通过在线平台，学生可以根据自己的学习节奏和兴趣选择学习内容和学习方式，自主安排学习时间，提高了学习的自主性和灵活性。同时，教师可以根据学生的学习情况和反馈及时调整教学策略，提供针对性的指导和支持，促进学生的个性化发展。

最后，混合式教学为在线开放课程提供了更丰富和有效的教学资源。通过在线平台，教师可以轻松地上传和共享各种教学资源，如课件、视频、文献资料等，丰富了学生的学习内容。同时，学生也可以通过在线平台获取到更多的学习资源，扩展了学习的广度和深度，提高了学习的效果。

二、在线开放课程的协同学习

(一)协同学习及其关系

协同学习是指通过学习者之间的互动、合作和共享知识来实现学习目标的过程。其理论基础主要包括社会建构主义理论和认知建构主义理论。社会建构主义理论认为知识是社会交往和协同活动的产物，学习者通过与他人的互动和合作构建知识；而认知建构主义理论则着重于学习者对信息的主动处理和建构过程。协同学习旨在通过学习者之间的相互作用和合作来促进知

---

① 孙伟.混合教学模式下在线开放课程的建设与应用 [J].电大理工，2024(01)：39.

识的共享和构建，从而提高学习效果。

协同学习与自主学习、合作学习密切相关，但又有所区别。自主学习强调学习者自我管理、自我控制的学习过程，学习者在此过程中独立思考、自主决策，并通过自我反思不断完善学习策略。而合作学习注重学习者之间的协作和相互支持，在小组内共同解决问题、交流思想，并通过互动和讨论促进知识的建构。协同学习则更加强调学习者之间的互动和共享，不仅包括合作学习中的协作过程，还涉及学习资源和知识的共享与交流，强调学习者之间的互助和合作，共同构建知识。

在线开放课程为协同学习提供了更为广阔的平台和更丰富的资源。通过在线开放课程，学习者可以跨越地域和时空的限制，与来自世界各地的学习者进行交流和合作。课程平台提供了丰富多样的学习资源，包括视频、文档、论坛等，学习者可以在此基础上展开讨论、共享心得、互相学习。同时，课程平台也提供了多种协同学习工具和功能，如在线讨论板、协作文档等，方便学习者之间的交流和合作。

总之，在线开放课程为协同学习提供了更加便捷和丰富的学习环境，促进了学习者之间的互动和合作，有助于提高学习效果和学习体验。

(二) 协同学习平台的构建

协同学习平台的构建是为了促进学习者之间的互动、合作和共享，提供一个便捷而有效的学习环境。协同学习平台具有多样化的功能，有助于实现协同学习的目标。

首先，协同学习平台通常提供了在线讨论板或论坛功能，让学习者能够方便地进行交流和讨论。通过发布问题、回答问题、分享观点，学习者可以在平台上展开深入的学术交流，共同解决问题，促进知识的共享与构建。

其次，协同学习平台还提供了协作文档功能，学习者可以在同一文档上实时编辑和评论，共同完成任务或项目。这种实时协作的方式有效地促进了学习者之间的合作和互动，提高了团队协作的效率。

除此之外，协同学习平台还常常包含在线测验和作业提交功能。学习者可以在平台上完成课程作业和测验，并及时得到反馈。同时，教师也可以通过平台对学生的学习情况进行跟踪和评估，及时调整教学策略，提供个性化的指导和支持。

在协同学习平台的设计上，需要遵循一些原则和优化策略。平台的界面设计应简洁明了、易于操作，确保学习者能够轻松找到所需的功能和资源。平台应具有灵活性和可定制性，能够满足不同学习场景和需求。平台的安全性和隐私保护至关重要，要采取措施确保学习者的个人信息和学习内容不被泄露或滥用。此外，平台应不断进行更新和改进，充分利用新技术和功能，提升用户体验和学习效果。

(三) 协同学习在在线开放课程中的实践

首先，通过在线讨论和互动，学习者可以分享自己的学习体会、观点和解决问题的方法。在课程论坛或在线社区中，学习者可以提出问题、分享资源、讨论课程内容，从而促进了知识的交流和共享。同时，学习者之间的互动还可以激发思维，拓宽视野，促进对课程内容的深入理解。

其次，协同学习平台提供了在线小组项目和任务的功能，学习者可以在小组内共同完成任务、讨论问题，通过合作和协作提高解决问题的能力和学习效果。在小组项目中，学习者需要相互协商、分工合作、共同解决问题，这不仅培养了团队合作能力，也促进了学习者之间的交流和互动。

最后，在线开放课程还可以利用协同学习平台提供的协作文档功能，让学习者在同一文档上进行实时编辑和评论，共同完成课程作业或项目。通过这种方式，学习者可以共同构建知识、分享资源，实现真正意义上的协同学习。

协同学习在在线开放课程中的实践不仅有助于提升学习效果，还能促进知识的共享和构建。学习者通过与他人的互动和合作，不仅加深了对课程内容的理解，还提高了问题解决能力和团队合作能力。

三、在线开放课程混合式教学与协同学习的融合

(一) 混合式教学与协同学习的互补性

混合式教学与协同学习的融合在在线开放课程中具有显著的互补性，其相互作用不仅可以提升教学质量，更能够改善学生的学习体验。混合式教

学注重课堂与在线学习的结合，兼顾传统面对面教学和在线学习的优势，为学生提供了更为灵活和多样化的学习体验。同时，协同学习强调学生之间的合作与互动，在知识建构和技能培养方面起到了至关重要的作用。将两者结合起来，不仅可以充分发挥各自的优势，还能够弥补彼此的不足，实现教学效果的最大化。

首先，混合式教学为协同学习提供了更为丰富的学习场景。通过线上、线下相结合的方式，学生既可以在课堂上进行面对面的互动与讨论，又可以在网络平台上进行跨时空的合作与分享。例如，在线开放课程中，学生可以通过线上平台讨论和分享自己的学习心得，同时在课堂上进行案例分析和小组讨论，从而使学习过程更加立体和多样化。

其次，协同学习为混合式教学提供了更为有效的学习支持。在课堂上，学生通过合作完成任务和解决问题，可以充分发挥团队的智慧和力量，提高学习效率和质量。而在线上平台上，学生可以随时随地与同学和老师进行交流和互动，获取学习资源和支持。通过协同学习的方式，混合式教学可以更好地满足学生个性化学习的需求，提供更为全面和精细化的学习支持。

最后，混合式教学与协同学习的结合对于提升教学质量和学生学习体验具有重要意义。在教学设计上，可以采用更为灵活和多样化的教学方法和手段，满足不同学生的学习需求和兴趣特点。在教学实施过程中，可以通过实时监测和反馈机制，及时发现和解决学生学习中的问题和困难。在学习评价上，可以采用多维度和多角度的评价方式，全面了解学生的学习情况和成果表现。通过不断地优化和完善教学过程，可以提高教学质量和学生学习体验，实现教学目标的有效达成。

(二) 混合式教学与协同学习融合的策略

首先，有效整合在线学习平台与实体课堂教学资源。例如，一些在线开放课程通过在课堂上引入在线学习平台提供的资源和工具，如在线讨论论坛、虚拟实验室等，使学生在课堂上能够更深入地探讨课程内容，与同学和老师进行互动。这种整合不仅丰富了课堂教学的形式，还提升了学生的参与度和学习效果。策略上，教师需要精心设计课程内容和教学活动，合理安排在线和线下学习时间，确保两者之间的协调和统一。

其次，建立有效的学习社区和合作机制。在在线开放课程中，学生分散在不同地域，因此建立一个具有活跃性和凝聚力的学习社区尤为重要。一些成功的实践案例通过在在线平台上创建专门的学习小组或合作项目，引导学生之间展开合作学习，共同解决问题和完成任务。通过定期组织线上讨论和互动活动，鼓励学生分享学习经验和资源，促进学生之间的交流和合作。在策略上，教师可以通过设置合作任务、组织学习分享会等方式，激发学生的学习动力和兴趣，推动学习社区的形成和发展。

最后，采用个性化学习和自主学习的教学模式。在混合式教学与协同学习的融合中，教师应充分重视学生的个性化学习需求和自主学习能力，采用灵活多样的教学方法和手段，满足不同学生的学习特点和兴趣需求。例如，一些成功的实践案例通过在在线平台上提供个性化学习资源和任务，让学生根据自己的学习节奏和需求进行学习，自主选择学习内容和学习方式。在策略上，教师可以通过定期开展学习风格和能力评估，设计个性化学习计划，引导学生进行自主学习和自我管理，提高学生的学习效果和满意度。

第五节　在线开放课程的平台教学资源库建设

在数字化时代，建设一流学科是确保一流大学地位的基础。学科的优势与学院的水平之间形成了一种互补互助的关系。随着"互联网＋教育"的兴起，高校逐渐意识到依托现代教育技术深度融合，推动课程教学的现代化是提升教学质量、推动高等教育信息化建设的关键举措。

一、在线开放课程平台的特点

现代教育一般具有学科交叉性强、学习过程自主性强等特点，这些特点与在线开放课程平台的特点高度相似，因此，在线开放课程平台在教育中被广泛应用。近年来，越来越多的院校和机构将课程移至在线开放课程平台，这些平台通常由国际知名高校、专业机构和学术组织主导。

在线开放课程平台不仅提供了接受教育的机会和教育资源，而且鼓励学生通过项目、案例研究和协作实践与应用所学知识。通过平台，学生可以进一步发展自己的思维、创意能力和解决问题的能力，并且能够与来自世界各地的学生建立联系。这有利于形成一个全球化的教育社区，为建设在线开放课程资源库提供有益的借鉴和经验。

在线开放课程平台作为一种新兴的教育模式，通过网络、虚拟现实技术等手段，为全球的学生和教师提供了一个免费获取顶尖大学或知名机构课程的机会。其特点包括全球性、公开性、互动性和自由化，这些特点共同构成了在线开放课程平台的独特魅力和优势。

第一，在线开放课程平台具有全球性。它们允许来自世界各地的学习者参与学习，不受地域和国界的限制。学生可以通过这些平台获得来自不同学科领域的知识和技能，扩展他们的学习视野，促进跨文化交流与合作。

第二，在线开放课程平台具有公开性。平台上的课程资源可以免费访问，学生无须支付费用即可获取参考资料和教学材料。这种公开的教育资源让教育更加普惠，为那些无法获得传统教育资源的学生提供了学习的机会。

第三，在线开放课程平台具有互动性。通过线上平台，学生可以与其他学生、教师和专家进行互动交流，分享经验和思想，共同探讨问题和解决方案。这种互动性不仅丰富了学习体验，还促进了学生之间的合作与学习。

第四，在线开放课程平台具有自由化。学生可以根据自己的时间和节奏进行学习，不受传统教育的时间和地点的限制。他们可以自主选择感兴趣的课程和学习内容，灵活安排学习计划，更好地适应个人的学习需求和生活节奏。

二、在线开放课程平台教学资源库的建设

教学资源库的建设对于促进教育的发展和创新具有重要意义。只有通过持续不断地积累、筛选、整合和共享教学资源，才能更好地满足学生的学习需求和教师的教学需求，为高质量的教育提供持续支持和动力。

(一) 教学资源库建设的重要性

教育领域的发展一直在不断地追求更好的教学方式和资源，而在线开放课程平台的教学资源库建设则显得尤为重要。其重要性主要体现在以下方面。

首先，教学资源库的建设提供了丰富的学习资源。在这个库中，收集整理了大量的教学资源，包括教案、教材、学习资料、实例案例等。这些资源的多样性为学生提供了更广泛的学习选择和内容，满足了不同学生的学习需求和兴趣。无论是教师还是学生，都能够在这个丰富的资源库中找到适合自己的学习资料，从而更好地完成学习任务。

其次，教学资源库支持个性化学习。在这个平台上，学生可以根据自己的学习需求和兴趣，自主选择学习内容和学习方式，从而实现个性化学习的目标。这种个性化学习不仅有助于激发学生的学习兴趣，还能够提高学习效率和学习成果。通过教学资源库，学生可以更加灵活地安排自己的学习计划，根据自己的学习进度和能力选择适合的学习资源，更加有效地学习。

最后，教学资源库促进了协作学习的开展。这个平台不仅仅是学习资源的汇集地，还是学生之间互动交流的场所。在这里，学生可以分享自己的学习经验和心得，交流学习方法和技巧，共同解决学习中遇到的问题和困难。通过共享资源和互动交流，学生之间建立了更加紧密的联系和合作关系，促进了彼此之间的学习和共同成长。

(二) 平台选型和搭建

在线开放课程平台的教学资源库建设是教育领域中一项至关重要的任务。其成功与否往往取决于平台的选型和搭建过程。

首先，平台选型至关重要。在选择合适的在线开放课程平台时，需要考虑到教学的特点和需求。这意味着平台必须具备良好的课程管理和资源管理功能，以便教师能够方便地上传、管理和更新教学资源，学生能够方便地访问和获取这些资源。此外，平台还应提供良好的学习服务和分享体验，以促进教师和学生之间的交流和合作。因此，在选择平台时，教育机构应该对不同平台的功能和特点进行仔细比较和评估，以确保选择到最适合自己需求的平台。

其次，搭建教学资源库是平台建设的关键环节之一。一旦确定了合适的在线开放课程平台，接下来就是在该平台上搭建教学资源库。这一过程需要建立相应的课程和资源分类结构，以确保学生和教师能够轻松地访问和搜索所需的相关资源。通常情况下，教学资源库应该按照学科、课程、主题等方面进行分类，同时还可以根据资源的类型（如教案、教材、学习资料、案例等）进行二级分类，以便用户更加方便地浏览和检索资源。此外，还需要建立良好的资源上传和审核机制，确保所上传的资源符合教学要求和质量标准。

(三) 教学资源的收集和整理

教学资源的收集和整理是建设在线开放课程平台教学资源库的重要环节，它直接关系到平台上所提供资源的质量和适用性。

首先，教学资源收集策略至关重要。教师可以通过多种途径来收集优质的教学资源。可以是教师合作，通过与其他教师的合作，共享各自拥有的优质资源，实现资源共享和互补。可以是调查问卷，通过向学生、教师以及其他相关人员发放问卷，了解他们对教学资源的需求和意见，从而有针对性地收集和整理资源。还可以通过资源征集活动，向广大师生和教育从业者征集教学资源，以丰富平台的资源库，覆盖更广泛的学科领域和专业方向。

其次，教学资源评估和筛选是必不可少的步骤。在收集到资源之后，教师需要对这些资源进行评估和筛选，确保其质量和适用性。评估的标准包括资源的准确性、权威性、实用性以及与教学目标的契合度等。只有经过严格的评估和筛选，才能够确保所提供的教学资源能够真正满足教学的需求，提高教学效果。

最后，教学资源的版权处理是不容忽视的问题。教师在使用教学资源时，必须确保所使用的资源符合相关法律规定，尊重原创作者的知识产权，避免侵权行为。这意味着教师在收集和使用教学资源时，必须注重版权的合法性，并遵循版权法律法规，不得随意复制、修改或传播他人的作品，以免引发版权纠纷和法律风险。

(四) 教学资源的分类和标准化

首先，设计合理的分类体系是非常重要的。根据教学内容和类型，需要建立一个能够覆盖各个学科领域和专业方向的分类体系。这个分类体系应该是清晰、简洁且易于理解的，以便学生和教师能够方便地定位和获取所需的相关资源。例如，可以按照学科分类、课程分类、资源类型等方面进行分类，同时还可以根据资源的特点和用途进行细分，确保每个资源都能够被准确地归到相应的分类中去。通过合理设计的分类体系，可以使教学资源库的组织结构更加清晰和有序，提高资源的检索效率和使用便捷性。

其次，标准化资源的元数据是非常必要的。在将教学资源添加到平台上之前，需要为这些资源添加一些元数据，包括标题、描述、学科分类、关键词等。这些元数据可以帮助学生和教师更好地了解和选择资源，提高资源的可见性和可用性。例如，标题和描述可以简要介绍资源的内容和用途，学科分类可以指明资源所属的学科领域，关键词则可以帮助用户更快地找到所需的资源。通过标准化资源的元数据，可以使教学资源库中的每个资源都具有相同的信息结构和格式，提高资源的统一性和规范性，为用户提供更加便捷和高效的资源浏览和检索体验。

(五) 教学资源的更新和维护

首先，定期更新资源是必不可少的。随着教育和学科的不断发展，新的教学资源不断涌现，旧有资源可能也需要根据新的教学理念和需求进行更新。因此，平台管理者应该定期对现有资源进行审核和更新，并根据用户的反馈意见和需求，及时添加新的教学资源，以保持教学资源库的新颖性和多样性，满足用户不断变化的需求。

其次，维护资源的可访问性和可用性是非常重要的。教学资源只有在能够被用户方便地访问和使用的情况下才能发挥其作用。因此，平台管理者需要确保资源的链接有效、文件可下载，并及时修复资源可能存在的错误或问题，以保证用户能够顺利地获取和使用所需的教学资源，提供良好的资源访问体验。

最后，用户参与及其贡献也是教学资源更新和维护过程中的重要组成部分。鼓励学生和教师参与资源贡献，分享自己的教学资源和经验，不仅可以丰富资源库的内容，提升其质量，还可以增强用户之间的互动和交流，促进共享与合作。因此，平台管理者应该通过各种方式鼓励用户积极参与资源贡献，提供相应的奖励机制和激励措施，以推动教学资源的不断更新和优化。

通过教学资源库建设，可以确立一个高质量、可持续发展的教学资源库，为教育教学提供了重要的支持和保障。这一资源库的建立不仅对教师和学生有着显著的积极影响，同时也为教育的研究和发展提供了有力支持。

对教师来说，这个教学资源库为他们提供了更为丰富的教学资源和教学方法。通过资源库，教师可以获取到来自不同渠道、不同学科领域的优质教学资源，包括教案、教材、学习资料、实例案例等。这些资源的丰富性可以帮助教师更好地设计课程内容、教学方法和评估方式，提升教学的质量和效果。同时，资源库中也可以分享教学案例和成功经验，为教师提供宝贵的参考和借鉴，促进他们的教学水平和授课能力的提升。

对学生来说，教学资源库提供了更多的学习资源选择和支持，促进了学生成长和发展。学生可以通过资源库获取到丰富多样的学习资料和学习方法，满足自己的学习需求和兴趣。同时，资源库中也提供了丰富的实例案例和学习案例，帮助学生更好地理解和应用所学知识，提高学习的效率和成果。通过资源库，学生可以自主选择学习内容和学习方式，实现个性化学习的目标，促进学生的全面发展和成长。

教学资源库还为教育的研究和发展提供了有力支持。资源库收集整理的教学资源能够反映学科领域的发展趋势和研究热点，为教育研究者提供了宝贵的数据和信息。同时，资源库中也可以分享教学实践和案例分析，为教育理论和实践的创新提供借鉴和参考。通过资源库，教育工作者可以及时了解和掌握教育领域的最新动态，促进教育的不断创新和发展。

三、教学资源库的应用与评估

(一) 教学资源的应用分析

第一，个性化教学设计。教学资源库为教师提供了广泛的教学素材，教师可以根据学生的学习特点和兴趣，选择合适的资源进行个性化的教学设计。例如，针对不同学生的学习能力和学习风格，教师可以选择不同难度和形式的教学资源，以满足不同学生的学习需求，从而提高学生的学习积极性和效果。

第二，丰富多样的学习体验。通过教学资源库提供的多样化学习材料和活动，学生可以在课堂以外获得更丰富的学习资源，从而拓展知识面，提高学习兴趣。例如，教师可以通过引入教学视频、互动课件等多媒体资源，为学生提供更直观、生动的学习体验，使学习过程更加生动有趣。

第三，提高教学效率和管理。教学资源库的应用可以帮助教师更高效地组织和管理教学素材。教师可以根据教学计划和学科要求，整理和分类教学资源，使其更加系统化和易于访问。这不仅节省了教师的时间和精力，还提高了教学效率。同时，教学资源库也为教师提供了便捷的资源分享平台，促进了教学资源和经验的交流，实现了教师共同发展。

第四，促进教学创新和改进。教学资源库的使用为教师提供了更多的教学工具和资源，鼓励教师进行教学创新和改进。教师可以通过不断探索和利用新的教学资源，不断改进教学方法和策略，提高教学质量和效果。同时，教学资源库也为教师提供了反馈机制，通过收集学生对不同教学资源的反馈意见，帮助教师进行教学评估和调整，实现教学的持续改进。

总之，教学资源库的应用为教学提供了更灵活、更多样化的教学方式，促进了学生的学习兴趣和效果，同时也提高了教学管理效率和教学质量，推动了教学创新和改进。因此，教学资源库在教学实践中具有重要的意义，应得到更广泛的应用和推广。

(二) 学生和教师对教学资源库的评价

教学资源库作为现代教育的重要组成部分，在学生和教师中都得到了积极的评价与应用。

首先，从学生的角度来看，教学资源库为他们提供了一个便捷的学习平台，这一点不仅在于其丰富的学习资源，还在于其多样化的学习方式和互动形式。通过教学资源库，学生可以以自主的方式进行学习，选择适合自己的学习方式，增加了学习的乐趣和主动性。此外，资源库中提供的丰富多样的学习材料和互动活动也为学生带来了更加生动、有趣的学习体验，激发了他们对知识的兴趣和探究的欲望。更重要的是，学生认为教学资源库有助于提高他们的学习成绩，为他们更好地准备考试提供了支持和帮助。

其次，从教师的角度来看，教学资源库同样得到了充分的认可。教师认为资源库提供了一个集中管理和分享教学资源的平台，这为他们带来了极大的便利。通过资源库，教师可以轻松地获取其他教师分享的优质教学资源，并将自己的教学资源分享给他人，实现了资源的共享和优化。这种合作与共享不仅促进了教师教学水平的提高，也为教学资源的不断更新和改进提供了有力支持。此外，教师们也认为资源库提高了他们的教学效率和质量，他们可以更快速地访问和利用丰富的教学资源，节约了备课的时间，同时也能够更好地根据学生的学习进度和需求进行个性化的教学设计，提高了教学的针对性和效果。

综上所述，学生和教师对教学资源库的积极评价反映了其在教育教学领域中的重要作用和价值。教学资源库不仅为学生提供了丰富多样的学习资源和便捷的学习平台，也为教师提供了一个集中管理和分享教学资源的平台，促进了教育资源的共享和优化，提高了教学效率和质量，进而推动了教育教学工作的不断创新和发展。

四、在线开放课程平台教学资源库未来展望

(一) 教学资源库值得期待的发展与应用

在线开放课程平台教学资源库的发展具有广阔的前景，其应用可望在多个方面实现进步。

首先，资源库的覆盖范围可以持续扩大，涵盖更多学科和领域的学习资源，以满足不同学生的需求。这意味着学生可以在一个平台上获取到更为广泛和深入的知识，不再受限于传统教室的课程设置。

其次，强调个性化学习理念将成为发展的重点，资源库将为学生提供个性化的学习路径和资源。通过对学生学习记录和兴趣偏好的分析，资源库可以智能推荐更加精准和有针对性的学习资源，从而提高学习的效率和质量。

再次，资源库的互动和协作功能也将得到进一步加强，以促进学生之间的合作和交流。资源库不仅是知识分享和合作的平台，还可以为学生提供与同伴共同学习、讨论和解决问题的机会，从而培养学生的团队合作精神和沟通能力。在教学资源库与其他教育科技工具的整合方面，结合虚拟现实、增强现实技术将为学生提供沉浸式的学习体验，而与人工智能技术结合则可以为学生提供个性化的学习辅助和智能评估，从而更好地满足不同学生的学

习需求。

最后，加强与行业和社会的联系是在线开放课程平台教学资源库发展的关键之一。通过与相关行业合作，资源库可以提供实践项目和案例资源，帮助学生更好地了解行业需求和实际应用，为他们未来的职业发展提供更为全面的支持。同时，与社会组织合作开展社会实践和志愿服务活动，也将有助于培养学生的社会责任感和实践能力，使他们成为具有社会使命感的优秀人才。

综上所述，在线开放课程平台教学资源库的发展应用具有巨大的潜力和重要的意义。通过不断扩大内容覆盖范围、强调个性化学习、加强互动协作、整合教育科技工具以及加强与行业和社会的联系，资源库将能够为学生提供更加全面、高效和个性化的学习体验，促进其全面发展和成长。

(二) 教学资源库的进一步发展与改进

教学资源库的进一步发展与改进是教育领域的重要课题，它直接关系到教学效果和学生学习体验的提升。

第一，加强数据分析和个性化推荐是教学资源库发展的关键方向之一。通过收集和分析用户的学习数据，教学资源库可以更准确地了解学生的学习习惯、兴趣和需求。这种个性化推荐功能可以极大地提高学生的学习效率和学习成效。例如，针对不同学生的学习偏好，系统可以推荐更适合其学习风格的教学资源，从而激发学生的学习兴趣，提高学习动力。

第二，拓展跨学科教学资源是教学资源库发展的又一重要方向。现今的教育越来越强调跨学科的学习和能力培养。因此，在线开放课程平台教学资源库可以与其他学科的资源库合作，共享跨学科的教学资源。这种合作可以为学生提供更加多元化和丰富的学习资源，促进不同学科之间的融合，培养学生的综合能力。

第三，提供多样化的学习形式和评估方式也是教学资源库改进的重要方向。传统的教学资源主要包括文字、图像和视频等形式，然而，学生的学习方式和需求各异，因此教学资源库应该提供更多样化的学习形式，如实践性学习资源、虚拟实验和模拟环境等。同时，评估方式也应该更加多样化，不仅限于传统的考试和测验，还可以包括项目作业、实时互动评估等形式，以全面评估学生的综合能力和学习成果。

第四，强调学生参与和自主学习。在教学资源库的进一步发展与改进中，强调学生参与和自主学习是至关重要的。教学资源库不仅仅是一个传统的教学工具，更应该成为学生自主学习的平台。为此，教学资源库可以提供学习管理和自主学习支持的功能，包括学习计划、学习进度追踪、自主学习资源推荐等。通过这些功能，可以激发学生的学习兴趣和主动性，培养其自主学习能力，使其能够更有效地进行学习并掌握知识。

第五，注重师生互动和反馈。教学资源库可以提供在线讨论、问答和反馈机制，促进师生之间的互动和交流。教师可以通过这些工具与学生实时互动，及时提供反馈和指导，从而提高教学质量和学生的学习效果。这种师生互动的方式不仅能够增强学生对知识的理解和掌握，还可以促进学生与教师之间的良好关系，建立起更紧密的学习共同体。

第六，强化虚拟实践环境和工具。通过引入更多的虚拟实践环境和工具，可以帮助学生开展实践和实施项目。例如，通过虚拟现实环境，学生可以利用虚拟仿真、设计建模等技术进行实践学习，提前接触实际的工作场景，增强实践能力。同时，教学资源库还应该支持使用多种软件和工具，让学生能够从中获得实际的经验，培养实际操作能力。

第七，教学资源库的智能化和个性化。教学资源库的智能化使得学习支持更加智能和精准。通过分析学生的学习数据和行为，教学资源库能够深入理解学生的学习特点和需求。例如，系统可以了解学生的学习习惯、偏好、弱项等方面的信息。基于这些数据，教学资源库可以提供个性化的学习支持，如智能化的学习路线规划、有针对性的学习建议等。这样，学生可以更加有效地进行学习，提高学习效率和学习成果。教学资源库的个性化推荐功能为学生提供了更加精准的学习资源。通过分析学生的学习数据和行为，平台可以根据学生的学习特点和需求为其推荐个性化的学习资源。这些学习资源可以包括适合学生学习风格和水平的教材、视频、练习题等。个性化推荐功能可以帮助学生更好地选择适合自己的学习资源，提高学习的针对性和效果。

在实践中，教学资源库的智能化和个性化已经取得了一定的成效。例如，一些在线学习平台利用机器学习和数据挖掘技术，对学生的学习数据进行分析，为其提供个性化的学习建议和推荐。这些功能不仅能够提高学生的学习效果，还能够为教师提供更好的教学辅助和支持。

总的来说，未来建设在线开放课程平台教学资源库的发展方向是多样性、个性化和互动化。通过不断整合和创新，将各种教学资源和技术手段应用到资源库中，可以为学生提供更广泛、更有针对性的学习资源，帮助他们获得更好的学习体验和学习成果。

第五章 智能时代高校在线开放课程建设管理

随着信息技术的迅猛发展，智能时代正深刻地改变着教育领域的方方面面，高校在线开放课程建设便是这一变革的重要体现。在线开放课程不仅打破了传统教学的时空限制，为学生提供了更为丰富多样的学习资源，同时也对高校教学管理提出了新的挑战和要求。本章重点探讨在线开放课程建设的政策、在线开放课程建设的规划设计、过程管理与管理制度。

第一节 在线开放课程建设的政策研究

一、在线开放课程建设政策的目标与要求

(一) 学校管理方面：健全制度体系与配套措施

学校管理部门所制定的规章制度能够控制和引导在线开放课程的发展方向，是促进在线开放课程更好发展的重要因素。国家制定的相关政策对在线开放课程进行了总体规划，各学校在具体执行过程中应当结合本校的实际情况。事实上，在相关政策出台之后，诸多高校纷纷制定了在线开放课程建设实施方案。

结合国家政策与学校内部规章制度，对在线开放课程的建设在学校管理方面的目标定位包括以下两个部分。

1. 健全在线开放课程建设的机制体系，统筹部门开展工作

在建设在线开放课程的机制体系方面，必须做到全面而细致地规划，以确保各项工作有序推进。传统教学模式下，教务处负责教学管理的机构，但随着在线开放课程的兴起，单纯依赖教务处可能会使学校管理变得烦琐。因此，为了更有效地处理在线开放课程的管理事务，有必要设立专门的在线

开放课程管理部门，同时鼓励有条件的学校设立在线教育办公室。这样的安排可以更好地统筹调配在线开放课程的建设工作，并建立相关的管理条例，以保障工作的顺利进行。

在线开放课程应被视为课堂教学的重要补充，因此需要根据本校的实际情况建立相应的管理、激励和评价机制。管理方面，应明确在线开放课程的责任部门，明确各项工作的分工和职责，确保每个环节的顺畅运作。激励方面，可以采取一定的奖励制度，激发教师和相关工作人员的积极性和创造性，推动在线开放课程建设的不断深入。评价方面，则需要建立科学的评估体系，对在线开放课程的教学效果、学习体验等进行定期评估和反馈，及时调整和改进课程内容和教学方式，以确保在线开放课程的质量和效益。

2. 完善相关的配套保障措施

在完善在线开放课程的相关配套保障措施方面，需要政策、经费和技术的全面支持，以确保其顺利发展。

（1）学校管理部门应建立资金支持链，重新分配原本用于各项事务的资金，将部分资金投入到在线开放课程的建设中。由于在线课程制作成本较高，单靠高校无法提供充分的保障，因此需要地方政府提供一定的支持。在此基础上，高校还需加强技术力量，建设优质课程服务共享平台，以提供更好的技术支持和服务。

（2）学校管理部门应建立完善的教师激励机制。由于传统课程与在线课程在教学理念等方面存在较大差异，教师需要在短期内实现教学方式的转变，这可能面临来自自身观念和技术应用方面的障碍。因此，学校必须制定与教师切身利益相关的激励措施，以激发教师的热情和积极性。这些激励措施可以包括提供额外的技术培训和支持，给予教学成果奖励或提升教师职称等方式，以鼓励教师积极参与在线开放课程建设与教学实践。

（二）课程建设方面：优化课程设置与管理模式

根据相关政策的规定，学校的课程建设目标分为两个方面：一是建立完备的课程设置体系，包括课程内容与资源、课程设计等；二是完善课程管理模式，以确保课程的质量和效果。课程设置体系的合理性对于课程建设至关重要，主要体现在课程结构和内容的合理性上。

课程结构的合理性需要确保开设的课程合理有效，课程的顺序和结构安排合理，并且各课程之间有一定的联系且衔接有序。这意味着课程设置应根据学科特点和学生需求，合理确定课程的数量、类型和顺序，确保学生在学习过程中能够系统地掌握知识和技能。

课程内容的合理性要求课程的内容符合课程目标及其培养计划，并且符合学科特征和时代要求。这意味着课程内容应当反映当前学科的前沿知识和最新发展，同时与学生的实际需求和职业发展紧密相连。

网络课程的教学特点决定了对课程的逻辑性、科学性和灵活性有着更高的要求。由于缺少教师对学生学习情况的直接了解，因此需要建立起一种完善的教学链，包括教学、学习、检测、反馈和改进环节。教师应根据学科特点和学生需求，设定每门课程的学时和内容，并通过适当的教学方法和技术手段来促进学生的学习效果和学习体验。

在进行某门课程的教学后，及时进行习题训练以检测学生的学习情况，并根据学生参与课程学习的体验进行及时修正，是确保教学效果的重要举措。为此，学校可以在其网页上展示每门课程的概要、参考学习时间、学习起始要求课程的等级以及参考资源。在学习资源中，设计相应的学习活动、习题和讨论，让学生可以根据自己的学习需求和兴趣自主选择适合的学习方式进行检测，以达到课程设置的合理性要求。

课程的管理是基于在线开放平台进行的，教务处承担着相应的平台运行管理工作。为了确保在线开放课程的有效实施，学校应完善课程管理模式，包括对课程的有效性进行评审、在选课平台发布可供学生修读的在线课程、监督教师定期完善课程信息并更新教学资源、组织学生讨论与反馈、考核学生学习成绩并组织学生网上评教等。这些措施可以使在线开放课程的各环节有序运作，保证教学过程的顺利进行，同时也有助于提升学生的学习体验和教学效果。

(三) 教师教学方面: 改善教学方式与师资团队

教师在在线开放课程中的角色定位对于教学效果具有重要影响。在线教育强调学习者的主动性，教师则应成为课堂的参与者，而非唯一的知识传授者。然而，缺乏教师系统地引导可能导致学习者难以形成结构性的知识逻辑框架。因此，教师在学生自主探讨知识的过程中，需要进行适度的方向引导，使学习者在突破身份限制的基础上实现有意义的学习。

具体而言，教师教学的目标定位包含两个方面：一是教学方式的转变，二是师资团队的建设。在传统课堂中，教师是知识的主宰者和权威，通过讲授知识来建立和学生之间的联系，呈现出单一化的教学模式。而在在线课程学习中，知识不再以教师为唯一权威，更以学生为中心，教师和学生共同参与知识的建构。课堂不再是教师单向传授知识，而是多元系统的学习过程。

因此，教师的角色在在线开放课程中得以扩展和延伸，成为学科的引导者、学习方法的咨询者和目标达成的监督者。教师需要与学生共同探讨、引导学习过程，提供学习资源和指导，同时鼓励学生的自主学习和思考能力。另外，教师团队的建设也至关重要，他们需要具备跨学科的知识和技能，不断更新教学理念和方法，以应对在线教育的挑战和需求，确保在线开放课程的教学质量和效果。

为了满足学习者个性化发展和多样化的需求，培养其自主学习能力的目标，教学方式的转化应以指导为核心，建立反思、加工整合、应用的多元模式。教师的指导是在线开放课堂的核心要素，这一过程包括从学生已有学习水平出发确立学习任务、给予学生一定的反馈和评价、对学生的困惑进行解答。反思和加工整合是通过教师的提问和引导，使学生进行学习内省，构建完善知识体系的过程。在学习新知识的过程中向学生提问旧知识，培养学生反思和自我否定的能力；应用是通过在线教育将知识产出转为技能的关键程序，教师通过结合多媒体技术创设多元化的教学情境，在不同角色体验中逐渐形成将知识转换为实际能力的过程。

在构建师资力量方面，除了教师外，还应包括技术人员和专家组成的专业团队。由于许多教师缺乏专业的信息技术基础，因此在教学中可能会面临一些技术性困扰。为解决这一问题，各学校应配备专业的技术人员，负责对教师进行技术指导，并处理相应的技术性障碍。这样的专业团队可以为教师提供及时的技术支持和解决方案，帮助教师更好地应用技术于教学实践中。

同时，为了保证在线开放课程的质量和有效性，学校还应定期邀请专家组成评审团队，对近期在线开放课程的建设和应用情况进行大数据分析，并提出相应的建议和改进措施。专家评审团队的参与可以帮助学校全面了解在线开放课程的实施情况，发现问题和"瓶颈"，并提供专业的指导和支持，以促进在线开放课程的持续发展和提升。

（四）学生学习方面：重构角色转变与考评机制

网络教学强调学习是学生主动探究知识的过程，学生学习的目的是形成自主化的学习能力。从相关政策强调开放课程的建设主体越发突出高校自主、课程建设加强个性化服务、课程内容由需求旺盛的课程向专业课和公共课转变可以看出，当前的在线开放课程逐渐侧重对学生学习能力的培养和个性化发展的需求。技术的更替带来的是学生获取信息渠道的拓宽，学生在信息提取与获知的速度上常处于领先状态，甚至超越教师。学生不仅是受教育者，也可成为教师的一种"知识资源"，至少在客观上扮演着"知识传递者"的角色，而教师则会在实际上成为学生的一种"教育对象"，至少在客观上被放置于"知识学习者"的位置。

在网络教学的课堂上，教学应以技术创设的虚拟环境中学生主动学习为主体，辅助传统课堂教师的指导，实现双向互动。学生往往对于自身擅长的知识兴趣浓厚，在共同探究知识的教育教学场域内，如能充分给予学生"反客为主"的机会，尊重并释放其话语权，不仅有利于学生学习主体地位的确立，更有利于学生对知识结构的反思。在此基础上，各高校应建立科学的学业考评制度，激励学生形成主动学习的习惯。

完善的学业考评制度包括学习评价体系和学分认证管理制度两个部分。

首先，学生主动性地位在教学过程中表现为学生主动探究知识。例如，教师通过多媒体技术创造真实的体验环境，为学生提供主体角色体验，并在与他人的交流中汲取经验。同时教师引导学生将所学习到的知识运用到解决具体问题之中，实现学生非智力能力的提升。这就要求对学生的学习评价应当侧重过程性评价，即对学生在课堂上的表现进行评定，并将所得分数作为本科目最终成绩的组成部分，以过程性考核和终结性考核相结合的方式取代传统教育中单一以期末考试成绩进行评定的方式。

其次，针对在线开放课程学分认定制度存在诸多问题的现状，相关政策指出要建立健全学分认证管理制度。各高校应当建立学分认证标准，将通过本校认定的在线课程纳入培养计划中，制定学分认证的细则，建立不同高校的学分转换体系。

建立高校内部的学分认证是为了激发学生进行在线课程学习的兴趣，而建立校际学分互换是为了鼓励各高校形成在线课程联合机制，实现优质课程的共享。

二、在线开放课程建设政策实施的改进优化

(一) 在线开放课程政策内容的调整策略

1. 在线开放课程政策的目标设定明确清晰

教育政策目标是在发现教育政策问题之后，依照政策制定的原则做出的选择。作为政策执行环节所要达成的终极任务，政策目标在整个政策制定、政策执行直至政策评价过程中都起到了重要的导向作用。因此，必须要科学全面地把握政策，这样才能掌握不同时期在线开放课程的发展方向。对政策目标进行调整是依据教育政策动态发展的要求而做出的科学确立，符合在线开放课程发展的时代特征。

从微观层面来看，政策的目标、对象与手段是政策构成的三要素，目标明确是达到政策标准的基本要求。而从目前的在线开放课程已有政策来看，政策的目标在大部分文件中并没有以专门的段落进行说明，因此有必要对其进行细化与完善。教育政策问题并不是一成不变的，而是伴随相关影响因素的改变而产生差异，这就需要定期根据政策问题的改变对政策内容进行调整。教育政策调整是实施一定时期后的"再制定"与"再执行"过程，是对政策目标进行完善的过程。伴随着信息技术的日益进步，在线开放课程在试点的基础上进行全面推广，并逐渐实现高质量发展。故而，在线开放课程的政策目标应当符合新时期在线课程发展的客观需要，并在此基础上不断完善。教育政策目标伴随着教育政策需要解决的问题和对象的变化而改变，而政策问题的改变除了受客观因素的影响之外，还会受到人们主观认识的影响。随着执行者与利益相关者对政策性质与内容的深入解读，逐渐对教育政策目标形成新的认识，发现一些问题与不足，从而提出主观性的政策调整要求。

已有在线开放课程的政策目标主要围绕高等教育改革、全面提高教育教学质量及学习者个性发展等方面。这些政策目标从宏观层面对在线开放课程的发展做出了规划与要求，但是这些目标并不十分具体，难以有效地对政策的执行提出明确方向。加之新形势下在线开放课程主要是以高校为主体进行建设，致使政策问题呈现出一定差异性。因此，应当将在线开放课程的政策目标进行细化，并在已有政策目标的基础上对其进一步完善。

（1）在线开放课程应当加强对学生学习能力的培养。在线开放课程的发展应当重视对学生学习能力的培养，这是在高等教育中不可或缺的一部分。高等教育的终极目标是培养德、智、体、美全面发展的社会主义建设者，而学生的学习能力是实现这一目标的基础和保障。随着教育教学的不断发展，学生学习能力的培养已成为教师日益关注的焦点。学生的学习能力包括掌握学习的方法与技巧，以适应不同的教学模式，满足专业知识发展的需要。在在线课程模式下，对学生学习能力的要求更为突出。在线开放课程强调学生在教师的指导下进行自主学习，通过主动建构知识来实现专业发展。相较于传统课程，在线开放课程更注重培养学生的学习能力。学生通过独立思考获得对知识的独特理解，并在这一过程中形成自己的学习方式，为提高学习能力奠定了基础。因此，在线开放课程政策应当加强对学生能力的培养，并将其纳入政策实施目标中，以确保政策目标的明确性和可操作性。这包括在课程设计和教学实践中注重培养学生的自主学习能力，提供丰富的学习资源和支持，激发学生的学习兴趣和动力，从而实现教育的有效实施和学生能力的全面提升。

（2）在线开放课程应当以树立品牌优势、提高某一学科的影响力为目标。随着首批国家精品在线开放课程名单的出炉，各高校对在线课程的建设工作日益重视。在线开放课程的发展已经进入了以一批优秀课程带动其他课程发展的阶段，并且取得了一定成功。然而，在这一发展过程中，也出现了一些与传统课程产生冲突的情况。一些管理者指出，当前在线开放课程在课程设置、管理模式、教学方式和评价机制等方面与传统课程存在差异。因此，在新的发展阶段，如何平衡传统课程与在线开放课程的关系成为一个重要问题。在进一步发展的过程中，应将在线开放课程的发展目标定位为树立品牌优势、提高某一学科的影响力。在当前，在线课程的发展已经由单一化向多样化转变，这意味着不同学校的在线开放课程建设应在统一的标准下发挥自身的品牌特色。通过打造独特的课程特色和教学风格，不仅可以提升学校整体的声誉和影响力，还可以推动优势学科的发展。例如，一些学校可以借助在线开放课程平台展示其在某一学科领域的研究实力和专业水平，从而提升该学科的影响力和竞争力。

因此，在在线开放课程的发展过程中，应注重传统课程实践与在线课程特色的结合，以树立品牌优势、提高学科影响力为发展目标。这不仅有助于解决传统课程与在线开放课程之间的冲突，还可以促进教育资源的共享与优化，推动教育事业的持续发展。

（3）在在线开放课程的建设中，高校作为主体承担着重要责任，但国家也应加强引导和协调，以实现教育公平为目标。在线开放课程建设依赖信息技术的发展，然而，当前由于地区发展水平的不同，导致信息技术的差异性存在，进而造成了在线开放课程建设在硬件设施方面的投入不均衡，加大了地区间的发展差距。在线开放课程的初衷是通过跨越时空限制，扩大优质教育资源的覆盖范围，但是地区经济差异却无形中扩大了这种差距，增加了实现教育公平的难度。因此，国家需要从政策层面进行宏观规划，对不同地区的发展需求进行细致区分，制定差异化的政策措施。同时，鼓励不同高校根据当地实际情况制定灵活的发展目标，以促进教育均衡化发展目标的实现。

为实现教育公平，国家可以采取一系列措施，包括加大对信息技术基础设施的投入和支持，提升教育资源共享和互联互通水平，促进地区间的资源均衡配置。同时，还可以通过财政支持、政策激励等方式，鼓励高校加强在线开放课程建设，推动优质教育资源的均衡分布，实现教育资源的共享和公平利用。

2.在线开放课程政策的原则选择全面均衡

教育政策的原则是指导教育政策制定、教育政策执行与教育政策评价的标准选择，能够有效预防政策执行偏离正确的方向。教育政策的制定应当遵循以下原则。

（1）教育政策的制定应当遵循效益原则，即应根据社会实际情况，制定符合经济、政治、文化和教育发展需要的内容，并且能够抓住良好的时机进行修订，以适度的政策目标作为激励。对于在线开放课程而言，现已进入全面管理与发展的阶段，实现高等教育的内涵式发展成为新的要求。此时，为信息技术与课程的深度融合提供了新的契机，因此在线开放课程应当以提升人才培养质量为目标。

在制定在线开放课程相关政策时，应充分考虑社会实际需求和发展趋势，结合国家的经济、政治、文化和教育发展情况，确立符合时代要求的政策内容。政策制定者需要抓住时机，及时进行修订和调整，以确保政策的有效性和可持续性。同时，政策目标应合理适度，既能够激励各方积极参与，又能够实现在线开放课程的长期发展目标。

在线开放课程作为高等教育的重要组成部分，其发展应紧密围绕人才培养质量的提升展开。政策制定者应加强对在线开放课程建设的引导和支持，推动信息技术与教育教学的深度融合，提升课程质量和教学效果。同时，还应注重在线开放课程的评估与监管，确保其符合教育质量标准，为人才培养提供优质的教育资源和学习环境。

（2）教育政策的制定需要遵循统筹原则，即全面分析教育政策问题，厘清各个部分与要素的关系。这一原则不仅适用于传统教育政策，也适用于新兴的在线开放课程建设。在线开放课程的发展涉及诸多方面，包括在线课程平台的选择、课程资源的知识产权问题等。在线开放课程建设需要仔细选择适合的在线课程平台。选择合适的平台涉及平台的技术支持、用户体验、安全性等多方面考量。政策制定者应该审慎评估不同平台的优劣，并制定相关政策以确保选用平台的质量和可靠性。在线开放课程建设也必须考虑课程资源的知识产权问题。课程内容可能涉及不同作者、机构的知识产权，因此需要对版权问题进行明确的规定。政策制定者应该倡导并确保课程资源的合法使用，同时尊重知识产权，保护作者的权益。

当前在线开放课程建设需要建立平衡机制，对不同课程类型的版权进行区分，在保证利益不受损的基础上实现资源的共享。这意味着政策制定者需要明晰界定哪些课程内容可以共享，哪些需要受到严格保护。只有在平衡利益的前提下，才能实现在线开放课程的可持续发展和资源共享的目标。

（3）教育政策的制定在确保教育体系持续发展的同时，也需要考虑到未来可能出现的新问题和新趋势。为此，教育政策的制定应遵循弹性原则与科学性原则，即具备预见性和超前性，并且参考多方意见，保持全局意识。

教育政策需要具备一定的预见性与超前性。随着社会的不断发展和科技的进步，教育领域面临着日益复杂的挑战和变革。在线开放课程作为一种新兴的教学模式，将继续成为教育发展的趋势。但同时，它也将面临新的教育问题，如教育资源的优化利用、学习者的个性化需求等。因此，在制定教育政策时，必须具备发展的眼光，对可能出现的问题进行提前的分析和预测，以便及时采取相应的政策措施。

教育政策的制定不应只参考专家团体的意见，还应广泛征求其他群体的意见，坚持全局意识。教育政策的制定涉及广泛的社会利益和各方利益的平衡，因此必须充分考虑到不同群体的需求和意见。只有通过多方参与和意见交流，才能制定出更加科学和全面的教育政策，确保政策的有效性和可行性。

在今后一段时期内，在线开放课程仍然会是教学发展的主要趋势之一。因此，教育政策制定者需要以发展的眼光对可能出现的问题进行分析，并辅之相应的政策原则。这包括对在线课程平台的选择、课程资源的管理、学习者的需求等方面进行全面考量，制定出能够促进在线开放课程发展的政策措施，从而推动教育体系的持续改进和发展。

（4）坚持差异性的原则。即对于不同的学校与地区的在线开放课程发展，以不同的标准进行规范。①需要对当前在线开放课程的总体发展情况进行评测，划分出不同的发展等级；②对在线开放课程整体发展较好的学校设立较高的标准，从对量的重视转向对质的重视。例如，对精品课程的建设由单一的科目向多元化转型，以优势学科带动其他学科的发展，并提升对精品课程的评选质量要求。对原本在线开放课程的发展处于较低水平的学校而言，下一阶段的主要任务是提高在线课程的数量，并且加强对优质在线开放课程的建设经验进行学习。以差异性原则指导在线开放课程的政策内容设置，能够有效考虑地区间与学校间的差异，提高对资源的利用效率。

（5）建立平衡机制，对在线开放课程的课程资源版权进行保护，是确保教育资源共享和知识产权保护的重要举措。在线开放课程通过网络平台进行展示和共享，虽然为教育资源的广泛传播提供了便利，但也存在着一定的利益受损问题，特别是在版权方面。针对在线开放课程的分享、运用、扩散等行为，应建立相应的网络知识产权保护机制。这一机制需要明确规定在线开放课程中涉及的知识产权问题，包括但不限于课程内容的版权、教学资源的版权等。通过制定具体的规定和法律条款，对侵权行为进行惩戒，保护教育资源的合法使用和知识产权的合法权益。针对不同类型的课程，应设立不同的版权认定标准。在线开放课程涵盖了各种不同领域和类型的课程，因此在版权认定上需要根据具体情况进行区分和处理。政策制定者可以在统一的政策指导下，制定出针对不同类型课程的版权认定标准，以确保版权保护的公平和合理性。

除了在政策层面进行规定外，还应制定一系列的方法和措施来保护在线开放课程的教学资源和技术。这包括技术手段的应用，如数字版权管理技术等，以及加强教育资源的管理和监督，确保在线开放课程的内容和技术不受侵害，同时促进教育资源的共享和利用。

(6) 在课程建设中以学生的需求为本。①教育政策的科学性原则要求政策内容的制定不仅要以专家团体的意见为主，同时也要听取其他利益相关群体的呼声。学生作为在线开放课程这一教学模式的直接受益者，其对学习效果的满意程度直接反映了在线开放课程的实施状况。因此，应当以学生对课程和教学的需求为课程建设的出发点，将学生对课程的要求纳入课程设置体系中，使在线开放课程能够贴近学生的实际情况。②响应学生的需求成为教育教学发展改革的趋势，以学生为中心的教学思想逐渐成为主流，不仅在传统课堂中日益成为变革的重心，同时在网络教学中也日渐突出。实际上，在线课程建设以学生为中心的原则体现了在线开放课程发展的必然趋势，这符合教育改革的方向。

3. 在线开放课程建设以学生为中心原则

教育政策蕴含丰富的内容，其中政策的重点任务是一个阶段内亟待解决的问题。这些重点任务源于教育政策设计的相关问题，受到政策环境因素的影响。正如制定教育政策的目的是改变教育现状，实施重点政策任务就是在教育政策环境改变的情况下做出适宜的方案调整。从政策执行到政策效果监测，再到政策调整这一过程中，政策实施重点任务的确立是在对政策执行过程进行分析的基础上做出的科学选择，更是不断完善的过程。在政策制定过程中，重点任务的设定是依据政策目标所做出的预设性判断。就在线开放课程来说，当前政策中的重点任务主要包括建设具有代表性的在线开放课程及公共服务平台；对人员进行培训及完善学分认定与管理制度。这些任务都是从课程的建设与管理层面出发，将课程作为核心要素，但是在实施过程中却忽视了教学过程的相关要素，需要对其进一步完善。

对于在线开放课程的政策内容而言，所涉及的重点除了当前政策中的相关任务之外，还需对提出具体的改善措施与方案。

（1）在线开放课程应当建立灵活多样的课程管理模式。伴随着在线开放课程进入全面建设与管理的新阶段，课程内容逐渐多样，涉及不同学科、不同类型的多门课程。课程的日渐丰富说明在线开放课程的发展取得了良好的成效，但是同时也使面临的问题更加复杂。当前在线开放课程不同学科的管理方式并没有进行区别化的设定，教学大都采用碎片化形式，并没有根据学科的特点而设置不同的方案。然而实际教学中，不同的学科，其内涵不同，如文科类的课程更看重学生对于问题的理解及思考问题的方式；理科类的课程则看中学生的动手能力与思维模式，并能够解决实际问题。可见，应当对不同类型的课程进行划分，根据学科特性设置不同的管理模式。

（2）建立健全课程监督管理机制。在线开放课程的实施涉及人力和物力等诸多因素，任何一方面出现问题都会影响课程继续发展。当前，诸多在线开放课程建设中面临的问题都难以得到及时解决，主要原因就是缺乏全面的监管机制，很多问题无章可循，缺乏专门的机构采取科学的措施进行处理。因此，在进一步的调整中应当设置专门的管理机关及人员，对在线课程的实际应用情况实行跟踪监测和综合评价，保障课程的建设质量和使用效率。

（3）促进教学手段的改革与更新。在线开放课程区别于传统课程的最大优势在于其教学过程以学生为主，充分尊重了学生的主动性与积极性，在促进学生个性化发展方面具备独特优势。然而，当前部分在线开放课程教学方式趋于传统化，为知识点的教授与学习能力的培养增添了难度。教学手段的选择作为教学过程的重要环节，对教学目标的实现起到了至关重要的作用。因此，在政策的重点任务中有必要强调教学手段的革新，发挥现代教育技术的作用，在交互学习中培养学生的自主学习能力。

（二）在线开放课程政策执行的改进策略

教育政策执行是指政策的执行者依据政策指示与要求，为实现政策目标、取得预期效果而不断采取积极措施的动态行动过程，这一动态过程包括对执行中存在的问题进行反复修正、完善政策执行的各个环节等。

1. 提升对在线开放课程政策的科学认知

要保障在线开放课程相关政策的顺利开展，首要环节是确保教育政策执行者对政策内容形成科学的认识，在充分解读政策内涵的基础上，了解在线开放课程建设的重要意义。在线开放课程之所以在执行中产生了许多问题，最主要的原因是相关教育政策执行者缺乏对政策的清晰认知，给政策的顺利实施带来了阻碍。在线开放课程政策的执行者包括行政人、实施人和对象人。其中，行政人是指各级教育行政部门的执行者；实施人是指学校的管理人员和教师；对象人包括教师、学生以及其他利益相关群体。

（1）行政人作为将政策由国家传达到地方的主要执行团体，对政策内容的理解程度直接影响了下级机关的实施效率。对于行政人而言，应当对在线开放课程的政策内容进行深度学习，并进行不同层次的解读，出台相应的文件以示具体的说明。例如，在线开放课程政策中涉及学分互换与认证机制，行政人应当根据各地实际情况，对具体可以互换的高校及认证和互换的课时要求进行细致解读，并对在学分管理过程中可能产生的问题进行说明，使政策从宏观到具体，不同的问题都有章可循。行政人应加大在线开放课程政策的宣传力度，对在线开放课程涉及的管理权限问题、教育行政部门与学校的关系等问题进一步明晰，对政策适用的对象进行相应的规定。例如，将在线开放课程所涉及的教学内容的管理权完全交给高校，但是涉及监管机制、网络条件等依托学校本身力量难以实现的部分由行政部门进行。实现分层管理，在以高校为主体的基础上真正实现政府支持。

（2）实施人和对象人作为高校内部的政策执行者，应积极进行政策学习和传达，并从以下两个方面加以落实。

第一，积极主动地学习相关政策内容，主动探寻在线开放课程对于高等教育改革的积极意义。于管理者而言，在线开放课程是促进高校转型的良好时机，是在信息化背景下实现教育教学改革的机遇，管理者应当抓住时机，对相关政策的内容进行深入学习。于教师而言，在线开放课程的发展对他们提出了新的要求，如教学方式的转型、教学技能的完善、教学思想的丰富及师生关系的改变等，但同时也是一次实现自身更好发展的时机。教师应加强对在线开放课程政策中涉及教学内容的部分进行深入解读，努力促进教学转型。于学生而言，在线开放课程有助于自身学习能力的提升、学习角色的转变与学习技能的丰富，学生应积极响应在线开放课程发展的号召，充分认识政策中与学生学习相关的内容。

第二，从实际出发，采取灵活多变的方式执行教育政策。实施人要将政策内容与本校的实际情况结合起来，在遵循政策相关原则的基础上，根据不同的条件贯彻落实，提高政策的可执行性。例如，精品课程建设问题，一些原本发展较好的高校可以适当提高课程质量，而原本在线开放课程发展较落后的高校应当增加课程数量。对象人则应当在学校管理者的领导下，积极配合政策的执行，保证政策的顺利实施。

2. 改进在线开放课程政策实施的保障系统

对在线开放课程实施全程监管是促进政策内容更好落实的基础。建立健全在线开放课程的管理体制应当从课程资源的筛选、与课堂学习的结合、教学过程的检测、教学效果的评价等方面进行。

（1）在线开放课程应当加强对课程资源的筛选与管理工作。当前，在线开放课程资源的来源问题并没有得到有效解决，很多学习者在课程的选取上并没有占据完全的主动权，导致学习者开展在线课程学习具有较大的盲目性。高校要对网络课程的来源进行选择，过滤质量较低的课程。同时出台相关的规章对选取课程的标准进行规定，公布课程学习所要达成的目的与效果，并且将适合本校学生学习的在线课程公布于学校的网站上，为学生选取在线开放课程提供参考。

（2）在线开放课程要处理好与传统课堂学习的关系，协调二者之间产生的冲突。目前，由于在线课程与传统课程在学习方式、师生关系、课程内容等方面存在冲突，传统课程还未给个性化的在线课程学习留下足够的发展空间，导致在线课程的学习不够完全。因此，学校应制定在线开放课程学习的奖励政策，鼓励学生积极参与在线课程的学习。此外，对在线课程和传统课程可能产生的冲突进行调节，如将两者的优势进行结合，即把学生主体的思想引入传统课程中，将传统课堂师生交互运用到在线课堂中，促进知识的创新。

（3）在线开放课程教学过程的有效监督至关重要。当前，在线开放课程的教学过程中出现了多种问题，因为没有及时纠正而影响了学习进程。本书建议学校建立专门的在线课程管理部门，配备包括技术人员、专家及有经验的教师在内的专业团队，根据以往的教学经验和教学案例，对教学中遇到的不同问题进行分析，并辅以相应的解决方案。在教学实践过程中，教师可以此为参考，减少因处理不及时而造成的问题。此外，应当建立学校在线开放课程平台。该平台定期对教学效果的评分进行公布，对评分较高的课程给予一定的物质奖励，并对评分较低的课程建议停课调整。

（4）在线开放课程的学分认证与管理应当根据学生学习的需要进行具体规定。当前学生选择在线课程的学习动机并不是完全为了获取学分，也有出自个人兴趣及提高自身知识储备的需要。所以，学校的在线课程平台理应根据学生的需求进行划分：一是完全出于学习兴趣的学生，在网络平台选择在线课程后不用完成期末考试，中途退课也不会受到相应的惩罚；二是以获取学分为目的的学生，在平台中选择相应的课程后，要按时完成课程的学习、提交课程作业，并且要通过考核才能获得学分。对不同类型的在线课程学习形式进行分类管理，有利于满足不同学习者的需求，促进在线开放课程的多样化发展。

3. 完善在线开放课程政策执行的依据体系

当前在线开放课程相关政策较少，而在有限的政策体系之下，没有完善的规则对关于在线开放课程建设与发展的相关要素进行约束。例如，在线开放课程政策对课程学分的认证与管理问题进行了简要说明。但是在当前网络课程逐渐实现跨校跨区域协调发展的背景之下，学分的认证与管理工作也变得逐渐复杂，需要对不同的情况采取不同的方式规范，这样才能针对学校内部、学校之间与区域之间的差异做出选择。细化规范措施需要加强在线开放课程配套政策建设，具体包括规范课程建设标准、完善教师激励机制、细化学分认定与管理体系等方面。

（1）在线开放课程建设标准应当从教学内容与课程结构两个方面进行完善。其中，教学内容包括视频、教学资料、课堂交流与互动、课后作业与测验考核等，各高校应当在不违背政策原则的基础上出台学校内部的规章制度，进一步细化教学内容。具体而言，对视频的技术要求、拍摄要求制定标准，对教学资料的范畴进行划分，对课后测验的题型与考核方式统一规定。

（2）学校应当出台具体的教师激励措施，其奖励方式可以根据教师教学课程的数量、教学效果及学生对教学的评价进行衡量。比如，对在线开放课程取得良好教学效果的教师奖励比普通教师多两倍的奖金，并进行精神激励，对表现优秀的教师进行表彰。同时妥善安排解决好教师的其他问题，免去他们的后顾之忧。

（3）高校应当对在线开放课程的学分认定细则作出详细规定。对高校内部的课程按照课时数与是否进行考试做出区分，其中课时数较高且期末进行考试的课程能够获取的学分较多；课时数较少并且期末进行考核的课程能够获取的学分较低，而那些不需要考试或考核的课程则不能获得学分。学分的高低需要以课程的难易程度和课时量来决定。

对于跨校获取学分的情况，可以在不同高校之间建立学分认证平台，在网络上进行学分申请和期末考核。各高校形成相互合作的优质课程分享系统，满足学生不同的学习需求。总之，完善配套的政策能够针对具体问题进行细致分配，有利于形成完善、细致的政策体系，使政策问题有法可依、有章可循。

4.优化在线开放课程教学的实践价值

优化在线开放课程教学的实践价值是推动教育教学模式改进，满足学生个性化发展需求的关键举措。当前，尽管在线开放课程已经成为教育领域的一种重要发展趋势，但在课程内容选择和教学过程生成等方面，仍未充分以学生为本。因此，执行在线开放课程政策时，需要加强课堂教学形式的转型、教学策略的多元建构以及教学评价侧重实践能力等方面的策略实施。

（1）在线课堂教学形式应与传统教学区分开来，将学生置于主体地位。在线开放课程需打破传统师生角色的局限，建立起共建自我认知体系的学习模式，使学生成为主体，教师则充当主导者的角色。这种模式促进了学习者间的互动与共享，形成了互教互学的学习共同体，从而提高了教学效果和学习体验。

（2）教学策略的选择应由单一走向多元，教师的角色得以扩展和延伸。教师不再是传统意义上的知识传授者，而是成为学科的引导者、学习方法的咨询者和目标达成的监督者。教学策略应转向学生中心的选择导向，注重激发学生的学习兴趣和主动性，提供多样化的学习资源和活动，以满足不同学生的需求和潜能。

（3）在教学评价方面，应更加侧重于实践能力的培养。传统的考试评价模式往往偏重于对知识的记忆和理解，而忽视了对学生实际能力的评价。在线开放课程应借助现代技术手段，设计多样化的评价方式，如项目作业、案例分析、实践操作等，以全面评价学生的能力和表现，从而更好地促进学生的综合素质发展。

学生实践能力的培养无疑是将理论的学习和解决问题的能力进行结合的有效方式。一方面，理论的习得有助于科学的学习理念与方法的掌握；另一方面，实践能力的培养囊括了学生的品行道德、思维方式、情感态度等各方面的发展。在在线课程中，教师应当加强实际案例的引入与讨论，让学生在思考与讨论的过程中发掘自身潜力，在平等交互的课堂场景构建学习共同体，促进主体意识的觉醒和反思重构以及学生的全面发展。

5. 推动在线开放课程的特色建设与持续发展

教育政策的执行应该遵循灵活创新的要求，在不违背政策原则的基础上，根据实际做出选择。不同的高校，其教育发展水平不同，需要进一步具体规划。在全面建设与管理在线开放课程的阶段，国家提出高校主体、政府支持的发展要求。

（1）高校应当发挥主导作用，促进在线开放课程的特色建设。

第一，各高校需要解决在线开放课程的经费投入、硬件设施、师资队伍建设等问题。高校应当对教育经费进行合理规划，建立专款专用机制。

高校有必要转变经费投资结构，将适当的经费投入在线开放课程教学中，为在线开放课程硬件设施的建设创造资金基础，并抽出部分资金用于奖励表现优异的教师。同时，高校应当加强师资队伍建设。目前从事在线开放课程的教师仍然会因技术问题而阻碍教学进展，这就需要高校建立一支专门的技术与教学团队。其中，技术团队负责在线开放课程的录制、剪辑及后期的制作工作；教学团队由具有丰富教学经验的主讲教师和助教组成，教师主要负责课程内容的讲解，助教则根据需要，在学生讨论与测验等环节进行操作上的协助。

第二，在课程建设方面，高校应结合自身的学科优势，形成独具特色的在线课程。伴随"双一流"建设的高等教育发展趋势的加深，一流学科的评选成为衡量优质学科的重要标准。在高等教育教学改革背景下，将一流学科与在线开放课程相结合能够有效发挥优质资源的影响力度。例如，具备一流学科条件的高校可以将优秀课程上传到网络平台上，供其他高校学习与借鉴。不同的学校在自身优势学科的基础上发展在线开放课程，形成特色优势，促进在线开放课程形成一个完善的课程系统。

(2) 国家应提供相应的支持体系，为在线开放课程的持续发展提供条件。一是各地政府应当对经费紧张的高校给予一定的帮助与支持，进行资金与硬件设施的扶持和教师团队培养的协助，使相关高校的在线开放课程建设不受到资金与技术的限制；二是国家应当在权衡地区发展差异的基础上形成帮扶制度，引导在线开放课程发展水平较高的高校对较弱的学校进行扶持，在技术与课程建设上进行帮助。此外，采取优秀教师流动协助制度，鼓励其对部分高校教师进行教学方式的指导，促进在线开放课程的持续性发展。

第二节　在线开放课程建设的规划设计

一、在线开放课程建设规划设计的类型

规划的基本意义由"规"(法则、章程、标准、谋划，即战略层面) 和"划"(合算、刻画，即战术层面) 两部分组成，"规"是起，"划"是落；从时间尺度来说侧重于长远，从内容角度来说侧重于战略层面，重视指导性或原则性。规划是融合多要素、多人士看法的某一特定领域的发展愿景，即进行比较全面的、长远的发展计划，是对未来整体性、长期性、基本性问题的思考、考量和设计未来整套行动的方案。

在线开放课程建设规划设计一般是指五年或更长远的在线开放课程建设发展计划方案，一般是由学校或上级主管部门总结前一期规划取得的成绩、经验做法、存在的问题和不足，面临的形势与要求等，着眼教育教学领域建设发展和人才培养需要，对规划期内的在线开放课程建设的指导思想、发展目标、遵循的原则、思路举措、任务要求等进行全面战略谋划和设计，形成具有指导意义的行动方案。

在线开放课程建设规划设计是教育机构或组织为了有效管理和发展其在线学习资源而制定的重要策略之一。通常情况下，这些规划被分为不同类

型，以便更好地实现其目标和愿景。其中，常见的类型包括五年规划、十年规划以及长远规划。

首先，五年规划是指在未来五年内，教育机构或组织制定的具体目标和策略。这种规划通常侧重于短期内实现可量化的目标，如增加在线课程数量、提升学习资源的质量、提高学习者的参与度等。五年规划的制定通常涉及对当前资源和需求的评估，以确定未来发展的方向和重点领域。

其次，十年规划则是针对更长时间跨度的规划，旨在实现更加长远的目标和愿景。这种规划通常更加综合和深入，涉及更多的战略性考量和长期发展方向。在十年规划中，教育机构或组织可能会考虑更广泛的因素，如技术发展趋势、教育政策变化、市场需求等，以确保其在线开放课程在未来长期内保持竞争力和可持续性。

最后，长远规划是对未来更长时间跨度的规划，通常超过十年。这种规划更加宏观和战略性，旨在应对更广泛的未来挑战和机遇。长远规划可能涉及更深入的趋势分析、产业预测以及教育领域的长期发展趋势，以便为教育机构或组织提供更加全面和可持续的发展路径。

不同类型的在线开放课程规划各有其特点和重点。五年规划侧重于短期内的具体目标和策略；十年规划考虑更长时间跨度内的发展方向和战略性考量；而长远规划则是对未来更长时间跨度的宏观战略规划。这些规划类型的制定，有助于教育机构或组织更好地应对未来的挑战和机遇，实现其在线开放课程的长期发展目标。

二、在线开放课程建设规划设计的要点

无论是在线开放课程的短期计划还是长远规划，都应把科学发展的要求体现到目标制定、发展重点、体制机制、考核评估等各个方面，并注重把握好以下六个方面。

(一) 坚持实事求是

在制订在线开放课程规划设计时，坚持实事求是原则至关重要。实事求是意味着要以实际情况为基础，深入探究事物内部的联系和发展规律，真正理解事物的本质。这一原则不仅是各项工作的基础，也是在线开放课程规

划设计的灵魂所在。

首先，制订在线开放课程规划设计需要充分理解和把握上级的指导精神，确保与上级的政策和规定保持一致。这意味着要对相关政策文件进行深入研究，理解其中的精神内涵和实施要求，确保在线开放课程规划设计与之相符合。

在制订在线开放课程规划设计时，既要确保任务的充实，有针对性，又要具备可操作性。这意味着规划设计不能停留在空泛的口号和理论上，而是要具体到实际行动，明确每个环节的具体实施方案和措施，确保可以落实到实际操作中去。

此外，在制订在线开放课程规划设计时，还要注意避免目标过低或者好高骛远的情况发生。过低的目标会导致缺乏挑战性，难以激发教师和学生的积极性和创造性；而好高骛远则可能导致脱离实际，无法实现。因此，在制订在线开放课程规划设计时，需要合理设定目标，确保既有挑战性，又符合实际可行性。

坚持实事求是原则是制订在线开放课程规划设计的基础和核心，只有充分理解和把握实际情况，与上级指导精神保持一致，结合自身实际情况，量力而行，确保任务充实有针对性且具备操作性，避免目标过低或好高骛远，才能制订出切实可行的在线开放课程规划设计方案，推动在线开放教育事业的持续健康发展。

(二) 注重延续创新

在线开放课程规划设计的另一个要点是注重延续创新。新的规划往往应该是上一个规划的延续，特别是某些在线开放课程类型，比如 SPOC (小规模私人在线课程)，一直是高校在线开放课程开发建设的重点方向之一。因此，在制订规划时，需要注重规划的连续性和衔接性，既要顾及过去的成果，也要展望未来的发展。

首先，要做到"顾后""瞻前"。这意味着需要对过去的规划进行总结和回顾，认真分析过去的成绩和经验教训，及时发现和解决存在的问题和不足之处。同时，还需要对未来的发展进行前瞻性思考和规划，确保规划的连贯性和持续性。只有这样，才能在新的规划中更好地延续和发展已有的工作成果，实现"一年接着一年干"的目标。

其次，要"向前看"，突出亮点，推出新点，创新规划任务和目标要求。随着科技和教育理念的不断发展和变化，在线开放课程的形式和内容也在不断创新和变革。因此，在制订新的规划时，要敏锐地抓住新的发展机遇和亮点，积极推出新的课程类型和内容，满足不同层次和需求的学习者。同时，也要创新规划的任务和目标要求，提高在线开放课程建设和管理的质量和水平，推动在线开放教育事业的不断发展和壮大。

总之，只有在规划中既能充分借鉴和继承过去的成果和经验，又能积极面对未来的发展和变化，不断创新和完善规划的内容和目标，才能更好地推动在线开放教育事业的健康发展，更好地满足广大学习者的学习需求和教育目标。

(三) 突出问题导向

在制订在线开放课程规划设计时，突出问题导向至关重要。这意味着要始终牢固树立问题意识，在规划过程中认真查找和梳理在线开放课程建设和执行过程中存在的矛盾和问题，以及在线开放课程开发应用中出现的挑战和障碍。只有通过集思广益，研究和解决这些问题，才能确保规划设计的科学性、可行性和指导性。

首先，制订规划时需要集中精力研究现存的问题。这包括在在线开放课程建设和执行过程中可能出现的各种矛盾和困难，如技术设备不足、师资力量不够、课程内容更新不及时等。通过对问题的深入梳理和分析，可以更清晰地了解问题的本质和影响，为制订有效的解决方案奠定基础。

其次，要勇于正视问题并寻找解决方案。制订规划不应该回避问题或者轻描淡写，而是要勇于面对现实，针对问题进行深入的分析和思考。只有通过不断地解决问题，才能推动在线开放课程建设和发展取得实质性进展。这需要领导者和决策者具备解决问题的勇气和智慧，积极探索各种可能的解决方案，并加以实施和落实。

最后，要以问题为中心，着力补齐短板。通过对问题的深入研究和分析，可以找到问题背后的更深层次的问题，并制订具体有效的举措来解决这些问题。这可能涉及加强技术设备的更新和升级、提高师资队伍的培训和素质、优化课程内容的设计和开发等方面。只有通过有针对性地补齐短板，才能够确保规划更加科学可行，更加有指导性和可执行性。

(四) 明晰职责要求

在制订在线开放课程建设规划设计时，明晰职责要求是至关重要的。这意味着在梳理好工作内容的基础上，要明确任务和目标要求、进程和推进举措，以及时间节点和相关责任人。这样的做法可以有效地提高规划的执行效率和推进效果。

首先，明确任务和目标要求是制订规划的基础。这包括确定在线开放课程建设的总体目标和具体任务，明确工作重点和重要内容。通过明确任务和目标要求，可以使全体工作人员在制订规划时心中有数，知道自己需要做什么，以及目标是什么，从而更好地统一思想、凝聚力量，推动规划的有效实施。

其次，明确进程和推进举措是保障规划顺利推进的重要保障。这包括确定规划的具体实施步骤和措施，明确各项工作的时间节点和推进方式。通过明确进程和推进举措，可以有效地组织和协调各项工作，确保规划的顺利推进，不出现拖延和混乱的情况。

再次，明确时间节点和相关责任人是推动规划落实的关键环节。这包括确定每个阶段的完成时间和责任人，明确各项工作的分工和责任，以及相互之间的配合和协作关系。通过明确时间节点和相关责任人，可以有效地监督和管理规划的执行进度，及时发现和解决问题，确保规划按时完成，达到预期目标。

最后，制订规划执行推进表也是一种有效的方法。通过将任务细化为多个关键节点，明确每个节点需要做什么、怎么做，可以使规划的执行更加具体、可操作。同时，规划执行推进表也可以作为监督和评估的重要工具，帮助管理者及时了解工作进展情况，发现和解决问题，及时调整和优化规划。

(五) 增强动态管理

增强动态管理在制订在线开放课程建设设计中具有至关重要的意义，

这一点体现在规划的超前性和预见性，以及在实施过程中对规划进行不断完善和调整的需要上。

首先，制订规划时应具备一定的超前性和预见性。这意味着在制订规划过程中要充分考虑可能出现的问题和挑战，而不仅仅是针对当前的情况进行规划。随着技术和社会环境的变化，可能会出现新的情况和新的问题，因此规划需要具备一定的预见性，以应对未来的挑战。

其次，在具体落实规划的过程中，需要不断完善和调整。执行过程中常常会出现新情况、新问题，或是有的规划不适应实际需要的情况。这时候就需要结合具体情况进行研究分析，对规划进行合理调整。这种动态管理的能力可以使规划更加灵活和适应性强，更好地适应复杂多变的环境。

在实践中，增强动态管理还需要建立有效的反馈机制和监督机制。通过及时收集反馈信息，了解实施情况和存在的问题，可以为规划的调整提供有效的依据。同时，建立科学的监督机制，对规划的执行情况进行全面监督和评估，及时发现和解决问题，保证规划的顺利实施。

(六) 强化跟踪成效

强化跟踪成效是在线开放课程建设规划设计执行过程中至关重要的一环。规划的质量取决于其执行的效果，而跟踪成效则是确保规划能够顺利实施并取得预期结果的关键步骤。

首先，规划的质量取决于其执行情况。无论规划制订得多么精细，如果不能有效地落实，那么其意义就大打折扣。因此，强化跟踪成效意味着在规划执行过程中持续关注、监督和评估执行情况，及时发现问题并采取措施加以解决。

其次，落实好不好关键在于成效。即使规划得以落实，但最终的成效是否符合预期也是需要重点关注的。因此，在规划执行过程中，业务主管部门应当及时组织对执行情况进行中期检查评估，了解规划的实施情况和成效，及时发现问题并提出解决方案。

另外，在规划到期后，还需要对规划的总体执行情况进行终结性评估。这种评估不仅可以总结规划的成绩和经验，还可以发现规划执行过程中存在的不足和问题，为后续规划的制订提供借鉴和参考。通过对规划执行情况的终结性评估，可以形成一系列改进和提升措施，为未来的规划的执行提供更为有效的指导和支持。

第三节　在线开放课程建设的过程管理

一、在线开放课程建设的过程

"在线开放课程可以给学习者带来很多益处，能够让每个学习者免费获取来自名牌大学的资源，可以在任何地方、任何时间进行自主学习。这就是在线开放课程的强大功能所在。"[①] 在线开放课程项目建设，可以按照规划立项的程序组织实施，也鼓励教师根据学习者的需求和自己的专业特长自发开展建设。对于规划建设的在线开放课程，教育主管部门和高校应结合自身实际，制订出台在线开放课程方案论证、立项申报、项目下达、实施建设、课题审查、运行维护、评价提升等全过程的管理规章制度或管理办法。对于自发开展建设的在线开放课程，也应出台鼓励性政策措施，如通过验收后的项目视情给予一定的经费补助、工作量认定、纳入各种评优范围等，以此调动教师自发建设在线开放课程的积极性和主动性。

（一）方案论证阶段

在线开放课程建设的过程是一个系统性的、经过精心设计和周密计划的阶段性过程，其中方案论证是至关重要的一环。项目组负责人在进行方案论证时，需要经过以下步骤。

第一，项目组负责人需要对学习者的学习需求进行充分的调研和分析。这包括了解目标学习群体的背景、特点、需求和期望以及他们对于在线开放课程的诉求和期待。通过对学习者的需求进行深入分析，可以为后续的课程设计和开发提供重要的指导和依据。

第二，项目组负责人需要深入分析项目的必要性和可行性。在进行方案论证之前，必须确保项目的开展具有足够的必要性，即是否满足了当前

---

① 孙福，孙佳怡，贾帅 . 在线开放课程建设与管理 [M]. 北京：北京理工大学出版社，2021：15.

社会、教育或行业发展的需求，并且具有一定的可行性，即是否有足够的资源、技术和支持来实现项目的目标。

第三，项目组负责人需要评估项目现有的基础是否具备课程开发能力。这包括了解项目团队成员的专业背景、技能水平和经验以及项目所拥有的技术设备、软件工具和资源。只有项目具备了足够的开发能力，才能够保证课程的质量和效果。

第四，项目组负责人需要遴选教学团队人员。教学团队是在线开放课程建设过程中的关键因素，其成员应具备丰富的教学经验、专业知识和团队合作能力，以确保课程的设计和开发能够达到预期的效果。

第五，项目组负责人需要收集整理课程素材资料。这包括了解相关的学科知识和内容，收集相关的教材、资料和资源以及整理和加工这些素材，为课程的设计和开发提供必要的支持和依据。

第六，项目组负责人需要拟订课程开发计划，并确定课程的目标、任务和预期效果。这包括确定课程的整体架构和内容组织，制订课程开发的时间表和进度安排以及明确课程的目标和学习目标，为后续的课程设计和开发提供指导和依据。

(二) 立项申报阶段

在线开放课程建设的过程中，立项申报是一个关键的步骤，其成功与否直接影响着项目的后续开展和实施。在完成方案论证的基础上，立项申报需要严格按照上级关于在线开放课程申报的条件和要求进行。

第一，项目组需要认真填报项目申报书。这一过程需要全面、清晰地阐述项目的背景、目标、内容、方法和预期效果等关键信息。项目申报书应当包括对在线开放课程的需求分析、课程设计思路、实施方案、预算等方面的详细描述，以确保各方对项目的理解和认可。

第二，项目组应组织专家进行审查。专家的参与是保证项目质量和可行性的重要条件，他们可以从专业角度对项目的各个方面进行评估和审查，提出宝贵的修改意见和建议。通过专家的审查，可以发现和解决项目中存在的问题和不足，提升项目的质量和可行性。

第三，项目组应根据专家的意见建议进行修改完善。在接受专家审查后，项目组需要认真对待专家提出的修改意见和建议，及时进行修订和完善项目申报书，确保项目的设计和实施更加符合实际需求和专业标准。

第四，项目组应逐级审核把关后按时上报。在完成项目申报书的修改和完善后，项目组需要按照相关程序和流程，将申报书逐级上报至上级主管部门或相关机构。在上报过程中，需要进行严格的审核把关，确保申报书的内容完整、准确、合规，并且按时提交。

(三) 项目下达阶段

在在线开放课程项目建设的过程中，项目下达阶段标志着项目正式进入实施阶段。在这个阶段，规划在线开放课程项目建设的主管部门扮演着关键的角色，他们根据预先确定的在线开放课程规划，包括课程数量、目标要求、建设方向以及经费等方面的考量，来组织并推动项目的下达执行。

第一，主管部门需要根据规划确定的在线开放课程数量、目标要求、建设方向等因素，制定相应的评审办法和原则。这些评审办法和原则将作为项目评审的依据，用于对立项申报的项目进行评审和遴选。

第二，主管部门将组织专家依据评审办法和原则对立项申报的项目进行评审遴选。专家评审的目的是根据项目的实际情况和规划要求，对项目的可行性、创新性、学术水平以及预期效果等方面进行评估和筛选，以确保优质项目的得以推进。

第三，经过专家评审的项目需要经过报批程序。主管部门将根据专家评审的结果，对通过评审遴选的项目进行审查和确认，并将符合要求的项目提交至上级主管部门或相关机构进行审批。审批通过后，项目即可正式下达执行。

第四，项目下达后，主管部门将会与相关部门和机构进行沟通和协调，明确项目的责任分工、实施计划和资金安排，确保项目的顺利实施和达到预期的目标效果。

(四) 实施建设阶段

实施建设阶段是在线开放课程项目建设中的核心阶段，其成功实施直接关系到课程的质量和效果。在这一阶段，项目组需要根据上级批复的项目方案，制订详细的在线开放课程建设计划，并严格按照在线开放课程建设标准规范进行操作。

第一，项目组需要制订详细的在线开放课程建设计划。该计划应包括课程的整体框架、内容安排、学习目标、教学方法和评估方式等方面的详细规划。这一计划是实施建设阶段的指导性文件，为后续的具体操作提供了重要的依据和方向。

第二，项目组需要对照在线开放课程建设标准规范进行操作。这些标准规范是对课程建设过程中各个环节的要求和规定，包括课程设计、内容开发、教学活动、技术支持等方面。项目组在实施建设过程中，需要严格遵循这些标准规范，确保课程的质量和效果。

第三，项目组需要编写课程开发脚本。课程开发脚本是课程制作的基础，它包括课程的教学大纲、课时安排、教学内容和教学方法等方面的详细描述，为课程制作提供了具体的操作指导。

第四，项目组需要进行样片的制作。样片是课程制作的重要组成部分，它可以作为课程内容的示范和演示，帮助学习者更好地理解和掌握课程内容。样片的制作需要根据课程开发脚本进行设计和拍摄，确保与课程内容和教学方法相符合。

第五，项目组需要拍摄制作视频。视频是在线开放课程的主要教学形式之一，通过视频可以生动地展示教学内容，提高学习者的学习兴趣和效果。项目组需要根据课程开发脚本制作相关的教学视频，包括教学讲解、实例演示、案例分析等内容。

第六，项目组还需要开发建设试题库。试题库是在线开放课程评估的重要工具，通过试题库可以为学习者提供丰富多样的练习和评估机会。项目组需要根据课程内容和学习目标，设计和开发相关的试题，确保与课程内容和教学方法相匹配。

第七，项目组需要制作宣传片和编辑加工形成审查版课程。宣传片是对在线开放课程的介绍和宣传，可以吸引更多的学习者关注和参与。审查版课程是对课程内容和制作质量的审核和审查，项目组需要对课程进行编辑加工，确保符合要求和标准。

（五）课程审查阶段

课程审查阶段目的在于确保课程的质量和符合相关规定，以便顺利实现项目的目标。在这个阶段，上一级主管部门将组织专家对项目组提交的课程开发脚本、课程样片、宣传片、审查版课程等进行审查把关，并将审查过程分为以下三个阶段。

第一，脚本审查阶段。在这一阶段，专家对课程脚本进行审查，主要关注课程的内容设置、教学方法、学习目标和评估方式等方面。只有通过了脚本审查，才能进行后续的工作。

第二，样片审查阶段。这是一个至关重要的阶段，因为样片一旦确定，将决定课程的整体风格和形象。在这个阶段，专家将对课程样片进行审查，以确保其符合课程脚本的要求，同时也符合在线开放课程的标准和规范。

第三，审查版课程审查阶段。在这一阶段，专家将对开发完成的审查版课程进行全面审查，包括内容审查、保密审查、政治审查等方面。只有通过了这一审查，才能够使在线开放课程正式进行平台上线运行和教学应用。

在第二阶段和第三阶段之间，根据情况还可以进行中期检查，以及时发现项目建设过程中的问题并进行整改。中期检查的组织形式可以根据实际情况灵活掌握，可以由主管部门的领导带领检查组进行检查，也可以组成检查专家组，由专家主导检查工作。

（六）运行维护阶段

在在线开放课程项目建设中，运行维护阶段是课程实际运行和教学服务的关键阶段。一旦课程上线运行，教学团队应当持续加强线上课程资源的更新和维护工作，以确保课程的质量和持续有效性。

第一，教学团队应当加强线上课程资源的更新。随着知识和技术的不断更新，课程内容也需要及时更新和补充，以保持与时俱进。教学团队应当密切关注相关领域的最新发展，及时更新课程内容，确保学习者能够获取到最新的知识和信息。

第二，教学团队应为学习者提供优质的教学支持服务和个性化指导。在在线开放课程的学习过程中，学习者可能会遇到各种问题和困难，教学团队应当及时提供帮助和支持，解答学习者的疑问，指导学习者的学习进程，以提升学习效果和满足学习者的需求。

第三，教学团队还应关注学习者的评价和反馈。学习者的评价和反馈是改进课程和提升教学效果的重要依据，教学团队应当认真倾听学习者的意见和建议，及时调整和改进课程内容和教学方法，以更好地满足学习者的学习需求。

第四，教学团队应持续对线上课程资源进行改进和优化。通过不断地评估和反思课程的运行情况，教学团队可以发现课程存在的问题和不足之处，并采取相应的措施进行改进和优化，以提升课程的质量和教学效果。

(七) 评价提升阶段

评价提升阶段在在线开放课程建设中扮演着至关重要的角色。在这一阶段，对在线开放课程进行全面的评价，以闭环管理的方式，通过反馈评价信息对课程进行完善和提升，以确保课程的持续改进和优化。在线开放课程评价是一个复杂的系统工程，涉及评价的原则、方法、指标体系等多个方面。

第一，评价提升阶段需要明确评价的原则。评价的原则应当符合课程建设的目标和理念，包括客观公正、科学规范、全面细致、及时反馈等。评价原则的明确可以确保评价过程的公正性和有效性，为课程的持续改进提供依据。

第二，评价提升阶段需要选择合适的评价方法。评价方法应当根据课程的特点和目标进行选择，包括定性评价和定量评价等不同方法。常用的评价方法包括问卷调查、访谈、观察、学习成绩分析等，通过多种方法的综合运用，可以全面地了解课程的质量和效果。

第三，评价提升阶段需要建立完善的评价指标体系。评价指标体系是评价的依据和标准，应当涵盖课程的各个方面，包括课程内容、教学方法、学习支持、学习成果等多个方面。评价指标体系的建立需要结合课程的实际情况和目标要求，确保评价的全面性和针对性。

第四，评价提升阶段需要及时反馈评价信息，并根据反馈信息进行课程的完善和提升。通过及时收集、分析和处理评价信息，可以发现课程存在的问题和不足之处，并采取相应的措施进行改进和优化，以提升课程的质量和教学效果。

二、在线开放课程建设过程中应遵循的原则

在线开放课程的建设是一个复杂而重要的过程，需要遵循一系列原则以确保其质量、可访问性和可持续性。

第一，可访问性与包容性。在线开放课程应该致力于提供对所有学习者的平等机会，无论其地理位置、经济状况、残障状况或文化背景如何。因此，课程内容应当易于理解，并且要使用多种语言和多种格式（如文字、音频和视频），以满足不同学习者的需求。

第二，内容的质量与权威性。在线开放课程的内容应具有高质量和权威性，以确保学习者获得可靠和准确的知识。这需要由专业人士设计和审查课程内容，并确保内容与当前的学术和行业标准保持一致。

第三，互动与参与。在线开放课程应该鼓励学习者之间的互动和参与，以促进知识的共享和合作学习。这可以通过在线讨论论坛、团队项目、实践任务等方式实现，从而使学习变得更加动态和丰富。

第四，灵活性与个性化。在线开放课程应该具有一定程度的灵活性，以满足不同学习者的学习需求和学习风格。这可以通过提供自主学习的选项、个性化的学习路径以及灵活的时间安排来实现，从而使学习更加符合个体的需求和兴趣。

第四节　在线开放课程建设的管理制度

制度是一个社会组织或团体中要求其成员共同遵守并按程序办事的规章或准则，用以规范和约束人们思想行为的规章、条例、规则、办法等的总称。制度具有指导性与约束性、鞭策性与激励性、规范性与程序性，是各项工作正常运转的有力保证。为保证在线开放课程建设工作的顺利有序进行，应建立健全各类管理规章制度。

一、在线开放课程建设管理制度

在线开放课程建设管理制度是确保在线课程开发与运行有效顺利的关键。从管理层面来看，这一制度涵盖了多种类型，包括条例、规定、办法以及实施细则等。条例作为最高级别的制度，应由管理机关制定并颁布，具有指导性和约束力，为其他配套制度的制定提供了基础和依据。规定和办法则是在条例指引下制定的次级制度，用于进一步明确具体的管理要求和操作程序。在学校层面，应根据上级规定要求，制定本校的管理办法，确保与上级规定的一致性，并在必要时制定本校的实施细则，以更加具体的条文规范化学校内部管理。

在线开放课程建设管理制度的建立和健全对于保障教学质量、提升教育水平具有重要意义。它规范了在线课程开发和运行的流程和程序，确保了课程内容的科学性、准确性和权威性。通过明确的管理制度，可以有效监督和评估在线课程的实施情况，及时发现和解决存在的问题，提升教学效果和学生满意度。此外，建立健全的管理制度还可以为教师和相关工作人员提供清晰的指导和规范，使其在课程设计、教学实施等方面更加自信和专业。

在制定在线开放课程建设管理办法时，应当以在线开放课程建设的内容为基础，突出其特点和建设规律，以确保办法的科学性和实用性。首先，办法的制定需要明确其目的，即为规范和指导在线开放课程的建设、管理和运行，以促进教学质量的提升和教育水平的提高。其次，应明确办法适用的范围，包括适用于哪些类型的在线开放课程、哪些机构或组织承担在线开放课程建设和管理等。这有助于确保办法的针对性和实际操作性。同时，办法还应明确各级职责，包括相关管理机构、学校、教师、学生等在线开放课程建设和管理中的责任和义务，以确保各方能够清晰地知晓自己的职责和权利，促进工作的顺利开展。

在线开放课程建设管理制度的建立不仅需要注重规范和严密，更需要与时俱进，及时调整和完善。随着在线教育技术的不断发展和教学理念的更新，管理制度也需要不断更新和调整，以适应新形势下的教学需求和挑战。同时，管理者应加强对制度的执行和监督，确保制度能够真正落实到实际教学工作中，发挥应有的作用。

在线开放课程建设与管理办法应当力求简练、适用，具备易于执行和可操作性强的特点。简练性意味着办法应该言简意赅，避免过多的冗长条文，以便于各方快速理解和掌握。适用性要求办法能够适应不同类型、不同层次的在线开放课程建设和管理需求，同时具备一定的灵活性和可调节性，以应对教育领域的变化和发展。易于执行和可操作性强意味着办法应该具备明确的操作流程和规范，为在线开放课程建设和管理提供清晰的指导，同时结合实际情况和技术手段，提供具体的操作方法和工具，使各方能够依据办法开展工作，达到预期的效果。

二、在线开放课程建设标准规范

在当前教育领域的发展趋势中，在线开放课程的建设标准规范至关重要。2018 年，国家市场监督管理总局和国家标准化管理委员会联合发布了《信息技术学习、教育和培训在线课程》（GB/T 36642—2018）这一国家标准，该标准明确了在线课程的信息模型和要素，并规定了各要素的功能、属性以及相应的 XML 绑定，是在线开放课程建设的基本指南。然而，由于国标的通用性，为了更好地适应本单位或本领域的特点，需要结合实际情况对国标的内容进行取舍，制定出更加贴近实际、易于执行的在线开放课程建设规范。

首先，需要从在线开放课程内容标准方面入手。这包括对课程设计、课程资源、课程应用、课程团队等各构成要素进行界定和规范。通过明确每个要素的内容和要求，可以确保在线开放课程的建设在内容上具备科学性、系统性和实用性。例如，课程设计应包括清晰的教学目标、合理的课程结构、丰富的教学内容等，课程资源应当具备高质量、多样性和易获取性等特点，课程应用则需要考虑到不同学习者的需求和特点，而课程团队的建设则需要合理分工、密切配合等。

其次，还需要关注在线开放课程的技术规范。这包括对视频、音频、动画、文字、图表等技术要求的规定。随着科技的不断发展，教学资源的多样化和技术手段的丰富化已成为在线开放课程建设的重要趋势。因此，需要明确各种技术要素的规范，确保在线课程的多媒体内容具备良好的表现效果和交互性，以提升学习者的学习体验和效果。

三、在线开放课程激励约束机制

在线开放课程的激励约束机制是确保教学质量和教育秩序的关键措施。

在激励机制方面，应该着重考虑成果认定、经费支持、工作量认定、课时酬金、评先奖励、调职调级，以及职称评审等方面的政策制定。首先，对于教师和相关工作人员在在线开放课程建设和运行过程中取得的成果，应当进行认定和奖励，包括课程设计质量、学生学习效果、科研成果等方面的表现。这可以通过评定教学质量、学术水平、科研产出等来确定，以激发教师的工作积极性和创造性。其次，经费支持是在线开放课程建设和运行的重要保障，需要通过项目资助、设备购置、教学资源采购等方式提供支持，以保障在线开放课程建设的顺利进行。此外，对于教师和相关工作人员的工作量，应当根据实际工作任务进行认定，确保其工作量和付出得到合理的回报，同时也要鼓励其参与在线开放课程的建设和运行。评先奖励、调职调级、职称评审等制度也应该与在线开放课程建设和运行相关联，为表现突出的教师和工作人员提供晋升和提升的机会，激发其积极性和创造力。

在约束机制方面，针对在线开放课程中可能出现的违规违纪行为，应该采取相应的惩罚措施，以维护教育秩序和社会稳定。例如，对于在线开放课程中出现的政治性问题、保密问题等，应根据相关政治纪律和保密规定进行处理，严肃查处违规行为，以确保在线开放课程的正常开展和良好运行。此外，还可以建立违规行为的举报和处理机制，鼓励师生及时报告和揭发违规现象，加强对违规行为的监督和管理，有效约束不良行为的发生。

总之，通过建立完善的激励政策和约束机制，可以有效调动教师和工作人员的积极性和创造性，规范教育行为，保障教学质量，促进在线开放课程的健康发展。因此，各级管理机构和学校应高度重视在线开放课程的激励约束机制的建立和完善，为教育事业的发展提供有力支撑。

四、在线开放课程监控管理手段

在线开放课程的监控管理是确保项目顺利进行并达到预期目标的关键一环。为此，需要建立一个全面而严密的在线开放课程建设与管理信息系统，以应对项目建设的各种需求和规律。这个系统应当具备便捷、高效、安全和稳定的特性，以确保在线开放课程的顺利进行。

首先，在线开放课程的建设过程中，需要对项目进行全流程的监控和管理。这包括项目的立项、评审、执行、验收以及评估等各个环节。通过对每个环节的细致监控，我们可以及时发现问题并采取相应措施，确保项目能够按计划进行并达到预期目标。

其次，需要对在线开放课程的内容、资源、团队等各要素进行全面的管理和监控。内容的质量直接影响到课程的效果，资源的充足与否直接关系到课程是否顺利进行，而团队的协作程度则直接决定了项目的成功与否。因此，需要建立相应的管理机制，对这些要素进行监控和调控，以确保它们能够协调配合，使项目能够顺利进行。

最后，还需要对在线开放课程的整个生命周期进行管理和监控。从课程的酝酿阶段到最终的下线淘汰，我们都需要对其进行监控和评估。通过对课程的全寿命监控，可以及时发现并解决问题，确保课程能够持续发展并不断改进。

第六章　智能时代高校在线开放课程评价管理

在智能时代，高校在线开放课程的迅猛发展对教育评价管理提出了新的挑战和要求。基于此，本章论述智能时代高校在线开放课程评价管理的要素、高校基于深度学习的在线学习智能评价方法、高校在线课程质量评价指标体系、高校在线开放课程价值评估探究。

第一节　智能时代高校在线开放课程评价管理的要素

"在线开放课程评价以其鲜明的导向性与激励作用，推动课程的设计、开发和应用，促进课程质量和水平的提升。运用课程评价的理论与方法，针对在线开放课程内涵及特点，提出设计在线开放课程评价指标体系的原则、思路与方法，构建形成了在线开放课程评价指标体系框架。"[①]

一、在线开放课程评价的原则

(一) 科学性原则

科学性原则是在线开放课程评价的基石，它确保了评价的严谨性和可信度。在这一原则的指导下，评价过程必须建立在科学的理论、方法和程序之上，以确保评价活动的有效性和准确性。

第一，科学性原则要求评价活动必须基于经过验证的教育理论。这包括教育心理学、教育测量学等领域的理论基础。通过理论的指导，评价指标和方法能够更好地反映在线开放课程的特点和目标。例如，教育心理学的相

[①] 孙福，孙佳怡，贾帅. 在线开放课程评价指标体系研究 [J]. 教育现代化，2020，7(102)：92.

关理论可以帮助我们理解学习者的行为和心理过程，从而更好地设计评价工具和方法。

第二，科学性原则要求评价过程采用科学的方法论。这包括定量和定性相结合的方法，并运用统计学原理进行数据分析。定量方法可以帮助我们量化评价指标，从而进行客观的数据分析和比较。而定性方法则可以深入了解学习者的体验和观点，为评价结果提供更全面的理解。通过科学的数据分析，评价结果能够更具说服力和可信度。

第三，科学性原则要求评价过程具有明确的程序规范。这意味着评价活动应当遵循一系列明确的步骤和标准，避免随意性和主观性的影响。例如，评价过程可以包括评估设计、数据收集、数据分析和结果解释等步骤，并确保每个步骤都按照规定的程序进行。通过明确的程序规范，评价过程能够更加透明和可控，结果也更具可靠性。

(二) 整体性原则

整体性原则是在线开放课程评价中的重要原则，它强调了对课程全貌的全面考量，以确保评价的全面性和准确性。在实践中，整体性原则要求评价不仅要关注课程的内容和教学方法，还需考虑到学习资源、互动交流等多个方面，以全面了解课程的质量和效果。

第一，整体性原则要求评价指标应当涵盖课程的各个方面。这意味着评价不能仅仅关注知识传授的效果，还需要考量学生的参与度、满意度等因素。例如，除了评估学生在课程中获得的知识水平外，还应该关注他们对课程的兴趣程度、参与互动的积极性以及对学习资源的反馈等。通过多维度的评价指标，可以更全面地了解课程对学生的影响和作用。

第二，整体性原则要求进行系统分析。这意味着评价过程不应该孤立地看待课程的各个方面，而是需要将其作为一个整体来考量。通过对课程各个组成部分的系统分析，可以识别课程的优势和不足，为课程改进提供全面的依据。例如，评价者可以通过分析课程的教学内容、学习资源的质量、互动交流的效果等方面，来评估课程的整体质量，并提出针对性的改进建议。

(三) 客观性原则

客观性原则旨在确保评价结果的公正性和客观性，排除评价中可能存在的主观偏见，从而为决策提供可靠的依据。

第一，客观性原则强调评价应该是数据驱动的。这意味着评价过程应当基于客观的数据，而不是个人的主观感受。通过收集和分析学习数据、问卷调查结果等客观数据，评价者可以更准确地评估课程的质量和效果。例如，通过分析学生的学习表现数据，可以了解他们在课程中的学习进展和表现情况，从而为课程的改进提供有力支持。这种数据驱动的评价方式能够降低主观偏见的影响，提高评价结果的客观性。

第二，客观性原则鼓励采用第三方评价机构进行课程评价。第三方评价机构具有独立性和客观性，能够提供更为客观的评价结果。相比之下，如果评价由课程提供者或相关利益方进行，可能存在利益冲突或主观偏见的问题。因此，引入第三方评价机构可以提高评价的独立性和客观性，使评价结果更具权威性和可信度。

(四) 指导性原则

指导性原则在在线开放课程评价中具有至关重要的地位。它不仅关注评价结果的生成，更强调了这些结果对教育实践的指导作用。在指导性原则中，反馈机制和改进建议是两个核心要素，它们直接关系到评价结果的应用和课程质量的提升。

1. 反馈机制

反馈机制是评价结果传达的桥梁，它保证了评价的信息能够及时准确地传递给相关利益相关者，包括课程设计者、教师以及学习者。一个有效的反馈机制必须具备以下三个重要特征。

(1) 及时性。评价结果应该在评价完成后尽快反馈给相关方，这样课程设计者和教师就能够及时了解课程的实施情况，有针对性地调整教学策略。

(2) 透明性。反馈信息必须清晰明了，避免使用过多的专业术语，确保所有接收反馈的人都能够理解评价结果的含义。

(3) 针对性。反馈应该具体针对课程的不同方面，提供详细的数据和分析，帮助教育者全面了解课程的优势和不足。

2. 改进建议

改进建议是评价结果的关键组成部分，它直接指导着课程质量的提升和教育实践的改进。一个有效的改进建议应该具备以下特点。

（1）具体性。建议必须针对评价中发现的具体问题提出，避免笼统和模糊的表述，确保建议的可操作性。

（2）实用性。建议必须基于实际情况，考虑到教育资源、教师能力、学习者需求等因素，以确保建议的可行性。

（3）发展性。建议不仅应该关注课程的短期改进，还应该考虑到课程的长期发展，如教学方法的创新、学习资源的更新等。通过这样具体、实用和发展性的建议，课程设计者和教师可以更好地指导课程的发展和改进。

在实施指导性原则时，评价者应该与课程设计者和教师进行充分的沟通，共同探讨评价结果的含义和改进建议的实施方案。此外，还应该建立一个持续的评价和反馈机制，以确保课程改进是一个动态、持续的过程。通过这样的努力，评价不仅能够为课程设计和教学实践提供有价值的指导，还能够促进教育质量的持续提升，最终实现教育目标的最优化。

（五）发展性原则

发展性原则着眼于评价的长期效应和对学生个人成长的促进，强调评价活动不仅仅是对当前学习成果的简单评估，更应该关注学习者整体教育轨迹的持续关注和引导。在发展性原则中，持续跟踪和个性化发展是两个关键要素，它们共同为课程的持续改进和学生的持续发展提供了重要支持。

1. 持续跟踪

持续跟踪指的是评价活动不应该是一次性的，而是一个连续的、周期性的过程。这种持续跟踪有助于监测课程质量和学生学习进展的长期趋势，从而为课程的持续改进和学生的持续成长提供了数据支持。具体来说，周期性评价是持续跟踪的核心之一。通过定期进行的评价，可以及时发现课程实施中的问题和学生学习过程中的困难，从而采取相应的措施进行调整和优化。此外，趋势分析也是持续跟踪的重要内容。通过对评价数据的长期积累和分析，可以发现课程和学生发展的规律性趋势，为教育决策提供科学依据。最后，持续跟踪还应该能够实现动态调整。持续跟踪的结果可以指导课程内容、教学方法和学习资源的动态调整，以适应教育环境的变化和学生需求的发展。

2. 个性化发展

个性化发展强调评价应当充分考虑学生的个体差异，为每个学生提供符合其个人特点和需求的学习建议和支持。这种个性化的关注有助于促进每个学生的全面发展和潜能的最大化。

（1）差异识别是实现个性化发展的第一步。评价应当能够识别学生的学习风格、兴趣点和能力水平等个体差异，为个性化教学提供依据。

（2）评价结果应当提供定制化的学习建议。基于对学生个体差异的识别，评价结果应当能够为每个学生制订适合自己的学习计划和目标，从而实现个性化发展。

（3）支持系统也是个性化发展的关键。教育机构应当建立支持个性化学习的服务系统，如个性化辅导、灵活的学习路径选择等，以满足不同学生的学习需求，推动个性化发展的实现。

通过实施发展性原则，能够更加全面地关注学生的长期发展和整体教育质量的提升，而不仅仅是关注短期的学习成果。这种评价方式有助于构建一个更加灵活、适应性强的教育环境，促进学生的全面发展和终身学习。因此，持续跟踪和个性化发展作为发展性原则的核心要素，将在在线开放课程评价中扮演着不可或缺的角色，为教育质量的提升和学生发展的促进贡献力量。

二、在线开放课程评价的方式

在线开放课程评价是对在线学习过程和结果进行系统性评估的重要手段，它可以帮助评估教学质量、促进学生学习和提高教学效果。在进行在线开放课程评价时，常常会采用多种评价方式，以综合考量不同方面的因素。

（一）定性评价与定量评价相结合

定性评价和定量评价是教育评估中常用的两种方法，它们在评估过程中各有优势，相互结合可以提供更全面、深入的评价信息，为教学改进和优化提供更可靠的依据。

定性评价侧重于对现象进行描述和理解，通常通过观察、访谈、问卷等方式收集数据。这种方法能够深入挖掘问题背后的原因，捕捉到学习过程中的细节和特点，提供丰富、细致的信息。定性评价适用于对教学过程和学习环境进行深入分析，帮助教师和评估者更好地理解教学现状，发现问题的根源。

相比之下，定量评价更加注重数据的量化和统计分析，通常通过量表、问卷调查等手段收集数据。这种方法能够提供客观、可比较的结果，便于进行量化分析和统计对比。定量评价适用于对大量数据进行收集和处理，能够更准确地评估教学效果和学生学习情况，为决策提供科学依据。

将定性评价与定量评价相结合，可以发挥它们的优势，获取更全面的评价信息。在教育评估中，定性评价可以帮助理解教学现象的细节和背后的原因，发现潜在的问题和挑战，为后续的改进提供重要线索。而定量评价则可以通过数据的量化和统计分析，提供客观、可量化的结果，帮助教育决策者更好地了解教学效果和学生学习情况。

例如，在评估一门在线开放课程时，可以采用定性评价方法对学生的学习体验和教师的教学方法进行深入调查和分析，了解课程的优势和不足之处；同时，也可以采用定量评价方法对学生的学习成绩和满意度进行统计分析，量化课程的教学效果和学习效果。综合两者的评价结果，可以更全面地了解课程的优劣势，为课程改进和优化提供有针对性的建议和措施。

(二) 静态评价与动态评价相结合

静态评价与动态评价是课程评价中的两个重要方面，它们关注的是不同时间点的评价内容和方式。在教育领域，这两种评价方法的结合对于全面了解课程效果、提高教学质量具有重要意义。

静态评价通常在课程结束后进行，其主要目的是评估整个课程的效果和学习成果。评价内容包括学生的考试成绩、课程满意度调查结果等。通过静态评价，教师和教育机构可以对课程的整体质量进行总结和反思，了解教学目标的达成情况，为未来的课程设计和改进提供依据。

动态评价是在课程进行过程中实时进行的评价活动。它通过监测和反馈学习过程中的各种指标和数据来评估教学效果，如学生的学习行为、互动情况等。动态评价强调课程的实时性和灵活性，能够及时发现问题并采取相应措施，保证课程的顺利进行。

将静态评价与动态评价相结合，可以充分发挥评价的作用，提高教学质量。首先，通过静态评价，可以对课程的整体效果进行总结和分析，为未来的课程改进提供依据。其次，动态评价能够及时发现问题并进行调整，保证课程的顺利进行。两者相结合，可以更全面地了解课程的教学过程和效果，为教学实践提供有力支持。

在实践中，如何有效结合静态评价与动态评价是一个关键问题。首先，需要建立完善的评价体系，包括明确的评价指标和方法。其次，教师需要具备监测和评价的能力，能够及时收集、分析和利用评价数据。同时，学校和教育机构也需要提供支持和资源，为评价活动提供必要的条件和保障。

此外，还可以借助现代技术手段，如教育信息化平台、学习管理系统等，实现评价数据的自动化收集和分析，提高评价的效率和精准度。同时，通过教师培训和专业发展，提升教师对评价的认识和应用能力，推动评价工作的深入开展。

(三) 外部评价与自我评价相结合

外部评价与自我评价相结合是课程评价中的重要策略，能够在评价过程中获得更全面、深入的信息，有助于提高教学质量和课程效果。

外部评价是由独立的第三方机构或专家进行的评价活动，其特点是客观性和独立性。外部评价通常采用专业的评价标准和方法，通过对课程的各个方面进行全面的评估，提供权威的评价意见和建议。外部评价可以帮助课程提供者了解自身在教学质量、课程设计等方面存在的问题，并为改进提供指导。

自我评价是由课程提供者或相关人员自行进行的评价活动，其特点是贴近实际情况、更具主观性。自我评价通常通过课程提供者对课程进行内部审视和分析来进行，能够更深入地了解课程的内在特点和问题。自我评价能够帮助课程提供者认识到自身的优势和不足，为自我改进提供方向和动力。

将外部评价与自我评价相结合，可以充分利用两者的优势，获取更全面、准确的评价信息。首先，外部评价能够提供客观、权威的评价结果，为课程的改进提供重要参考。第三方机构或专家的独立性和专业性可以有效地发现课程存在的问题，并提出改进建议。其次，自我评价能够从内部角度深入挖掘课程的优势和不足，帮助课程提供者进行自我反思和改进。课程提供者对自身课程的深入了解和反思，有助于找到课程改进的切入点和方法。

综合两者的评价结果，可以更好地发现问题、改进课程，提高教学质量和学生满意度。在实践中，结合外部评价与自我评价需要注意以下三点。首先，建立完善的评价体系，明确评价标准和方法，确保评价的科学性和可靠性。其次，培养课程提供者进行自我评价的意识和能力，鼓励其积极参与评价活动。最后，要建立良好的合作关系，促进外部评价与自我评价的有效结合，实现相辅相成、互补提升的效果。

(四) 形成性评价与总结性评价相结合

形成性评价是在学习过程中进行的评价活动，其主要目的是监测学习进展并提供及时反馈。形成性评价强调的是对学生学习过程的动态监测和指导，通过及时的反馈帮助学生发现和解决学习中的困难和问题，促进学习效果的提高。形成性评价注重的是学生的个体发展，帮助他们根据反馈信息调整学习策略和方法，实现学习目标。

而总结性评价则是在学习结束后进行的评价活动。它的主要目的是总结学习成果和评估教学效果，为未来的教学提供经验和借鉴。总结性评价侧重于对整个学习过程的回顾和总结，评估学生的综合表现和教学质量，为教师提供改进教学的建议和方向。总结性评价能够帮助教师了解教学的成功和不足，为今后的教学实践提供指导。

将形成性评价与总结性评价相结合，能够充分发挥评价的作用，促进学生学习和提高教学质量。首先，形成性评价能够及时发现学生的学习困难和问题，为教师提供调整教学策略的机会，提高学习效果。在学习过程中，通过及时的反馈和指导，学生能够更好地理解知识、掌握技能，提高学习动力和积极性。其次，总结性评价能够全面总结学习成果和评估教学效果，为教师提供改进教学的经验和启示。通过总结性评价，教师能够深入分析教学中存在的问题，找到改进的切入点和方法，提高教学质量。

综合两者的评价结果，可以更好地指导学生学习，提高教学质量。形成性评价强调学习过程的监测和指导，帮助学生实现个体发展和学习目标；而总结性评价则侧重于对整个学习过程的回顾和总结，为教师提供改进教学的经验和启示。通过结合形成性评价和总结性评价，能够全面了解学生学习的情况和教学效果，为教育教学提供更有针对性的支持和指导。

在实践中，如何有效结合形成性评价与总结性评价是一个关键问题。首先，需要建立完善的评价体系，包括明确的评价标准和方法。其次，教师需要具备有效的评价能力，能够灵活运用形成性评价和总结性评价的方法，指导学生学习和提高教学质量。

第二节 智能时代高校基于深度学习的在线学习智能评价方法

一、深度学习技术概述

(一) 深度学习的基本原理

"深度学习是当下教学的趋势，也是时代发展的必然趋势。"[①] 深度学习是一种基于人工神经网络的机器学习方法，其核心思想是通过多层次的神经网络模拟人脑的工作原理，从而实现对数据的高效学习和复杂模式的发现。在深度学习中，数据被输入一个多层次的神经网络中，每一层都包含许多神经元，每个神经元都与前一层的所有神经元相连接。神经网络通过多层次的非线性变换将输入数据映射到输出，从而实现对数据的高级抽象和表征学习。深度学习的基本原理具体如下。

1. 多层次的特征提取

多层次的特征提取指的是通过多层次的非线性变换，逐步从原始数据中提取出更加抽象和高级的特征，以实现对数据的有效表征和分析。这个过程是深度学习模型的核心之一，也是深度学习成功的关键因素之一。

在机器学习中，特征是描述数据的属性或者特点。数据的特征越丰富、

① 李岩林. 浅谈深度学习 [J]. 国家通用语言文字教学与研究，2021(08)：107.

越有代表性，模型就越能够准确地进行学习和预测。然而，原始数据往往是高维度、复杂的，包含了大量冗余信息和噪声。因此，特征提取的目的就是从原始数据中提取出最具有代表性和区分性的特征，以便于模型进行学习和推理。

在传统的机器学习方法中，特征提取通常需要由人工设计特征提取器或者手工选择特征，这种方法存在着很多局限性。首先，人工设计特征提取器需要具有丰富的领域知识和经验，而且很难设计出适用于不同数据类型和任务的通用特征提取器；其次，手工选择特征需要大量的时间和精力，并且可能会忽略掉一些重要的特征信息。

深度学习通过多层次的非线性变换，从原始数据中自动学习并提取特征，克服了传统方法的这些缺点。深度学习模型通常由多个层次组成，每一层都包含了大量的神经元，并且与前一层的所有神经元相连。每一层都可以看作是对数据的一个抽象和转换，通过多层次的组合，原始数据的特征逐渐被提取和转化成更加抽象和高级的特征，最终用于模型的学习和预测。

这种多层次的特征提取主要有以下特征。

自动学习特征表示：深度学习模型能够自动学习数据的特征表示，不需要人工设计特征提取器或者手工选择特征，大大减轻了特征工程的负担。

高度抽象的特征表示：随着层次的增加，深度学习模型逐渐从原始数据中提取出更加抽象和高级的特征表示，这些特征具有更强的表征能力和泛化能力。

逐步优化特征表示：深度学习模型通过反向传播算法，可以在训练过程中不断调整和优化特征表示，使得模型的预测能力不断提升。

2. 反向传播算法

反向传播算法的核心思想是通过将模型预测的输出与真实标签之间的差异反向传播到网络中，从而调整网络参数，使得模型的预测结果更加接近真实值。

反向传播算法基于梯度下降优化的思想，通过计算损失函数对模型参数的梯度，然后沿着梯度的反方向更新参数，以减小损失函数的值。在深度学习中，常用的损失函数包括均方误差（MSE）、交叉熵损失等。反向传播算法通过链式法则计算损失函数对每个参数的偏导数，然后根据这些偏导数更新参数，使得模型的预测结果更加接近真实值。

反向传播算法的流程可以分为前向传播和反向传播两个阶段。

前向传播：首先，将输入数据通过模型前向传播，得到模型的预测输出。其次，将预测输出与真实标签之间的差异通过损失函数计算出损失值。

反向传播：接下来，将损失值反向传播到网络中，计算损失函数对每个参数的偏导数。利用链式法则，从输出层向输入层逐层计算梯度，并更新网络参数，使得损失函数逐渐减小。

这个过程是一个迭代过程，通常需要多次迭代才能达到收敛。在每次迭代中，都会根据当前参数计算损失函数的梯度，并更新参数，直到损失函数收敛或达到预先设定的停止条件。

反向传播算法在深度学习中被广泛应用于各种任务和领域，包括图像分类、语音识别、自然语言处理等。它是训练神经网络的基础方法之一，为深度学习模型的训练提供了有效的手段和算法支持。

除了基本的反向传播算法外，还有一些改进的算法被提出来提高训练效率和稳定性，如随机梯度下降（SGD）、动量法、Adam 等。这些算法在实际应用中具有不同的优势和特点，可以根据具体任务和需求选择合适的算法进行模型训练。

3. 大数据和强大的计算能力

大数据时代和计算能力的提升是深度学习成功的两大关键因素，它们共同促进了深度学习领域的蓬勃发展和广泛应用。在深度学习的背景下，大数据提供了丰富的学习样本，而强大的计算能力则支持着深度神经网络的训练和优化。

（1）大数据时代的到来。随着互联网、物联网和各种智能设备的普及，数据的产生量呈现出爆炸式增长的趋势。大数据时代所带来的海量数据对深度学习的发展起到了至关重要的作用。过去，由于数据采集和存储的成本较高，很多潜在有价值的数据被忽略或者无法获取。而今，随着存储技术的进步和数据采集技术的发展，大量的数据被不断积累和记录，其中包括了各种形式的文本、图像、音频、视频等。这些海量数据为深度学习模型提供了丰富的学习样本，使得模型能够从数据中发现隐藏的模式和规律，实现更加准确和有效的学习和推理。例如，在图像识别任务中，大量的标注图像数据可以用来训练深度卷积神经网络，从而实现对图像中物体的识别和分类。在自然语言处理任务中，海量的文本数据可以用来训练深度循环神经网络或者注意力机制模型，从而实现对文本的理解和生成。

（2）计算能力的提升。随着硬件技术的不断进步和计算设备的不断升级，计算能力得到了极大的提升。特别是图形处理器（GPU）和专用深度学习处理器（如 TPU）的出现，加速了深度学习模型的训练和推理过程。相比传统的中央处理器（CPU），GPU 具有更高的并行计算能力和更低的成本，能够高效地执行大规模的矩阵运算和神经网络计算。

计算能力的提升不仅仅体现在硬件设备上，还包括了计算框架和算法的优化。诸如 TensorFlow、PyTorch 等深度学习框架的出现，为深度学习的实现和应用提供了便利和支持。同时，一些高效的优化算法如随机梯度下降（SGD）、Adam 等，也使得模型的训练更加高效和稳定。

大数据时代和计算能力的提升共同推动了深度学习的成功。在过去的几年里，深度学习在图像识别、语音识别、自然语言处理等领域取得了巨大的成功。例如，深度卷积神经网络（CNN）在图像识别任务中取得了突破性的进展，如 ImageNet 图像分类比赛的优胜者大多基于深度学习模型。在自然语言处理领域，Transformer 模型的出现改变了机器翻译和文本生成的方式，大大提高了模型的性能和效果。

（二）深度学习的主要模型

深度学习领域涌现了许多经典的模型，每个模型都有其独特的结构和特点，适用于不同的应用场景。具体如下。

1. 卷积神经网络（CNN）

卷积神经网络（CNN）是一种在深度学习领域广泛应用的模型，它在图像识别、计算机视觉等领域取得了重大突破。CNN 的设计灵感来源于生物学中对动物视觉系统的理解，模拟了人类视觉系统中的视觉皮层处理信息的方式。这种模型结构使得 CNN 在处理图像数据时具有很高的效率和准确性。

（1）CNN 的特点。

第一，卷积操作。卷积操作是 CNN 的核心组成部分之一，它通过卷积核对输入图像进行滑动计算，从而提取图像中的局部特征。在这个过程中，卷积核会在输入图像的不同位置进行卷积运算，生成一个新的特征图。这种局部连接的方式允许 CNN 有效地捕捉图像中的空间局部信息，从而更好地理解图像的结构和内容。例如，卷积操作可以检测到图像中的边缘、纹理等局部特征，为后续的图像识别任务提供重要的信息。

第二，参数共享。CNN 中的卷积核是共享的，这意味着在整个图像上采用相同的卷积核进行卷积运算。这种参数共享的机制有效减少了模型的参数数量，降低了模型的复杂度，同时也提高了模型的泛化能力和训练效率。因为每个卷积核在图像上的计算是相同的，所以模型可以学习到通用的特征提取模式，而不需要为每个位置都学习不同的参数。这种参数共享的机制使得 CNN 能够更好地适应不同尺寸和形状的输入图像，提高了模型的灵活性和泛化能力。

第三，池化操作。在卷积操作后，CNN 通常会添加池化层。池化操作通过对特征图进行降采样，减少特征图的尺寸和参数数量，同时保留主要特征。常见的池化方式包括最大池化和平均池化，它们通过选择特定区域中的最大值或者平均值来提取特征。池化操作有效地减少了模型的计算量，加快了模型的训练速度，同时也有助于防止模型过拟合的问题。

第四，平移不变性。由于卷积核的共享机制，CNN 具有平移不变性的特性。这意味着无论图像中的目标物体在图像中的位置如何变化，模型都能够识别出相同的特征。例如，在物体分类任务中，即使目标物体在图像中的位置发生变化，CNN 仍然能够识别出相同的特征并进行正确的分类。这种平移不变性的特性使得 CNN 在处理具有平移不变性的数据时表现出色，例如，在图像识别任务中的物体分类、物体检测等方面都有着广泛的应用。

（2）CNN 的应用。

第一，图像分类。CNN 在图像分类任务中取得了巨大的成功，这一成功得益于其在训练阶段学习到的特征和强大的分类能力。在 CNN 的训练过程中，模型通过学习大量的标记图像，逐渐调整网络参数，使得网络能够准确地区分不同类别的图像。这使得 CNN 能够有效地识别图像中的对象，并将它们正确分类到相应的类别中。CNN 的图像分类能力使其在各种应用中得到广泛应用。例如，在图像搜索领域，CNN 可以帮助用户快速准确地找到他们感兴趣的图像，提高了搜索引擎的效率和用户体验。在人脸识别领域，CNN 可以准确地识别人脸，并进行个体的分类和识别，为人脸识别技术的发展提供了重要支持。此外，在车牌识别、商品识别等领域，CNN 也被广泛应用，为智能交通和物品识别等场景提供了强大的技术支持。

第二，目标检测。除了图像分类，CNN 还可以应用于目标检测任务。目标检测是指在图像中检测出多个目标的位置并对其进行分类的任务。CNN 通过在图像上进行滑动窗口或者使用区域提议方法，能够有效地检测并定位图像中的多个目标，并将它们准确地分到相应的类别中。这一能力在智能监控、自动驾驶等领域具有重要的应用价值。例如，在智能监控系统中，CNN 可以帮助警方或安防人员及时发现异常行为或可疑物体，提高了监控系统的效率和准确性。在自动驾驶领域，CNN 可以识别道路上的车辆、行人和障碍物，帮助车辆作出相应的决策，确保驾驶安全。

第三，图像分割。CNN 还可以应用于图像分割任务。图像分割是将图像分成多个语义区域并对每个区域进行分类的任务。CNN 通过学习图像中的像素之间的关系，能够准确地分割出图像中的不同部分，并将其分类到相应的类别中。这种能力在医学影像分析、地块识别等领域有着广泛的应用。例如，在医学影像分析中，CNN 可以帮助医生准确地识别出病灶区域，为疾病诊断和治疗提供重要的辅助。在地块识别领域，CNN 可以帮助农民和农业专家识别出不同类型的地块，并制定相应的农业管理策略，提高农业生产的效率和质量。

第四，图像生成。除了识别和分类，CNN 还可以用于图像生成任务。通过生成对抗网络（GAN）等结构，CNN 能够学习到数据的分布规律，并生成具有逼真度的新图像。这种技术在图像风格转换、图像修复等领域有着重要的应用。例如，在图像风格转换领域，CNN 可以将一幅图像的风格转换成另一幅图像的风格，为艺术创作和图像处理提供了新的可能性。在图像修复领域，CNN 可以根据图像的局部信息来填补缺失的部分，修复图像的损坏部分，提高图像的质量和可视化效果。

2. 循环神经网络（RNN）

循环神经网络（RNN）是一种专门设计用于处理序列数据的深度学习模型。序列数据可以是各种形式的数据，如文本、语音、时间序列数据等。RNN 的独特之处在于其具有循环连接的结构，这使得它能够有效地捕捉和利用序列数据中的时序信息。

（1）RNN 的结构。RNN 的结构包含一个循环的隐藏层，其中隐藏层的输出会被重新输入到下一个时间步作为输入，形成了循环连接。这种结构使得 RNN 能够处理变长的序列数据，并在处理过程中保持记忆。具体来说，RNN 在每个时间步将当前输入与上一步的隐藏状态结合起来，产生一个新的隐藏状态作为输出，同时也会输出一个预测结果。这个隐藏状态会随着时间的推移不断更新，从而在序列数据中传递和保存信息。

（2）RNN 的应用。RNN 在自然语言处理领域有着广泛的应用。例如，在语言建模任务中，RNN 可以根据之前的单词来预测下一个单词，从而生成连贯的句子。在机器翻译任务中，RNN 可以将一个语言的句子编码成一个固定长度的向量表示，然后再将这个向量解码成另一种语言的句子。此外，RNN 还可以用于情感分析、命名实体识别、语音识别等任务中，都取得了不错的效果。

（3）RNN 的问题与改进。然而，传统的 RNN 也存在一些问题和挑战。其中最突出的问题之一是梯度消失和梯度爆炸问题。在反向传播算法中，梯度会随着时间步的增加而不断地进行连乘或连加运算，导致在训练过程中梯度会变得非常小或非常大，从而影响模型的训练效果。特别是在处理长序列数据时，这些问题会变得尤为突出，限制了传统 RNN 在实际应用中的效果。

为了解决梯度消失和梯度爆炸问题，近年来出现了一些改进的循环神经网络结构。其中最常见的两种结构是长短期记忆网络（LSTM）和门控循环单元（GRU）。这些改进结构在传统的 RNN 的基础上引入了一些门控机制，能够有效地控制信息的流动和保存，从而缓解了梯度消失和梯度爆炸问题。

LSTM 和 GRU 都是针对传统 RNN 的改进结构，它们在循环神经网络中引入了门控机制，以更好地控制信息的流动。具体来说，LSTM 通过遗忘门、输入门和输出门来控制隐藏状态的更新，从而能够更好地捕捉序列数据中的长期依赖关系。而 GRU 则简化了 LSTM 的结构，将遗忘门和输入门合并为一个更新门，以减少模型的参数数量和计算复杂度，但仍能够有效地解决梯度消失和梯度爆炸问题。

改进的循环神经网络结构如 LSTM 和 GRU 已经在各种领域取得了广泛的应用。它们在自然语言处理、时间序列预测、视频分析等任务中都取得了很好的效果。未来，随着深度学习技术的不断发展和优化，相信循环神经网络在序列数据处理领域的应用前景将更加广阔，为各种应用场景带来更多的创新和便利。

3. 生成对抗网络（GAN）

生成对抗网络（GAN）是一种引人注目的深度学习模型，它由两个主要部分组成：生成器和判别器。这两个部分相互对抗，以达到生成逼真数据的目标。GAN的概念最初于2014年提出，自那时起就在计算机视觉和人工智能领域引起了巨大的关注。

（1）GAN的结构。在GAN中，生成器和判别器是两个独立的神经网络模型，它们之间进行对抗性训练。生成器的任务是接收随机噪声作为输入，并生成与真实数据相似的假数据。判别器的任务是接收真实数据和生成器产生的假数据，并尝试将它们区分开来，即判断哪些是真实数据，哪些是生成器生成的假数据。

在训练过程中，生成器试图欺骗判别器，使其无法准确区分生成的假数据和真实数据，而判别器则努力提高自己的识别能力，以更准确地区分真假数据。通过这种对抗性的训练过程，生成器和判别器不断优化自身的参数，使得生成器生成的假数据越来越接近真实数据的分布。

（2）GAN的应用。生成对抗网络在图像生成、图像编辑、图像超分辨率、风格转换等领域都有着广泛的应用。

在图像生成方面，GAN可以生成逼真的人脸、风景、动物等图像，甚至可以生成虚构的艺术作品。这种能力对于游戏开发、电影特效等行业具有重要意义。

在图像编辑方面，GAN可以用于实现图像的风格转换、图像去模糊、图像修复等任务。例如，通过将输入图像与特定风格的参考图像进行融合，可以实现图像的风格转换，使得输入图像的风格与参考图像相似。

（3）GAN的挑战与改进。尽管GAN在许多任务上取得了显著的成功，但它仍然面临着一些挑战。其中最主要的挑战之一是训练的不稳定性。由于生成器和判别器之间的对抗性训练，往往会导致训练过程中的震荡和不稳定性，甚至可能出现训练不收敛的情况。另外，生成的假数据可能缺乏多样性和真实性，这也是GAN需要持续改进的方向之一。

为了应对这些挑战，研究者们提出了许多改进和变种的 GAN 模型，如条件 GAN、Wasserstein GAN、CycleGAN 等。这些改进的模型在提高生成图像质量、加快训练速度、提升稳定性等方面都取得了一定的进展，为 GAN 的应用和发展提供了新的思路和方法。

4. 自编码器（AE）

自编码器（AE）是一种常用于无监督学习的深度学习模型。它的设计灵感源自神经网络的自监督学习方法，旨在通过学习数据的有效表示，从而实现数据的压缩、去噪、特征学习等任务。自编码器由两部分组成：编码器（Encoder）和解码器（Decoder）。编码器负责将输入数据转换为潜在空间的低维度表示，而解码器则将潜在空间的表示映射回原始数据空间，尽可能地重构原始输入数据。

（1）自编码器的工作原理。自编码器的工作原理可以简单地概括为"重构输入数据"。具体来说，编码器接收原始输入数据，并将其映射到潜在空间中，得到一个低维度的表示。这个表示通常称为编码或者特征向量。然后，解码器接收这个潜在空间的表示，并尝试将其映射回原始数据空间，从而重构原始输入数据。在训练过程中，自编码器的目标是使得重构的数据尽可能地接近原始输入数据，从而最小化重构误差。

（2）自编码器的应用。

第一，数据压缩。自编码器最早被广泛应用于数据压缩领域。通过学习数据的有效表示，自编码器能够将高维度的输入数据压缩成低维度的编码，实现数据的压缩存储和传输。这种能力在图像压缩、语音压缩等领域有着重要的应用价值。

第二，特征学习。自编码器还被广泛应用于特征学习任务。通过训练自编码器，可以学习到数据的抽象特征表示，从而提取出数据中的关键特征。这些学到的特征表示可以用于后续的监督学习任务，如图像分类、目标检测等，从而提高模型的性能和泛化能力。

第三，数据去噪。自编码器也常用于数据去噪任务。在训练过程中，自编码器被要求将受到噪声干扰的输入数据重构成原始数据，从而自然地学习到对噪声的鲁棒性特征。这种能力在图像去噪、语音去噪等领域有着广泛的应用。

第四，自编码器的改进与发展。尽管自编码器在许多任务上取得了成功，但它仍然存在一些局限性，如容易受到噪声干扰、难以学习复杂的数据表示等。为了克服这些问题，研究者们提出了许多改进和变种的自编码器模型，如稀疏自编码器、去噪自编码器、变分自编码器等。这些改进的模型在提高自编码器的稳定性、泛化能力和适用范围方面都取得了一定的进展。

二、基于深度学习的在线学习智能评价

随着在线学习的兴起和发展，越来越多的学习者倾向于通过网络平台获取知识和技能。然而，与传统课堂教学不同，线上学习的评价和监控面临着一系列挑战。传统的评价方法可能无法满足对学生学习情况进行全面、准确评估的需求。基于深度学习的智能评价方法为在线学习提供了一种新的解决方案。

(一) 数据获取与预处理

1. 数据来源

数据来源是在线学习智能评价中至关重要的一环。通过对数据来源的详细了解和有效利用，可以为评价模型的构建和优化提供坚实的基础。

(1) 在线学习平台。在线学习平台是获取学生数据的主要渠道之一。这些平台记录了学生在课程中的种种行为，如观看视频、阅读文档、参与讨论等。通过对这些行为的记录和分析，我们可以深入了解学生的学习过程和行为模式，从而为智能评价提供有力支持。

第一，学习行为记录。在线学习平台能够准确记录学生在学习过程中的各种行为，如学习时长、学习进度、课程访问频率等。这些数据能够反映出学生的学习积极性和学习效率，为评价模型提供重要参考。

第二，交互信息收集。学生在在线学习平台上与教材、教师和其他学生之间进行的交互也是宝贵的数据来源。这些交互信息包括问题的提出、回答、讨论等，通过分析这些交互信息，可以了解学生的学习困难、疑惑以及学习动机。

第三，学习成绩数据。在线学习平台还记录了学生的学习成绩和表现。包括作业成绩、测验成绩、课程评分等信息。这些数据能够直观地反映学生

的学习情况和水平，为评价模型提供重要的训练和验证数据。

（2）其他数据收集方式。除了在线学习平台，还可以通过其他方式收集学生的数据，以丰富评价模型的特征和信息。

第一，在线问卷调查。设计有针对性的在线问卷调查，收集学生对课程内容、教学方法和学习体验的反馈意见。问卷调查可以帮助了解学生的学习需求和偏好，为课程改进和个性化教学提供参考。

第二，学生作业和考试结果。通过分析学生的作业和考试结果，可以了解学生对知识的掌握程度和学习成果。这些数据能够提供更加客观和直观的评价依据，为评价模型的构建和验证提供支持。

2. 数据清洗过程

在进行数据分析前，必须对收集到的原始数据进行清洗和预处理，以保证数据的质量和可用性。数据清洗过程包括但不限于以下方面。

（1）缺失值处理。在现实数据中，经常会出现缺失值的情况，可能是由于数据采集过程中的错误或者样本的缺失。缺失值会对后续的分析和建模产生影响，因此需要采取适当的处理方法。常见的缺失值处理方法包括填充和删除。填充方法可以是使用均值、中位数或者众数来填充缺失值，以保证数据的完整性和一致性；而删除方法则是直接删除包含缺失值的样本或者特征。选择合适的缺失值处理方法需要根据具体情况来决定，以确保处理后的数据质量和可用性。

（2）异常值处理。异常值指的是与大多数数据不符的观测值，可能是由于测量误差、录入错误或者真实情况下的特殊情况导致的。异常值会对数据分析和建模产生干扰，因此需要进行识别和处理。常见的异常值处理方法包括基于统计学方法的检测和基于规则的检测。统计学方法可以是使用均值加减几个标准差来识别异常值，或者使用箱线图等可视化方法来发现异常值；而基于规则的检测可以是根据业务经验或者领域知识来定义异常值的阈值。处理异常值的方法可以是修正异常值或者将其剔除，具体选择取决于异常值的原因和对分析结果的影响。

（3）特征选择。在实际应用中，数据可能包含大量的特征，其中一些可能是冗余的或者不相关的，对模型的性能和计算成本会产生不利影响。因此，需要根据具体任务需求和特征的重要性进行特征选择，去除冗余和不相关的特征，减少模型的复杂度和计算成本。常见的特征选择方法包括基于统计学的方法、基于模型的方法和基于启发式算法的方法。基于统计学的方法可以是使用相关系数或者方差分析来评估特征的重要性；基于模型的方法可以是使用L1正则化或者决策树等模型来选择特征；而基于启发式算法的方法可以是使用遗传算法或者模拟退火算法来搜索最佳特征子集。选择合适的特征选择方法需要综合考虑数据的特点、任务的需求和计算资源的限制。

3. 数据的标准化

数据标准化在深度学习模型中扮演着至关重要的角色。它是一种数据预处理技术，通过对数据进行转换，使得不同特征之间的数值范围相近，有利于模型的训练和收敛。这个过程可以简单地理解为将数据进行重新缩放，使其均值为0，标准差为1。标准化的主要目的是消除特征之间的量纲影响，确保模型在训练过程中能够更加稳定和高效地学习特征之间的关系。在深度学习中，如果不进行标准化处理，可能会导致某些特征对模型训练的影响过大，而忽略了其他特征的重要性，从而影响了模型的性能和泛化能力。

常用的数据标准化方法包括以下几种。

Z-score标准化：也称为标准差标准化，通过减去特征均值并除以标准差的方式对数据进行标准化。

Min-Max标准化：将数据缩放到一个指定的范围内，通常是0，1或者 -1，1。

均值归一化：也称为中心化，将数据减去均值，使得数据的均值为0。

数据标准化的过程可以在训练模型之前或同时进行。在许多深度学习框架中，标准化层已经被集成在模型的开头，作为模型的一部分。这样做可以简化模型构建过程，并提高模型的稳定性和收敛速度。

(二) 智能评价模型构建

1. 数据划分

数据划分是机器学习和数据科学领域中的一个重要步骤，它对于构建高效、可靠的模型起着至关重要的作用。在进行数据划分之前，数据需要经过清洗和预处理，以确保数据质量，消除噪声和不一致性，从而为模型提供准确的输入。在数据划分过程中，数据集被分为三个主要部分：训练集、验证集和测试集。这种划分方式有助于在不同阶段评估模型的性能，同时防止模型过度拟合训练数据。

（1）训练集。训练集是用来训练模型的数据子集。在这个阶段，模型通过学习训练集中的数据，不断调整和优化其内部参数，以便更好地理解数据中的模式和关系。训练集的大小对模型的学习效果有很大影响。如果训练集过小，模型可能无法捕捉到数据中的关键特征，导致欠拟合；相反，如果训练集过大，可能会导致过拟合，即模型在训练集上表现良好，但在新的、未见过的数据上表现不佳。

为了获得一个表现良好的模型，通常需要采用交叉验证等技术来确定最佳的训练集大小。此外，还可以使用自助采样等方法来扩充训练集，提高模型的泛化能力。

（2）验证集。验证集用于在模型训练过程中进行参数调优和选择。通过在验证集上评估模型的性能，可以帮助我们选择最佳的模型参数和超参数，如学习率、正则化系数等。这样可以确保模型在训练集上的表现不会过度优化，从而提高模型在未知数据上的泛化能力。

在实践中，验证集的选取需要谨慎，以避免与训练集过于相似，这可能会导致模型在验证集上过拟合。为了解决这个问题，可以使用 k 折交叉验证方法，将数据集分为 k 个相等的部分，每次用其中的 k-1 个部分作为训练集，剩下的一个部分作为验证集，这个过程重复 k 次，最后取平均值作为模型性能的评估。

（3）测试集。测试集用于在模型训练和参数调优完成后，评估模型的最终性能。测试集应与训练集和验证集完全独立，以确保评估结果的客观性和公正性。通过在测试集上评估模型，可以了解模型在实际应用中的表现以及其对新数据的适应能力。

在实际操作中，测试集的大小同样对评估结果有影响。如果测试集过小，评估结果可能会受到随机性的影响，导致评估结果不稳定；如果测试集过大，可能会浪费宝贵的数据资源。因此，需要根据具体情况和模型的需求，合理确定测试集的大小。

2. 损失函数选择

损失函数不仅指导模型学习的方向，还直接影响到模型的收敛速度和最终性能。因此，选择合适的损失函数是构建高效、准确模型的关键步骤。

对于分类任务，交叉熵损失函数（Cross Entropy, CE）是最为常用的损失函数之一。交叉熵损失函数衡量的是模型输出的概率分布与真实标签的概率分布之间的差异。在二分类问题中，交叉熵损失函数可以表示为模型输出为正类的概率与实际为正类的样本之间的对数概率差值。对于多分类问题，交叉熵损失则是基于 softmax 函数输出的概率分布与真实标签分布之间的差异。交叉熵损失函数的优势在于，它能够直接对概率输出进行优化，使得模型的预测结果更加符合实际分布，从而提高分类的准确性。

在回归任务中，均方误差损失函数（Mean Squared Error, MSE）是最常用的损失函数。它计算的是模型预测值与真实值之间差异的平方的平均值。均方误差损失函数鼓励模型学习到的输出值尽可能接近真实的目标值，从而减少预测误差。此外，均方误差损失函数具有平滑的梯度，有助于模型在训练过程中的稳定收敛。

除了交叉熵损失函数和均方误差损失函数，还有其他多种损失函数可供选择，如平均绝对误差损失函数（Mean Absolute Error, MAE）、Huber 损失函数等。这些损失函数各有特点，适用于不同类型的问题。例如，Huber 损失函数结合了 MSE 和 MAE 的优点，对于异常值具有更好的鲁棒性。

在选择损失函数时，还需要考虑模型输出的形式。例如，如果模型的输出是概率分布，那么交叉熵损失函数是合适的选择；如果模型的输出是连续值，那么均方误差损失函数可能更为合适。此外，损失函数的选择还应考虑到问题的特定要求，如是否对异常值敏感、是否需要平滑的梯度等。

3. 优化算法

优化算法在深度学习模型的训练中起着核心作用。它们负责根据损失函数的梯度信息来更新模型的权重和偏置，以此来最小化损失函数，找到数据的最优表示。不同的优化算法具有不同的特点和适用场景，选择合适的优化算法对于提高模型性能、加快收敛速度以及避免局部最优解具有重要意义。

随机梯度下降（Stochastic Gradient Descent, SGD）是最基础的优化算法之一。它通过计算损失函数的梯度来更新模型参数，每一步只使用一个样本或一小批样本来计算梯度，这使得 SGD 在处理大规模数据集时具有较高的计算效率。然而，SGD 可能会在最优解附近震荡，导致收敛速度变慢。为了解决这个问题，引入了动量（Momentum）的概念，它能够帮助加速 SGD 在相关方向上的收敛，并抑制震荡。

Adam（Adaptive Moment Estimation）是一种自适应学习率的优化算法，它结合了动量和 RMSProp（Root Mean Square Propagation）的优点。Adam 通过计算梯度的一阶矩估计和二阶矩估计来动态调整每个参数的学习率，这使得它在许多问题上表现得比 SGD 更加鲁棒和高效。Adam 算法特别适合处理非平稳目标和稀疏梯度的问题，因此在实践中被广泛应用。

除了 SGD 和 Adam，还有其他多种优化算法，如 AdaGrad、RMSProp、Nadam 等，它们各自有不同的设计理念和适用场景。例如，AdaGrad 通过累积所有梯度的平方和来调整学习率，适用于稀疏数据；而 RMSProp 通过使用梯度的移动平均的平方根来调整学习率，适用于处理非平稳目标函数。

在选择优化算法时，需要考虑模型的特定需求、数据的特点以及计算资源的可用性。例如，对于小型网络和简单的任务，SGD 可能就足够了；而对于大型网络和复杂的任务，可能需要使用更高级的优化算法，如 Adam。此外，实践中常常需要调整优化算法的超参数，如学习率、动量等，以达到最佳的训练效果。

4. 模型评估

在模型训练完成后，需要通过验证集和测试集对训练好的模型进行评估。通过评估模型在未见过的数据上的表现，可以客观地评估模型的泛化能力和性能。常用的评估指标包括准确率、精确率、召回率、F1 值等。

（1）准确率。准确率是最常用的模型评估指标之一，它衡量了模型在所有样本中正确分类的比例。准确率高表示模型分类的准确性高，但在样本类别分布不均衡的情况下，准确率并不能完全反映模型的性能，因为模型可能会偏向于预测样本数量较多的类别。

（2）精确率和召回率。精确率和召回率是一对互补的评估指标，它们在处理不平衡数据集时尤为重要。精确率衡量了模型在预测为正类别的样本中真正属于正类别的比例，而召回率衡量了模型能够正确识别出正类别样本的能力。在某些场景下，精确率更为关键，例如，在医学诊断中，需要确保诊断结果的准确性；而在搜索引擎中，召回率更为重要，因为需要尽可能多地检索到相关信息。

（3）F1 值。F1 值是精确率和召回率的调和平均，它综合考虑了模型的准确性和完整性。F1 值的取值范围在 0 ~ 1 之间，越接近 1 表示模型性能越好。

(三) 模型验证与优化

1. 模型验证

模型验证是通过在验证集上对模型进行评估和验证，可以客观地评估模型在未见过的数据上的表现，进而判断模型的泛化能力和性能。在模型验证过程中，需要特别关注过拟合和欠拟合现象。

（1）过拟合。过拟合指的是模型在训练集上表现良好，但在验证集或测试集上表现较差的情况。这可能是因为模型过度学习了训练集的噪声和细节，导致对未知数据的泛化能力较弱。为了避免过拟合，可以采用以下方法。

第一，正则化技术。如 L1 正则化和 L2 正则化，通过惩罚模型复杂度来防止过拟合。

第二，数据增强。增加训练集的样本数量和多样性，减少模型对训练集的依赖性。

第三，提前停止训练。当模型在验证集上的性能不再提高时，停止训练，以避免过拟合。

（2）欠拟合。欠拟合是指模型在训练集和验证集上的性能都较差，无法很好地拟合数据的情况。这可能是因为模型过于简单，无法捕捉数据的复杂关系。为了解决欠拟合问题，可以考虑以下方面。

第一，增加模型复杂度。增加网络层数或神经元数量，提高模型的拟合能力。

第二，调整特征。添加更多的特征或进行特征工程，以提高模型对数据的表达能力。

第三，减小正则化项。适当减小正则化项的权重，以降低对模型的约束。

2. 模型优化

模型优化是在模型验证的基础上对机器学习模型进行改进的过程，其目的是提高模型的性能和泛化能力，使其在未见过的数据上表现更好。在进行模型优化时，我们需要根据验证结果有针对性地调整模型的结构和超参数，以达到最佳的效果。常见的模型优化方法包括但不限于以下方面。

第一，调整模型结构。模型的结构包括网络的层数、每层的神经元数量等。通过增加或减少网络的层数、调整神经元数量等操作，可以改变模型的复杂度和表达能力，从而影响模型的性能。例如，增加网络的层数和神经元数量可以增加模型的复杂度，提高其对复杂数据的拟合能力；而减少网络的层数和神经元数量则可以减少模型的复杂度，降低过拟合的风险。在实际应用中，需要根据数据的特点和任务的需求来选择合适的模型结构，以达到最佳的效果。

第二，调整学习率。学习率是指模型在参数更新过程中的步长大小，它直接影响着模型的收敛速度和性能。合适的学习率可以加快模型的收敛速度，避免陷入局部最优解，从而提高模型的性能。通常情况下，我们可以通过学习率衰减等方法来逐步减小学习率，以使模型在训练过程中逐渐趋于稳定。同时，也可以采用自适应学习率算法，如 Adam、Adagrad 等，来动态调整学习率，以更好地适应不同参数的更新情况。

第三，增加正则化项。正则化项可以在损失函数中引入额外的惩罚项，用于控制模型的复杂度，防止模型在训练过程中过度拟合训练数据。常见的正则化方法包括 L1 正则化和 L2 正则化。L1 正则化倾向于产生稀疏的权重向量，可以自动进行特征选择，减少不相关特征的影响；而 L2 正则化则更倾向于平滑权重向量，防止参数过大，降低模型的复杂度。通过增加正则化项，可以有效地提高模型的泛化能力，提高其在未见过的数据上的表现。

第四，采用集成学习方法。集成学习通过将多个基学习器的预测结果进行结合，可以提高模型的稳定性和泛化能力，从而提高整体模型的性能。常见的集成学习方法包括 Bagging、Boosting 和 Stacking 等。Bagging 通过对训练数据进行自助采样，训练多个基学习器，并通过投票或平均等方式进行集成；Boosting 则是通过迭代训练多个基学习器，每次训练都调整样本权重，从而提高集成模型的性能；而 Stacking 则是通过训练多个不同的基学习器，并使用另一个模型来结合它们的预测结果，从而提高模型的泛化能力。通过采用集成学习方法，可以有效地提高模型的性能和稳定性，适用于各种类型的数据和任务。

第三节 智能时代高校在线课程质量评价指标体系

一、智能时代高校在线课程质量评价指标体系的理论基础

(一)教育评价理论

教育评价是指对教育活动、教育过程和教育结果进行系统、客观、科学的评估和判断的过程。教育评价理论主要包括传统评价理论和现代评价理论两个方面。

1. 传统评价理论

传统评价理论主要强调评价的客观性和公正性,侧重于通过量化指标和标准化测试来评估学生的学习成绩和教育质量。在传统评价理论中,代表性的理论包括古典测试理论和行为主义评价理论。

(1)古典测试理论。古典测试理论是评价领域的经典理论之一,它主张通过标准化测试来评价学生的学习成绩和知识水平。该理论认为学生的能力可以通过固定的测试工具进行准确测量,评价结果具有客观性和可靠性。然而,古典测试理论忽视了学生个体差异和学习过程中的动态变化,评价结果缺乏全面性和深度性。

(2)行为主义评价理论。行为主义评价理论强调学习的结果和行为,认为学生的学习成果可以通过可观察的行为来评价。该理论注重对学生行为的测量和观察,将学习看作一个被动的接受和反应过程。然而,行为主义评价理论忽视了学生的内在思维过程和创造性表达,评价结果缺乏对学生全面发展的考量。

2. 现代评价理论

现代评价理论强调评价的多维性和综合性,注重从多个角度全面评价学生的学习过程和成果。在现代评价理论中,代表性的理论包括认知评价理论、社会文化评价理论和发展评价理论等。

(1)认知评价理论。认知评价理论关注学生的认知水平和学科能力,强调评价学生对知识的理解和运用能力。该理论倡导通过开放性的测量工具和任务来评价学生的思维过程和解决问题的能力,评价结果更加贴近学生的实

际表现。

（2）社会文化评价理论。社会文化评价理论强调评价学生的社会交往能力、情感态度和文化背景等方面。该理论认为学习是一种社会实践和文化传承过程，评价应该关注学生的社会适应能力和文化认同感，促进学生的全面发展。

（3）发展评价理论。发展评价理论强调评价学生在学习过程中的成长和发展，注重评价学生的学习动态和个体差异。该理论认为评价应该是一个持续性和动态性的过程，关注学生的学习进步和自我实现，激发学生的学习动力和创造力。

（二）质量管理理论

质量管理理论是现代管理理论的重要组成部分，其核心思想是通过持续改进和不断创新来提高产品和服务的质量。在构建高校在线课程质量评价指标体系中，我们可以借鉴质量管理理论的相关原则和方法，以确保评价指标体系的科学性和有效性。

1. 质量管理原则

在当今教育领域，质量管理原则的应用已成为提升教学质量和学生满意度的关键因素。这些原则不仅适用于产品和服务的制造与提供，同样适用于教育服务的提供，特别是在高校在线课程的设计与实施中。

（1）顾客导向原则。在教育环境中，顾客即学生和其他利益相关者，如雇主和合作伙伴。这意味着在线课程的设计和提供必须以满足和超越学生的期望为中心。评价指标体系应关注学生的学习成果、满意度以及他们对课程内容、教学方法、资源可用性和技术支持等方面的反馈。通过定期收集和分析这些数据，教育机构可以及时调整课程内容，改进教学方法，从而更好地满足学生的需求。

（2）持续改进原则。在线课程不应是一成不变的，而应根据学生的反馈、技术的发展以及教育趋势的变化进行定期的更新和优化。评价指标体系应包含对课程内容、教学方法、学习资源和学生互动等方面的持续监测和评估。通过这些指标，教育机构可以识别课程的优势和不足，制订改进计划，实现教学质量的持续提升。

（3）全员参与原则。这不仅包括教师和学生，还包括行政人员、技术支持人员和课程设计者。在在线课程的质量评价中，每个角色都应参与到评价指标的制订、实施和反馈过程中。例如，教师可以提供关于课程内容和教学方法的有效性反馈，学生可以分享他们的学习体验，而技术支持人员可以就技术平台的性能和可靠性提供见解。这种全员参与的文化有助于确保评价指标体系的全面性和实用性。

（4）系统化管理原则。在线课程的质量评价不应仅关注单个方面，而应考虑所有影响学生学习体验的因素。评价指标体系应包括课程设计、教学实施、学习资源、学生支持服务、评估和反馈等多个维度。通过系统化的管理，教育机构可以确保所有组成部分协同工作，共同促进教学质量的提升。

2. 质量管理方法

质量管理是确保产品或服务质量满足特定标准和顾客需求的一系列方法和程序。在教育领域，尤其是高校在线课程的背景下，质量管理方法的应用对于提高教学质量、满足学习者需求以及促进教育创新具有重要意义。

（1）PDCA 循环（计划—执行—检查—行动）。PDCA 循环是一种持续改进的方法，由四个阶段组成：计划（Plan）、执行（Do）、检查（Check）、行动（Act）。在高校在线课程质量评价中，PDCA 循环可以这样应用。

第一，计划。在计划阶段，高校需要首先明确在线课程的质量目标和评价指标。这包括确定课程的教学目标、学习成果以及如何衡量这些成果。此外，还需要考虑课程设计的原则、教学方法的选择、学习资源的配置等。

质量目标：明确课程应达到的教育标准和学习者应获得的知识技能。

评价指标：制订一系列可量化的指标，如学生满意度、考试成绩、参与度等，以便于后续的评价和改进。

课程设计：设计课程结构、内容、教学活动等，确保它们与质量目标相符合。

实施计划：制订详细的教学计划和时间表，包括课程发布、教学活动、作业提交和评估等关键时间点。

第二，执行。执行阶段是根据计划阶段制订的方案来实施在线课程。这包括课程内容的制作、发布以及教学互动的组织。

内容制作：制作高质量的教学视频、讲义、习题等教学资源。

课程发布：将制作好的教学内容按照计划发布到在线教育平台上。

教学互动：组织在线讨论、问答、小组作业等互动环节，提高学生的参与度和学习效果。

第三，检查。检查阶段是通过收集和分析数据来评估课程实施的效果，判断是否达到了预定的质量标准。

数据收集：收集学生反馈、成绩、参与度等数据。

数据分析：运用统计分析方法，如描述性统计、相关性分析等，来分析数据，识别问题和改进点。

效果评估：根据评价指标，评估课程的教学质量和学习成果，确定是否满足既定目标。

第四，行动。行动阶段是根据检查阶段的结果，对课程内容和教学方法进行必要的调整和优化。

问题解决：针对识别出的问题，制订解决方案，如改进教学内容、调整教学进度、优化互动方式等。

持续改进：实施改进措施，并继续进行 PDCA 循环，以实现教育质量的持续提升。

标准化：将成功的经验和做法标准化，形成可复制和推广的教学模式。

（2）六西格玛。六西格玛是一种旨在减少过程中的缺陷和变异的方法，通过 DMAIC（定义、测量、分析、改进、控制）五个阶段来实现质量的改进。在在线课程质量管理中，六西格玛的应用如下。

测量阶段，涉及收集相关数据，以建立课程质量的基线。通过收集学生满意度调查、课程评价结果、学习成绩等数据，可以客观地了解在线课程的实际运行情况和存在的问题，为后续的分析和改进工作提供数据支持。

分析阶段，通过统计分析等方法，识别影响在线课程质量的关键因素。这可能涉及对学生反馈数据的挖掘和分析，找出课程设计、教学方法、技术支持等方面存在的问题和"瓶颈"，为制定有效的改进措施提供依据。

改进阶段，针对识别出的问题和"瓶颈"，设计和实施改进方案。例如，可以通过优化课程结构、增加教学互动性、提升教学资源的质量等方式，不断改进和完善在线课程，以提高学生的学习体验和教学效果。

控制阶段，旨在确保改进措施的持续性，防止质量问题的再次发生。这包括建立监控机制，定期跟踪和评估在线课程的运行情况，及时发现和解决潜在问题，保持在线课程的质量稳定和持续改进。

3. 质量功能展开（QFD）

质量功能展开是一种将顾客需求转化为产品特性的系统化工具，通过"屋"形矩阵将这些需求与产品开发过程相连接。在在线课程质量评价中，QFD 包括以下应用步骤。

（1）需求收集。需求收集确保了教育产品和服务能够满足学习者的期望和需求。在高等教育领域，尤其是在线课程开发和质量评价中，全面而深入的需求收集对于提升课程质量和学习体验至关重要。

第一，需求收集的重要性。需求收集的重要性在于它为课程设计和改进提供了方向和依据。通过了解学习者的期望和需求，教育者可以更有针对性地开发和调整课程，从而提高教育的有效性和满意度。

课程内容的相关性：了解学习者对课程内容的期望，可以帮助教育者确定课程应涵盖的主题和知识点，确保课程内容的相关性和实用性。

教学方法的适宜性：收集学习者对教学方法的偏好和建议，有助于教育者选择或创新教学方法，提高教学的吸引力和互动性。

学习资源的充足性：通过需求收集，教育者可以了解学习者对学习资源的需求，如参考书籍、视频教程、在线工具等，从而提供更加丰富和多样化的学习资源。

第二，需求收集的方法。需求收集的方法多种多样，每种方法都有其独特的优势和适用场景。

问卷调查：问卷调查是一种常用的需求收集方法，它可以迅速收集大量学习者的意见和建议。通过设计包含封闭式和开放式问题的问卷，可以全面了解学习者的需求。

访谈：访谈是一种更为深入的需求收集方法，它允许教育者与学习者进行"一对一"的交流。通过访谈，可以获取更详细和具体的信息，了解学习者的个人经历和感受。

焦点小组讨论：焦点小组讨论是一种集体讨论的方法，它可以激发学习者之间的互动和讨论。在专业引导者的带领下，学习者可以共同探讨和表达他们对课程的需求和期望。

第三，需求分析与应用。收集到的需求数据需要经过系统地分析和整理，才能有效地应用于课程设计和改进。

数据的整理与分类：将收集到的数据进行整理和分类，识别出学习者的共同需求和个别需求，为课程设计提供依据。

需求的优先级评估：对需求进行优先级评估，确定哪些需求是最重要的，哪些需求是次要的或可以合并的。这有助于教育者合理分配资源，优先满足最关键的需求。

需求的实施与反馈：将分析后的需求应用于课程设计和改进，并在实施后收集学习者的反馈，评估需求满足的程度，形成持续改进的循环。

(2)需求分析。需求分析是教育产品设计和课程开发中至关重要的环节，它确保了教育服务能够精准地满足学习者的期望和需求。在收集到学习者的广泛需求后，进行系统的分类整理和深入分析，可以帮助教育者识别出关键需求，并为后续的功能展开和课程设计提供坚实的基础。

第一，需求的分类整理。对收集到的需求进行分类整理是需求分析的第一步，它有助于清晰地识别不同类别的需求，并为进一步的分析打下基础。

按需求性质分类：将需求按照性质进行分类，如课程内容需求、教学方法需求、学习资源需求、评估与反馈需求等，以便更有针对性地进行分析。

按学生特征分类：根据学生的不同特征（如年级、专业、学习风格等）对需求进行分类，以便更好地理解不同学生群体的特定需求。

按优先级分类：对需求进行优先级排序，区分出紧迫需求和长期需求，这有助于教育者合理分配资源和时间，优先解决最重要的问题。

第二，关键需求的识别。识别关键需求是需求分析的核心，它要求教育者深入理解学生的真实诉求，并从中提炼出最具影响力和价值的需求点。

需求的相关性分析：分析各个需求之间的关联性，识别出那些对课程质量和学习体验影响最大的需求，这些通常是关键需求。

需求的影响力评估：评估每个需求对学习成效、学生满意度和教育资源利用等方面的潜在影响，确定其重要性。

需求的可行性分析：考虑需求实现的可行性，包括技术可行性、成本效益和实施难度等因素，筛选出既关键又可行的需求。

第三，需求的深入分析。深入分析需求不仅涉及对需求本身的理解，还包括对学习者背后动机和期望的探究。

学习者心理分析：通过心理学理论，分析学习者提出需求背后的心理动机，如成就动机、自我效能感等，以便更好地满足其内在需求。

学习环境分析：考虑学习者所处的学习环境，如学校文化、家庭背景、社会期望等，分析这些因素如何影响学习者的需求。

趋势预测：结合教育发展趋势和市场需求，预测未来可能的变化，分析这些变化对当前需求的影响，以及如何适应这些变化。

(3) 功能展开。功能展开是将学生需求具体化、操作化的过程，它是课程设计和实施中至关重要的一步。在确定了关键需求之后，教育者需要将这些抽象的需求转化为具体的课程特性，确保课程能够有效地满足学生的学习需求。具体如下。

第一，课程内容的设置。课程内容是在线课程的核心，其设置应基于学生的学习需求和课程的教学目标。

知识结构设计：根据学生的学习需求，设计合理的知识结构，确保课程内容系统性和逻辑性，便于学生理解和掌握。

主题模块开发：将课程内容划分为不同的主题模块，每个模块围绕一个核心主题展开，便于学生集中精力深入学习。

实时更新与迭代：根据最新的学术研究和行业动态，定期更新课程内容，确保课程的前沿性和实用性。

第二，教学方法的选择。教学方法是实现课程目标的重要手段，选择合适的教学方法可以提高教学效果和学习体验。

互动式教学：采用互动式教学方法，如讨论、问答、小组合作等，提高学生的参与度和互动性。

案例教学：引入实际案例分析，让学生通过分析真实情境中的问题，提高其解决实际问题的能力。

混合式学习：结合线上学习和线下实践，提供多样化的学习途径，满足不同学生的学习风格和需求。

第三，学习资源的提供。学习资源是支持学生学习的重要辅助工具，高质量的学习资源可以促进学生的自主学习和深入探究。

多媒体材料：提供丰富的多媒体学习材料，如视频讲座、动画演示、互动模拟等，增加学习的趣味性和直观性。

在线工具与平台：利用在线工具和平台，如学习管理系统（LMS）、虚拟实验室、在线测试等，支持学生的学习活动。

参考资料与文献：提供充足的参考资料和文献，包括电子书籍、学术论文、在线数据库等，支持学生的深入研究和知识拓展。

（4）优先级排序。在课程设计和开发的过程中，优先级排序是一个至关重要的步骤。它涉及对课程功能和特性的评估，以确定哪些功能最能满足学生的学习需求和提升课程质量。通过优先级排序，教育者可以确保将有限的资源和精力集中在最关键的领域，从而实现教育资源的有效分配和课程设计的最优化。

第一，功能评估。在进行优先级排序之前，首先需要对课程的各个功能进行全面的评估。

功能性分析：分析每个功能对实现课程目标的贡献程度，以及它们在满足学生需求方面的作用和效果。

影响性评估：评估每个功能对提升学生学习成效、增强学习体验和提高课程吸引力等方面的潜在影响。

可行性研究：考虑每个功能的实施难度、成本投入和技术要求，评估在现有资源条件下实现这些功能的可行性。

第二，优先级排序的方法。优先级排序需要采用科学有效的方法，以确保排序结果的合理性和准确性。

MoSCoW方法：这是一种常用的优先级排序方法，将功能分为"必须有"（Must have）、"应该有"（Should have）、"可以有"（Could have）和"不会有"（Won't have）四个等级，帮助教育者明确每个功能的优先顺序。

Kano模型：Kano模型将功能分为基本因素、性能因素和兴奋因素，通过分析学生对不同功能的感知和满意度，确定功能的优先级。

成本效益分析：对每个功能的成本和预期效益进行分析，优先考虑那些成本较低而效益较高的功能。

第三，资源分配。在确定了功能的优先级后，需要对资源进行合理分配，确保关键功能的实施和优化。

关键功能的资源保障：为优先级高的功能分配足够的资源，包括资金、人力和技术等，确保这些功能能够得到有效的实施和支持。

次要功能的资源优化：对于优先级较低的功能，探索资源优化的可能性，如通过合作伙伴、开源工具或社区资源等方式降低成本。

持续的资源调整：在课程实施过程中，根据实际情况和反馈，持续对资源分配进行调整和优化，确保资源的有效利用。

第四，持续地评估与反馈。优先级排序不是一次性的活动，而是一个持续的过程。教育者需要定期对功能进行重新评估，并根据评估结果进行优先级调整。

定期的功能评审：定期组织功能评审会议，邀请教师、学生和其他利益相关者参与，共同讨论功能的优先级排序。

反馈的收集与分析：收集学生和教师对课程的反馈，分析功能实施的效果，根据反馈结果调整优先级排序。

动态的优先级调整：根据课程发展、学生需求变化和技术进步等因素，动态调整功能的优先级，确保课程设计始终符合学生的需求和教育目标。

(三) 信息技术与教育融合理论

信息技术与教育融合理论强调了信息技术在教育领域的应用和作用，提倡通过信息技术手段来改进教育教学过程和提高教育教学质量。在构建智能时代高校在线课程质量评价指标体系中，我们需要充分考虑信息技术的发展和应用，以提升评价的智能化和科学化水平。

1. 教育信息化

教育信息化作为现代教育发展的关键趋势，对于提升教育教学质量和效率具有重要意义。它涉及信息技术在教育领域的广泛应用，包括教学资源的数字化、教学过程的智能化、教育管理的信息化等多个方面。在高校在线课程质量评价中，教育信息化技术的应用可以实现评价过程的高效、准确和客观。

（1）教学资源的数字化。教学资源的数字化是教育信息化的基础，它使得传统的教学资源转化为电子形式，便于在线存储、传输和使用。

第一，资源的多样化。数字化的资源包括电子书籍、在线视频、互动模拟等多种形式，能够满足不同学习者的需求。

第二，资源的可访问性。数字化资源可以通过网络进行广泛传播，学生和教师可以随时随地访问所需资源，提高学习的灵活性和便利性。

第三，资源的更新与维护。去数字化资源便于更新和维护，可以及时反映最新的学术成果和教学方法，确保教学内容的时效性和前沿性。

（2）教育管理的信息化。教育管理的信息化涉及教育机构内部管理和外部交流的信息化，提高教育管理的效率和透明度。

第一，教务管理系统。通过教务管理系统，实现课程管理、成绩管理、学籍管理等教务工作的信息化，简化管理流程，提高工作效率。

第二，质量监控系统。建立质量监控系统，对教学质量进行实时监控和评估，确保教学活动的质量和效果。

第三，信息公开与共享。通过信息公开和共享，增强教育机构的透明度，使教育利益相关者能够及时了解教育信息，参与教育决策和管理。

2. 个性化教育

（1）个性化教育的实现途径。个性化教育的实现需要依赖于对学生的学习行为和习惯的深入理解和分析，这可以通过信息技术手段来实现。

学习数据分析：通过收集学生的学习数据，如登录频率、学习时间、完成任务的速度等，分析学生的学习行为模式和学习成效。

学习习惯识别：利用机器学习和数据挖掘技术，识别学生的学习习惯和偏好，如喜欢的学习时间、擅长的学习方式等。

个性化学习路径：基于学生的学习数据和习惯，设计个性化的学习路径和教学活动，提供适合学生个人特点的学习资源和辅导。

（2）个性化评价指标的构建。在构建高校在线课程质量评价指标体系时，应考虑引入个性化评价指标，以更全面地评估课程对学生个体的适应性和有效性。

学生满意度：将学生的满意度作为评价指标之一，通过问卷调查、访谈等方式收集学生对课程的反馈和建议。

学习成效个性化评估：根据学生的学习目标和需求，对学习成效进行个性化评估，如通过自适应测试来衡量学生的知识掌握情况。

学习体验评价：评价学生在学习过程中的体验，包括课程内容的吸引力、教学互动的充分性、学习资源的可用性等。

（3）个性化教育的挑战与对策。虽然个性化教育具有显著的优势，但在实施过程中也面临着一些挑战，需要高校和教师采取相应的对策。

数据隐私保护：在收集和分析学生数据时，必须严格遵守数据隐私保护的法律法规，确保学生的个人信息安全。

教师角色转变：教师需要从传统的知识传授者转变为学习引导者和辅导员，更多地关注学生的个性化需求和发展。

技术支持与培训：高校应提供必要的技术支持和培训，帮助教师掌握个性化教育所需的信息技术工具和方法。

二、智能时代高校在线课程质量评价指标体系的构建

（一）一级指标：课程内容与教学设计

一级指标主要关注在线课程的内容设置和教学设计，是评价指标体系的核心部分。

第一，课程目标的明确性与适应性。一个高质量的课程应当有明确、具体且可衡量的教学目标，这些目标不仅需要与学科知识相符合，还应考虑到学生的学习需求和未来职业发展。明确性的体现在于，学生和教师都能够清楚地知道课程的学习重点和期望成果。适应性则要求课程目标能够灵活调整，以适应不同学生群体的特点和教育环境的变化。例如，对于不同专业背景的学生，课程目标可能需要做出相应的调整，以确保每个学生都能从中获得必要的知识和技能。

第二，教学内容的科学性与前沿性。科学性要求课程内容基于严谨的学科理论和实践验证，能够为学生提供准确和可靠的知识。前沿性则强调课程内容应当紧跟学科发展的最新趋势，包括最新的研究成果、理论观点和实践方法。这样的课程能够激发学生的学习热情，培养他们的创新意识和前瞻性思维。在评价过程中，我们应当关注课程是否包含了最新的学术资料、案例研究和实际应用以及这些内容是否能够有效地整合到教学活动中。

第三，教学方法的创新性与互动性。创新性教学方法能够突破传统教学模式的局限，为学生提供多样化的学习体验。这可能包括翻转课堂、项目

式学习、协作学习等多种形式，这些方法能够促进学生的主动学习和批判性思考。互动性则强调教师与学生之间、学生与学生之间的有效沟通和交流，这对于在线课程尤为重要。通过在线讨论区、实时问答、小组作业等方式，学生可以在虚拟的学习环境中进行充分的互动，这有助于深化他们对课程内容的理解和应用。

(二) 二级指标: 学习资源与技术支持

二级指标主要考查在线课程提供的学习资源和技术支持情况，对学习环境的建设和技术保障提出要求。

1. 学习资源的多样性与实用性

学习资源是在线课程的核心组成部分，直接影响到学生的学习效果和满意度。多样性与实用性是评估学习资源的两个关键方面。

（1）多样性。优质的在线课程应当提供多种形式的学习资源，以适应不同学习风格和需求。这些资源包括视频讲座、文本资料、互动模拟、案例研究、在线测试等。多样性还体现在资源的覆盖面上，课程应涵盖从基础到高级的知识点，以适合不同层次的学习者学习。

（2）实用性。学习资源应当与课程目标紧密相关，能够直接支持学生的学习过程。实用性还意味着资源应当具有高度的可访问性和用户友好性，确保学生能够轻松地找到和使用所需资源。此外，资源应当及时更新，以反映最新的学术研究和行业趋势。

2. 技术支持的稳定性与先进性

技术支持是在线课程运行的基础，其稳定性和先进性直接影响到教学活动的连续性和有效性。

（1）稳定性。技术支持的稳定性是指在线学习平台和相关技术工具的可靠性。一个稳定的技术平台应当能够承受高并发访问，保证学生和教师在任何时间都能访问课程内容和资源。此外，技术支持团队应当能够及时响应和解决技术问题，最小化对学习过程的干扰。

（2）先进性。技术支持的先进性涉及平台功能和工具的现代化程度。先进的技术平台应当支持互动学习、实时反馈、数据分析等现代教育技术。例如，通过集成人工智能辅助工具，平台可以提供个性化的学习建议和自动评估学生的表现。此外，平台应当支持移动学习，使学生能够通过各种设备随时随地进行学习。

3. 综合评估与持续改进

对"学习资源与技术支持"的评估应当是一个综合的过程，不仅要考虑资源和技术本身的质量，还要考虑它们如何协同工作以提升学习体验。评估过程中，应当采用多种方法和工具，如问卷调查、访谈、用户测试、数据分析等，以获得全面的信息。

评估结果应用于指导课程设计和技术支持的持续改进。例如，如果发现某类学习资源的使用率较低，课程设计者应当分析原因并考虑调整资源内容或形式。如果技术支持出现频繁的故障，技术团队应当寻找根本原因并采取措施提高系统的稳定性。

（三）三级指标：学习体验与教学效果

三级指标主要从学生学习体验和教学效果两个方面对在线课程进行评价。

1. 学习体验的个性化与满意度

学习体验是学生在参与在线课程学习过程中所感受到的整体感受和体验。个性化体验和满意度是评价学生对在线课程学习体验的关键指标之一。

（1）个性化体验。个性化体验指的是学生在参与在线课程学习时，是否能够根据自身的兴趣、学习风格和学习需求，获得相应的学习支持和资源。评估个性化体验时，可以考查以下方面。

第一，课程设计的针对性。评估在线课程的设计是否考虑到了学生的个体差异，是否提供了多样化的学习资源和活动，以满足不同学生的学习需求。

第二，学习过程的个性化支持。评估在线课程是否提供了个性化的学习支持和指导，如个性化学习路径、个性化学习推荐等，以帮助学生更好地完成学习任务。

（2）满意度。学习满意度是评价学生对在线课程整体体验的一个重要指标，它反映了学生对课程设计、教学质量、学习资源等方面的满意程度。评估学习满意度时，可以考虑以下方面。

第一，课程设计的流畅性。评估课程内容的组织结构是否清晰合理，学习资源是否易于获取，学习任务是否适当安排，以确保学生学习过程的顺畅性和连贯性。

第二，教学活动的吸引力。评估教学活动的设计是否能够吸引学生的兴趣和参与度，是否能够激发学生的学习动机和积极性，以提高学生的学习体验和满意度。

2. 教学效果的量化评估与反馈

教学效果是评价在线课程质量的关键指标之一，它反映了在线课程对学生学习成果和学习效果的影响程度。量化评估与及时反馈是评估教学效果的重要手段。

（1）量化评估。量化评估是指通过客观的数据和指标来评价在线课程的教学效果。常用的量化评估指标包括学习成绩、学习进度、学习行为数据等。评估教学效果时，可以考虑以下方面。

第一，学习成绩的提升。评估学生在参与在线课程学习后的学习成绩是否有所提升，是否达到了预期的学习目标。

第二，学习进度的掌握。评估学生在学习过程中的学习进度是否符合预期，是否能够按时完成学习任务和课程要求。

第三，学习行为的分析。通过分析学生的学习行为数据，如学习时长、学习频率、参与度等，评估学生的学习态度和学习行为是否积极。

（2）及时反馈。及时反馈是指在学习过程中及时向学生提供关于学习进展和学习效果的反馈信息，以帮助学生及时调整学习策略和提高学习效果。评估教学效果时，需要考虑以下方面。

第一，学习成绩反馈。及时向学生反馈他们的学习成绩和表现，指导他们对学习进展进行评估和调整学习策略。

第二，学习行为反馈。及时向学生反馈他们的学习行为数据，如学习时长、学习进度等，以帮助他们了解自己的学习情况和改进学习行为。

第三，教师指导和建议。教师应及时向学生提供学习指导和建议，解答他们的疑问，引导他们解决学习困难，以提高学习效果和满意度。

第四节　智能时代高校在线开放课程价值评估探究

一、智能时代高校在线开放课程价值评估模型的构建

(一) 基于收益法的在线开放课程价值评估模型

基于收益法的价值评估模型是一种常用的评估模型，它通过分析 MOOCs 的投入和产出，计算其经济和社会效益，从而评估其真实的价值。具体而言，基于收益法的在线开放课程价值评估模型包括以下步骤。

第一，投入分析。在评估模型中，首先需要对 MOOCs 的投入成本进行分析。这些投入成本包括课程开发、教学支持、技术支持等方面的费用。具体而言，课程开发费用涉及课程设计、内容编写、教材制作等方面的成本；教学支持费用包括教师培训、课程管理、学生服务等方面的费用；技术支持费用则涉及平台建设、服务器维护、网络带宽等方面的投入。通过对这些投入成本的详细分析，可以清晰地了解 MOOCs 的资源投入情况。

第二，产出分析。在投入分析之后，需要对 MOOCs 的产出效益进行分析。这些产出效益包括学生参与度、学习成果、就业率、社会影响等方面的数据。学生参与度可以通过学生注册数、课程完成率等指标来衡量；学习成果可以通过学生的学习成绩、课程反馈等数据来评估；就业率则可以通过学生的就业情况和薪资水平来反映；社会影响则可以通过 MOOCs 在教育领域和社会发展中所起到的作用来评估。通过对这些产出效益的综合分析，可以全面了解 MOOCs 对学生和社会的影响。

第三，成本效益分析。在对投入和产出进行分析后，需要进行成本效益分析，即通过比较 MOOCs 的投入和产出来评估其经济和社会效益。这一步骤主要涉及计算成本效益比，即投入产出比。成本效益分析可以帮助评估 MOOCs 的投资回报率，从而为决策者提供重要参考。

第四，风险评估。风险因素主要包括技术风险、市场风险、政策风险等方面的因素。技术风险涉及技术平台的稳定性和安全性；市场风险涉及市场需求和竞争状况；政策风险则涉及政策法规和政治环境的变化。通过对这些风险因素的评估，可以及时发现潜在的风险，并采取相应的应对策略，以降

低风险对 MOOCs 的影响。

(二) 模糊综合评价法在模型中的应用

在当今信息化时代，模糊综合评价法作为一种多准则决策方法，在各个领域得到了广泛的应用。特别是在 MOOCs 的价值评估中，由于涉及的评价指标众多且相互之间存在模糊性和不确定性，模糊综合评价法的应用显得尤为重要。

首先，我们需要了解模糊综合评价法的基本原理。该方法基于模糊数学理论，通过将定性的评价指标转化为定量的数值，来处理评价过程中的模糊性和不确定性。在在线开放课程的评价中，评价指标可能包括课程内容的质量、教学互动的频率、学习资源的丰富程度、技术支持的稳定性等。这些指标往往难以用绝对的数值来衡量，而模糊综合评价法则提供了一种有效的方法来量化这些指标。

在构建在线开放课程的价值评估模型时，首先需要确定评价指标体系。这一体系通常由多个一级指标和相应的二级指标组成。例如，一级指标可能包括"教学内容""学习支持""技术平台"等，而每个一级指标下又包含若干二级指标，如"教学内容"下可能包括"课程目标明确性""内容科学性"等。确定指标体系后，需要对每个指标进行权重分配，这一过程可以通过专家打分、德尔菲法等方法来实现。

接下来，模糊综合评价法的核心在于构建模糊关系矩阵和隶属度函数。模糊关系矩阵用于描述评价指标之间的模糊关系，而隶属度函数则用于将评价指标的定性描述转化为定量的数值。例如，对于"课程目标明确性"这一指标，可以设定一个隶属度函数，将"非常明确""比较明确""一般""不太明确"和"不明确"这五种评价等级分别对应到 0.9、0.7、0.5、0.3 和 0.1 这些数值上。通过这种方式，我们可以将专家的评价转化为可以进行数学运算的数值。

在完成隶属度函数的构建后，我们需要收集相关的评价数据，如学生反馈、专家评审等，并将这些数据通过隶属度函数转化为数值。然后，通过模糊关系矩阵和权重分配，我们可以计算出每个一级指标的模糊评价值，最后通过综合计算得出整个在线开放课程的总体评价值。

模糊综合评价法的优势在于其能够处理评价指标之间的模糊性和不确定性，使得评价结果更加符合实际情况。此外，该方法还具有较好的灵活性和适应性，可以根据不同的评价需求调整指标体系和权重分配，从而提高评价的针对性和有效性。

(三) 模型的实证分析与案例研究

1. 实证分析

实证分析是指通过收集和分析实际数据来验证理论模型的有效性。在MOOCs 价值评估模型的实证分析中，以下步骤是关键。

数据收集：首先，需要从多个在线平台收集 MOOCs 的相关数据，这些数据可能包括学生注册信息、学习行为数据、成绩数据、课程评价和反馈等。这些数据应当尽可能全面和准确，以确保分析结果的可靠性。

模型应用：将收集到的数据输入评估模型中，运用模型中的指标和算法对 MOOCs 的价值进行量化评估。这一过程中，可能需要对原始数据进行预处理，如数据清洗、缺失值处理、异常值检测等。

结果分析：对评估结果进行分析，识别 MOOCs 的优势和不足，以及可能的改进方向。分析过程中，可以运用统计方法和可视化工具来揭示数据的内在规律和趋势。

比较研究：将评估模型的结果与其他评估方法或标准进行比较，如与传统面授课程的评估结果进行对比，或者与行业标准和最佳实践进行对标。通过比较，可以验证评估模型的独特价值和适用范围。

2. 案例研究

案例研究是通过对特定实例的深入分析来探索和理解复杂现象的一种研究方法。在 MOOCs 价值评估的案例研究中，以下方面是重点。

案例选择：选择具有代表性的 MOOCs 案例进行研究，这些案例应当覆盖不同的学科领域、教学模式和目标群体。同时，应当考虑选择那些在教育界或社会上产生较大影响的案例。

数据收集：针对选定的案例，收集详细的课程信息和相关数据，包括课程设计、教学内容、学习资源、技术支持、学生反馈等。

深入分析：对收集到的数据进行深入分析，探讨影响 MOOCs 价值的关键因素，如课程质量、学习体验、学习成效、教师支持、社区互动等。分析过程中，可以运用定性分析和定量分析相结合的方法。

经验总结：基于案例分析的结果，总结 MOOCs 的成功经验和存在的问题，提出针对性的改进建议。同时，探讨案例中的创新做法和最佳实践，为其他 MOOCs 的设计与管理提供借鉴。

二、智能时代高校在线开放课程价值评估的实践应用

在线开放课程作为一种新兴的教育形式，其价值评估对于促进高校在线开放课程建设、提升课程质量以及推动在线开放课程交易平台的发展具有重要意义。

(一) 价值评估在高校在线开放课程建设中的应用

高校在线开放课程建设是一个综合性的工程，需要综合考虑教学资源、技术支持、教学管理等多个方面的因素。在这一过程中，价值评估发挥着重要作用。

1. 资源配置优化

在线开放课程的建设涉及多种资源的投入，包括教师资源、技术资源、资金资源等。通过对这些课程进行价值评估，可以更加科学地分析和判断各个课程的实际效益和潜在价值。

(1) 课程优势分析。通过评估，可以识别出哪些课程在内容质量、教学方法、互动交流等方面表现出色，从而为这些课程提供更多的支持和推广。

(2) 课程不足识别。同时，评估也能揭示课程的不足之处，如内容更新滞后、教学互动不足等问题，为资源的重新分配提供依据。

(3) 资源合理配置。基于评估结果，高校可以对资源进行优化配置，确保有限的资源能够更加高效地利用，支持那些具有更高教育价值和社会影响力的课程。

2. 课程改进与优化

价值评估不仅能够帮助高校发现课程的优势，更重要的是能够揭示课程存在的问题和短板，为课程的持续改进和优化提供方向和依据。

(1) 问题诊断。通过对课程的深入分析，可以发现教学内容、教学方法、

学习支持服务等方面的问题，为课程改进提供具体的诊断信息。

（2）改进策略制定。基于评估发现的问题，高校可以制定有针对性的改进策略，如更新课程内容、引入新的教学技术、加强师生互动等。

（3）持续优化。价值评估不是一次性的活动，而是一个持续的过程。通过定期的评估，可以监控课程改进的效果，确保课程质量的持续提升。

3. 质量保障机制建设

建立完善的价值评估体系是高校在线开放课程质量保障的关键。一个科学、系统的评估体系能够有效地监控和评价课程的教学质量，为课程的持续改进和优化提供坚实的基础。

（1）评估指标体系构建。首先，需要构建一个全面、科学的评估指标体系，包括课程内容、教学方法、学习效果、用户满意度等多个维度。

（2）评估方法创新。随着技术的发展，评估方法也在不断创新。比如，可以利用大数据分析、学习分析等技术手段，对学习者的行为数据进行深入分析，从而更准确地评估课程的教学效果。

（3）质量反馈与改进。评估结果的应用是评估工作的核心。高校需要建立有效的质量反馈机制，将评估结果及时反馈给课程建设者和管理者，促进课程的持续改进和优化。

（二）价值评估对在线开放课程质量提升的作用

在线开放课程的质量直接关系到学生的学习效果和教学效果，而价值评估则是提升课程质量的有效手段之一。

1. 提高教学效果

价值评估通过对在线开放课程的全面评估，能够及时发现教学过程中存在的问题和不足。通过收集学生的反馈意见、学习数据以及课程表现等多方面信息，可以全面了解课程的优势和不足之处。这种及时的反馈可以帮助教师有针对性地改进课程设计和教学方法，从而提高教学效果和学习体验。例如，如果学生普遍反映某一知识点难以理解，教师可以针对这一问题增加更多的解释或者提供额外的学习资源，从而帮助学生更好地掌握知识。

2. 优化课程内容

价值评估不仅可以帮助教师发现课程的问题，还可以了解学生对课程内容的需求和期望。通过分析学生的学习行为和反馈意见，可以了解到哪些内容受到学生的欢迎，哪些内容存在理解困难或者学习兴趣不高的情况。在此基础上，课程设计者可以进行内容的调整和优化，使课程更加贴近学生的需求，提升课程的吸引力和实用性。例如，如果学生普遍对某一模块的内容反馈积极，那么可以考虑加大对该模块的深入讲解和案例分析，以满足学生的学习需求。

(三) 价值评估在在线开放课程交易平台中的应用前景

随着互联网技术的不断进步和教育模式的不断创新，在线开放课程交易平台已成为在线教育行业中的重要组成部分。这些平台为学生提供了广泛的课程选择，同时也为教育机构和个人教育者提供了展示和销售自己课程的机会。在这一背景下，价值评估作为一种重要的质量管理手段，在在线开放课程交易平台中的应用前景备受关注。

1. 课程推荐与匹配

在线开放课程交易平台通常拥有庞大的课程库，学生面对众多课程选择时往往感到困惑。而基于价值评估的结果，交易平台可以利用学生的学习历史、兴趣爱好、学习目标等信息，通过智能算法进行精准的课程推荐和匹配。这样一来，学生可以更快速地找到符合自己需求的课程，提高学习效率和满意度。同时，对于教育机构和个人教育者来说，通过价值评估的结果，可以更好地了解学生的需求，有针对性地设计和推出新的课程，从而增加课程的吸引力和竞争力。

2. 市场监管与规范

在在线开放课程交易平台中，存在着各种各样的课程和服务，质量参差不齐。而价值评估可以帮助交易平台对课程进行监管和评估，及时发现和处理不合格的课程和服务。通过收集学生的反馈意见、课程的学习数据以及教学效果等信息，可以客观地评估课程的质量和效果。这有助于提升平台的信誉和用户满意度，保障市场的公平竞争和良性发展。同时，对于教育机构和个人教育者来说，价值评估的结果也可以帮助他们及时了解到自己课程的优势和不足，从而及时调整和改进，提升课程质量和市场竞争力。

3. 平台品牌建设

建立科学可靠的价值评估体系，对于在线开放课程交易平台的品牌建设至关重要。通过公正、透明的评估过程，可以提升交易平台的信誉和品牌形象，吸引更多的用户和合作伙伴的加入。用户在选择课程交易平台时，往往会考虑到平台的信誉和品牌形象，而一个经过价值评估认可的平台会更受用户信赖。因此，建立科学可靠的价值评估体系，不仅可以提升平台的知名度和竞争力，还可以促进平台的健康发展。

第七章　智能时代高校在线开放课程质量管理

随着智能技术的飞速发展，高校在线开放课程已成为教育创新的重要载体。本章将聚焦于智能时代下如何有效管理这些课程的质量。首先，从多方视角探讨保障在线课程质量的关键方向；其次，讨论如何通过在线开放课程拓展教育体系，实现资源共享和知识普及；最后，重点强化评估机制，确保教学质量得到持续保障和提升。

第一节　多方视角探究保障方向

一、高校层面

高校应该从课程设计和教学方法两个方面着手，确保在线开放课程的质量。这两个方面的优化是保障教学成效和学习效果的重要举措。

(一) 课程设计

课程设计不仅仅是简单地将课程内容整合到一个教学平台上，更应该根据学生的学习需求和现实问题，进行系统的规划和设计。这就要求高校在设计课程时，要注重以下方面。

1.学习目标明确

学习目标是课程设计的出发点和归宿，它决定了课程的方向和重点。明确的学习目标能够帮助学生了解学习的意义和方向，同时也是评价课程效果的重要依据。

（1）目标与需求契合。学习目标的设定应与学生的实际需求和未来职业发展相契合。这要求高校深入了解学生群体的特点和需求，以及行业发展趋势，确保课程目标的相关性和前瞻性。

（2）目标具体可行。学习目标应具体明确，具有可操作性。这意味着目标应包含知识、技能和态度三个层面，且每一项目标都应有明确的评价标准和达成路径。

（3）目标引导教学。明确的学习目标对教学活动具有指导作用。教师应根据学习目标设计教学内容和方法，确保教学活动能够有效地帮助学生达成既定目标。

2. 内容科学丰富

课程内容是实现学习目标的基础，它的科学性和丰富性直接关系到学生的学习效果。

（1）基础知识与前沿进展。课程内容应涵盖相关领域的基础知识和最新进展。基础知识是学生理解和掌握新知识的基础，而前沿进展则能够拓宽学生的视野，激发他们的创新思维。

（2）理论与实践结合。课程内容应注重理论与实践的结合。通过引入实际案例和应用场景，帮助学生将理论知识与实际问题相联系，提高他们的实践能力和问题解决能力。

（3）跨学科整合。在现代社会，跨学科的知识整合越来越受到重视。课程设计应考虑到学科之间的联系和互动，鼓励学生从多学科角度理解和分析问题。

3. 教学方法多样化

教学方法的多样化是满足不同学习需求和提高教学效果的重要手段。高校应根据课程特点和学生特点，采用多种教学手段和方法。

（1）传统与现代结合。在保持传统讲授和讨论的基础上，引入现代教学技术，如在线教学平台、虚拟现实（VR）、增强现实（AR）等，丰富教学手段，提高教学互动性和趣味性。

（2）案例分析与小组合作。案例分析和小组合作是提高学生分析问题和解决问题能力的有效方法。通过分析真实案例，学生可以更好地理解理论知识的应用；通过小组合作，学生可以学习团队协作和沟通技巧。

（3）实践操作与反馈。实践操作是巩固和深化知识的重要环节。通过实验、实习、项目制作等活动，学生可以将所学知识应用于实际操作中，并通过反馈和评价不断改进和提高。

(二) 教学方法

教学方法的优化是提升教育质量的关键环节，特别是在现代教育环境下，技术的快速发展为教学方法的创新提供了更多可能性。在教学方法的优化过程中，可以考虑以下方面。

1. 利用互动性工具

互动性工具的应用能够有效地提高课堂的互动性和学生的参与度，从而增强学习体验和教学效果。

(1) 在线互动平台。通过在线教学平台，如论坛、聊天工具等，教师可以设计互动性强的课堂活动，如实时问答、小组讨论、同伴评审等。这些活动不仅能够促进学生之间的交流，也能够让学生更加积极地参与到学习过程中。

(2) 社交媒体的运用。社交媒体如微博、微信、Facebook 等也可以作为教学工具，教师可以通过这些平台发布课程信息、分享学习资源、组织在线讨论等，增加课程的可见度和吸引力，同时也能够扩大教学的影响力和覆盖面。

2. 个性化学习支持

个性化学习支持是现代教育的重要趋势，它能够满足不同学生的学习需求，提高学习效率和成效。

(1) 智能化技术。利用人工智能、大数据等智能化技术，可以对学生的学习行为和成绩进行分析，从而为每个学生提供定制化的学习建议和资源。例如，根据学生的学习进度和掌握程度，推荐适合的阅读材料、视频课程和练习题。

(2) 学习分析系统。学习分析系统可以追踪学生的学习轨迹，评估学习成效，预测学习结果，为教师提供有价值的数据支持。教师可以根据学习分析的结果，调整教学内容和方法，为学生提供更加精准的学习指导。

(3) 学习路径规划。个性化学习支持还包括为学生规划合理的学习路径。根据学生的兴趣、能力和目标，设计符合个人特点的学习计划，帮助学生有效地达成学习目标。

二、教师层面

教师层面是保障在线开放课程质量的关键因素之一。教师在在线教育中扮演着至关重要的角色，他们的教学水平和教育教学能力直接影响着课程的质量和教学效果。因此，加强师资队伍建设是提升在线开放课程质量的重要举措。

（一）加大对教师的培训和支持力度

在当前教育信息化和网络化的背景下，高校教育面临着前所未有的挑战和机遇。在线教育的迅猛发展，对教师的教学能力提出了更高的要求。高校作为教育的主体，应当充分认识到教师培训和支持的重要性，并采取有效措施，以提升教师的教学水平和适应新的教学环境。

1. 加强教师培训

教师培训是提升教师教学水平的重要途径。高校应当制订全面的教师培训计划，确保每位教师都能够获得必要的教学技能和知识更新。

（1）教学技能培训。高校应组织专门的教学技能培训，涵盖现代教育技术的使用、在线教学平台的操作、多媒体教学资源的制作等方面。这些培训能够帮助教师掌握最新的教学工具和方法，提高教学效果。

（2）教育理论更新。教育理论的更新是教师专业发展的重要组成部分。高校应定期举办教育理论研讨会，邀请教育学、心理学等领域的专家学者参加讲座和研讨，帮助教师了解最新的教育理念和研究成果。

（3）教学法创新。教学方法的创新是提高教学质量的关键。高校应鼓励教师学习和尝试各种创新的教学法，如翻转课堂、项目式学习、协作学习等，并提供相应的培训和支持。

2. 提供教学支持

在高等教育领域，教学支持是确保教学质量和教师专业发展的重要组成部分。随着教育技术的不断进步和教学模式的不断创新，高校需要为教师提供全面、持续的教学支持，以帮助他们应对教学过程中的各种挑战。具体如下。

（1）教学资源共享。教学资源共享是提高教学效率和质量的有效途径。

高校应建立完善的教学资源共享平台，促进教学资源的最大化利用。

资源收集与整理：高校应积极收集国内外优质的教学资源，包括但不限于课件、案例、视频、习题库等，并进行系统的整理和分类，以便于教师和学生查找和使用。

开放获取与共享机制：高校应鼓励教师将自己的教学资源上传到共享平台，通过开放获取的方式，让更多的教师和学生受益。同时，高校也应建立合理的共享机制，确保资源的版权和使用规范。

持续更新与优化：教学资源应保持持续更新，以反映最新的学术成果和教学方法。高校应定期对教学资源进行评估和优化，确保资源的质量和适用性。

（2）教学咨询服务。教学咨询服务为教师提供了解决教学问题的专业支持，有助于提升教学质量和教师的教学能力。

教学设计咨询：高校的教学咨询中心应提供教学设计方面的咨询服务，帮助教师制订合理的教学计划和教学目标，设计有效的教学活动和评估方法。

教学方法指导：教学咨询中心还应提供教学方法的指导服务，包括传统教学方法和现代教育技术的运用，帮助教师探索和实践更有效的教学方法。

学生管理建议：学生管理是教学过程中的重要环节。教学咨询中心应为教师提供学生管理方面的建议，包括学生激励、课堂纪律维护、学生个体差异的应对等。

（3）技术支持团队。技术支持团队是确保教师顺利运用教育技术的关键。高校应建立专业的技术支持团队，为教师提供全方位的技术支持和服务。

技术工具培训：技术支持团队应定期为教师提供教育技术工具的培训，包括学习管理系统（LMS）、多媒体制作工具、在线评估工具等，帮助教师掌握这些工具的使用方法。

技术支持与维护：技术支持团队应提供及时的技术支持服务，解决教师在使用教育技术工具和设备过程中遇到的技术问题。同时，还应负责教育技术的维护和升级工作，确保教学活动的顺利进行。

创新技术应用：技术支持团队还应关注教育技术的发展趋势，探索和引入新的教育技术，如虚拟现实（VR）、增强现实（AR）、人工智能（AI）等，为教师提供更多的教学可能性。

3. 鼓励学术交流和教学研究

学术交流和教学研究是教师专业成长的重要途径。高校应当鼓励教师参与学术交流和教学研究，以拓宽教学视野和提升教学水平。

（1）学术会议和研讨。高校应该定期举办各类学术会议和研讨活动，邀请国内外知名学者和专家分享最新的研究成果和学术动态。这些会议和研讨活动为教师提供了与同行交流和互动的平台，让他们了解学科前沿、掌握最新的研究成果，激发他们的研究兴趣和创新意识。

（2）教学研究项目。高校应该设立教学研究项目，鼓励教师开展教学改革和教学实验。通过参与教学研究项目，教师可以深入探索教学问题，发现教学中的挑战和难点，并尝试有针对性的教学改革和创新。这些实践探索不仅可以帮助教师提升教学质量，还可以为教育教学理论的发展提供实践经验和案例支持。

（3）学术交流平台。高校应该建立健全的学术交流平台，为教师提供发表教学研究成果的机会。这些学术交流平台可以包括学术期刊、学术社群、在线论坛等形式。教师可以通过发表论文、撰写教学经验分享、参与学术讨论等方式，展示自己的教学研究成果，提升自己的学术影响力。同时，这些学术交流平台还能够促进教师之间的学术交流和合作，形成良好的学术氛围和合作氛围。

（二）建立教师激励机制

在线开放课程作为一种新兴的教学模式，对教师提出了更高的要求和挑战。与传统课堂教学相比，在线教学需要教师具备更多的技术能力和创新意识，同时也需要投入更多的时间和精力。因此，建立有效的教师激励机制对于提高教师的教学积极性、保证在线开放课程的教学质量具有重要意义。

1. 奖励制度的设置

奖励制度是激励教师参与在线开放课程教学的直接手段。通过物质奖励和精神奖励的结合，可以有效提高教师的教学动力。

（1）物质奖励。高校可以为参与在线开放课程教学的教师提供额外的薪酬补贴或奖金，以此作为对其额外工作的认可和鼓励。

（2）精神奖励。除了物质奖励，精神奖励同样重要。高校可以通过颁发荣誉证书、设立荣誉称号等方式，表彰教师在在线开放课程教学中的贡献和成就。

（3）绩效评价。将在线开放课程的教学工作纳入教师的绩效评价体系，作为教师职称评定、晋升和奖励的重要参考依据。

2. 提供额外的学术资助

学术资助可以为教师提供更多的资源和支持，帮助他们更好地开展在线开放课程的教学工作。

（1）教学研究资助。鼓励教师开展与在线开放课程相关的教学研究，提供研究资金支持，促进教师探索更有效的在线教学方法和策略。

（2）教学资源开发资助。为教师提供资金支持，鼓励他们开发高质量的教学资源，如视频讲座、互动式学习材料等，丰富在线课程内容。

（3）学术交流资助。提供学术交流资助，支持教师参加国内外的学术会议和研讨活动，分享在线教学经验，吸收新的教学理念和技术。

3. 给予教学荣誉

教学荣誉是对教师教学工作的最高认可，可以极大地提升教师的职业成就感和归属感。

（1）优秀教师评选。定期举办优秀教师评选活动，对在线开放课程教学表现突出的教师进行表彰，提高其在同行和学生中的声誉。

（2）荣誉称号授予。对长期致力于在线开放课程教学并取得显著成效的教师，授予荣誉称号，如"在线教学杰出贡献奖"等，以此激励更多教师投身于在线教学工作。

（3）展示和宣传。通过校园媒体、学术期刊、教育网站等渠道，展示和宣传优秀教师的在线教学成果和经验，提升其学术影响力和社会认可度。

三、学生层面

在线开放课程的质量保障不仅依赖于高校的教学资源和教师的教学能力，还需要重视学生的参与和反馈。学生是课程的直接受众，他们的体验和感受对于课程质量的提升至关重要。因此，高校应当建立有效的学生评价系统和课程反馈机制，以促进课程内容和教学方法的持续改进。

（一）建立学生评价系统

建立一个全面而有效的学生评价系统对于高校在线开放课程的质量提升至关重要。学生评价系统不仅能够为课程提供即时反馈，还能够促进教学方法的改进和课程内容的更新，从而更好地满足学生的学习需求。具体如下。

1. 多元化评价指标

为了全面了解课程的优势和不足，评价指标需要涵盖多个方面，确保评价结果的客观性和全面性。

（1）课程内容评价。评价指标应包括课程内容的相关性、准确性、深度和广度，以及是否符合学生的实际需求和学习目标。

（2）教学方法评价。评价指标还应关注教学方法的有效性，包括教师的讲授方式、互动环节的设计、课程活动的安排等。

（3）互动交流评价。评价指标应考虑课程提供的互动交流机会，如在线讨论、问答环节、同伴互评等，以及这些互动对学生学习的影响。

（4）学习资源评价。评价指标还应包括课程提供的学习资源，如阅读材料、多媒体内容、辅助工具等的质量和可用性。

2. 定期评价活动

定期的评价活动能够确保学生反馈的及时性和系统性，为课程的持续改进提供动力。

（1）在线问卷调查。通过在线问卷的形式收集学生的反馈，可以方便快捷地获取大量数据，便于统计和分析。

（2）面对面访谈。组织面对面访谈可以深入了解学生的具体意见和建议，获取更为细致和深入的反馈信息。

（3）课程反馈会议。定期举办课程反馈会议，邀请学生代表参与，可以集中讨论课程的优势和不足，以及可能的改进措施。

3. 评价结果的应用

评价结果的应用是学生评价系统的核心，它直接关系到课程改进的效果和学生的学习体验。

（1）课程内容调整。根据学生对课程内容的评价，及时更新和调整课程内容，确保课程内容的时效性和适用性。

（2）教学方法改进。针对学生对教学方法的反馈，探索和实践新的教学方法，如翻转课堂、项目式学习等，以提高教学效果。

（3）互动交流优化。优化课程的互动交流环节，增加学生的参与度和互动机会，提升学生的学习积极性和满意度。

（4）学习资源补充。根据学生对学习资源的评价，不断丰富和完善学习资源库，提供更多高质量的学习材料和工具。

4. 持续改进和反馈

持续改进和反馈是确保学生评价系统有效性的关键。高校应建立一个持续改进的机制，确保课程质量不断提升。

（1）建立反馈循环。建立一个从收集反馈到应用反馈的闭环系统，确保学生的意见和建议能够得到有效的采纳和实施。

（2）定期审查和更新。定期审查评价指标和评价活动的有效性，根据学生的反馈和课程的发展需要进行必要的更新和调整。

（3）透明化反馈过程。向学生公开反馈过程和结果，让学生了解他们的反馈是如何被采纳和应用的，增加学生对评价系统的信任和参与度。

（二）完善课程反馈机制

完善课程反馈机制对于提升在线开放课程的质量至关重要。它不仅能够促进教师与学生之间的有效沟通，还能够确保课程内容和教学方法的持续改进，满足学生的学习需求和期望。具体如下。

1. 建立反馈渠道

为了确保学生能够方便地提供反馈，高校应提供多样化的反馈渠道，使学生能够根据自己的偏好和需求选择最合适的方式表达意见和建议。

（1）在线反馈表单。设计易于使用的在线反馈表单，让学生能够针对课程的各个方面提供结构化的反馈。这种方式便于收集和分析数据，同时也能够保护学生的隐私。

（2）课程论坛。建立课程论坛或讨论板，提供一个开放的平台，让学生能够发表自己的观点，同时也能看到其他同学的反馈，促进学生之间的交流和互动。

（3）电子邮件。提供教师或课程团队的电子邮件地址，鼓励学生通过私人渠道提供反馈。这种方式适合那些需要更深入讨论或需要保密的反馈。

2. 及时响应反馈

教师和课程团队对反馈的及时响应是确保学生参与感和满意度的关键。通过快速和有效的回应，可以增强学生对课程改进的信心和对教师的信任。

（1）定期查看反馈。教师和课程团队应定期查看学生反馈，确保不会错过任何重要的意见和建议。

（2）及时解答问题。对于学生提出的问题和疑虑，教师应提供明确和详细的解答，帮助学生理解课程内容和要求。

（3）制定改进措施。根据学生的反馈，教师和课程团队应制定具体的改进措施，并在实施后向学生通报进展情况。

3. 反馈结果的公示

公示反馈结果和改进措施是提高课程透明度和增强学生参与感的有效方式。通过公开反馈结果，学生可以直观地看到自己的反馈如何被采纳和应用。

（1）公开反馈汇总。定期公布反馈的汇总结果，让学生了解大多数同学的意见和课程的整体表现。

（2）展示改进措施。向学生展示根据反馈制定的改进措施，让学生知道他们的反馈是如何促进课程改进的。

（3）跟踪改进效果。在实施改进措施后，跟踪其效果，并向学生报告改进的效果，让学生看到他们的反馈带来的积极变化。

4. 建立持续改进的文化

建立一种持续改进的文化是确保课程反馈机制长期有效的关键。这种文化鼓励教师和学生不断地寻求改进和创新的机会。

（1）鼓励开放沟通。营造一种开放和包容的氛围，鼓励学生和教师之间的坦诚沟通，让学生感到他们的声音被重视和尊重。

（2）持续改进的激励。为那些积极提供反馈和参与课程改进的学生提供激励，如奖励学分、认证证书或其他形式的认可。

（3）定期回顾和更新。定期回顾课程反馈机制的有效性，并根据学生的反馈和教学实践的发展进行更新和优化。

(三) 促进学生积极参与

促进学生积极参与是在线开放课程质量提升的关键因素之一。在智能时代，随着在线教育的普及和发展，如何激发学生的学习兴趣和提高他们的参与度成为教育界面临的重要问题。下面深入探讨促进学生积极参与的策略，以期为在线开放课程的质量提升提供有效的方法和思路。

1.互动式学习活动

互动式学习活动是教学中一种非常重要的教学方式，它能够促进学生的主动参与和深度学习，提高学习效果和教学质量。在互动式学习活动中，学生不再是被动接受知识，而是通过参与讨论、合作项目等形式，积极地构建和分享知识，从而加深对知识的理解和应用能力。

首先，互动式学习活动能够激发学生的学习兴趣。传统的教学方式往往呈现为教师单向传授知识，学生被动接受。而通过互动式学习活动，学生可以更加积极地参与到课堂中来，通过讨论、合作等形式，探讨问题、解决难题，从而激发学生的学习兴趣，增强他们的学习动力。

其次，互动式学习活动能够促进学生与教师和同学之间的交流和互动。在传统的教学模式中，学生往往缺乏与教师和同学之间的有效沟通和互动的机会。而通过互动式学习活动，学生可以与教师和同学之间进行积极的讨论、交流，分享自己的想法和见解，从而促进学生之间的合作和交流，增强学生之间的凝聚力和团队合作能力。

2.学习激励机制

通过建立积分系统、徽章奖励、优秀学生展示等激励机制，可以有效地激发学生的学习动力和积极性。例如，设立积分系统，根据学生在课程学习中的表现和贡献，给予相应的积分奖励；设立徽章奖励，给予在课程学习中表现突出的学生特殊的徽章奖励，以表彰他们的努力和成就；同时，定期举办优秀学生展示活动，让学生展示自己的学习成果和创意作品，激励其他学生的学习热情和参与度。

(四) 关注学生学习成效

学生的学习成效是衡量课程质量的核心指标，它直接反映了教学活动的有效性和学生的学习成果。高校应当采取一系列措施来关注和提升学生的学习成效，这不仅有助于提高教学质量，也能促进学生的全面发展。具体如下。

1.学习成效评估

学习成效评估是了解学生学习成果的基础，通过多种评估手段可以全面了解学生的学习情况。

（1）考试与测验。定期组织考试和测验，以定量的方式评估学生对课程知识的掌握程度。这些评估应当覆盖课程的关键知识点，确保学生能够理解和应用所学知识。

（2）作业与项目。通过作业和项目评估学生的实践能力和创新思维。作业和项目应当设计得既有挑战性，又能够激发学生的兴趣，鼓励他们将理论知识应用于实际问题解决中。

（3）同行评价与自评。鼓励学生进行同伴评价和自我评价，这不仅可以培养学生的批判性思维和自我反思能力，还能够提供更多元的学习成效反馈。

2.学习成效分析

对学习成效数据进行深入分析，可以帮助教师识别学生学习中的问题和困难，从而为教学改进和学生辅导提供科学依据。

（1）定量数据分析。利用统计学方法对考试成绩、作业提交率、项目完成情况等定量数据进行分析，发现学生学习成效的整体趋势和模式。

（2）定性结果解读。对作业、项目报告和讨论区交流等定性结果进行解读，理解学生的思维过程和学习策略，识别可能存在的学习障碍。

（3）个体差异考量。关注学生的学习成效个体差异，通过个性化分析为不同需求的学生提供定制化的辅导和支持。

3.学习成效反馈

及时有效的学习成效反馈对于学生的学习成长至关重要，它可以帮助学生了解自己的学习进展，指导他们进行自我调整和规划。

（1）反馈的及时性。确保学习成效反馈及时给予，让学生能够在学习过程中及时了解自己的表现，从而调整学习策略。

（2）反馈的具体性。提供具体、针对性的反馈，明确指出学生的优点和需要改进的地方，避免模糊和笼统地评价。

（3）反馈的建设性。确保反馈具有建设性，鼓励学生在遇到困难时保持积极的学习态度，提供解决问题的方法和建议。

第二节　延伸教育拓展体系建设

在智能时代背景下，高校在线开放课程的延伸教育拓展体系建设是提升教育质量和效率的关键。通过构建多元化、立体化的教育拓展体系，高校能够更好地适应社会发展的需求，满足不同学生群体的学习需求，同时也能够促进教育资源的优化配置和高效利用。具体如下。

一、加强与行业企业的合作

在当前经济全球化和技术快速发展的背景下，高校与行业企业的合作成为教育改革和人才培养的关键环节。通过这种合作，高校能够更好地理解市场需求，调整教育策略，同时为学生提供与实际工作紧密相关的在线开放课程和职业技能培训。

（一）课程开发与设计

课程是教育的核心内容，与企业合作开发和设计课程，可以使课程内容更加贴近实际工作需求，提高教育的实用性和针对性。

第一，高校应与企业合作进行深入的行业需求分析，了解行业发展趋势和企业对人才的具体要求，确保课程内容与市场需求相匹配。

第二，根据行业需求，设计课程的结构和模块，将理论知识与实践技能相结合，使学生在学习过程中能够获得全面的职业技能培养。

第三，引入企业的实际案例和应用场景，通过案例分析、模拟操作等方式，增强学生的实践能力和问题解决能力。

（二）实习与就业机会

实习和就业是学生从校园到职场的重要过渡阶段，通过与企业的合作，可以为学生提供宝贵的实习和就业机会。

第一，建立校企合作的实习项目，让学生在企业中进行实习，了解企业文化，积累实际工作经验。

第二，提供针对性的就业指导服务，帮助学生了解行业特点，提升求职技巧，增强其就业竞争力。

第三，与企业合作开展职业规划教育，引导学生根据自身兴趣和能力进行职业选择和发展规划。

(三)持续教育与培训

持续教育与培训对于提升在职人员的专业技能和知识水平至关重要。高校可以通过与企业的合作，为在职人员提供在线学习资源和进修机会。

第一，开发适合在职人员学习的在线课程，提供灵活的学习时间和自主的学习进度，满足在职人员的学习需求。

第二，与企业合作，为在职人员提供清晰的职业发展路径和晋升机会，鼓励他们通过学习提升自己的职业技能。

第三，开展企业定制的培训项目，根据企业的具体需求，提供专业的培训课程和解决方案，帮助企业提升员工的整体素质和工作效率。

二、拓展与其他高校和教育机构的合作

在当今教育环境中，高校之间的合作已经成为一种趋势，通过合作可以实现资源共享、优势互补，提升教学质量，为学生提供更加优质的教育资源和学习体验。具体如下。

(一)资源共享平台

资源共享平台旨在通过建立在线开放课程资源共享平台，让不同高校的优质课程资源能够得以共享，以满足学生个性化学习需求，提升教学质量，推动教育资源的共享与流动。这一模式的建立不仅有助于学生获取更多元化、更丰富的学习选择，还可以促进高校之间的交流与合作，增进教育资源的利用效率，为教育领域的发展带来新的活力。

首先，资源共享平台为学生提供了更多元化、更丰富的学习选择。传

统的教育模式受限于学校所在地区的教育资源，学生往往只能选择学校提供的课程进行学习。而资源共享平台打破了地域限制，将来自不同高校的优质课程资源整合到一个平台上，学生可以根据自己的兴趣和需求选择其他高校的在线课程。这样一来，学生不仅可以接触到更多种类的课程，还可以选择那些在自己学校没有提供的课程，拓宽了学习的视野，提升了学习的体验。

其次，资源共享平台促进了高校之间的交流与合作。通过资源共享平台，不同高校可以将自己的优质课程资源分享给其他高校，实现资源共享和优势互补。这种合作模式不仅可以提升教学资源的利用效率，还可以促进高校之间的交流与合作，增进了彼此之间的了解和信任。高校之间可以通过资源共享平台进行课程交流、教学研讨，共同探讨教学方法和教学资源的开发，推动教学质量的提升，为学生提供更优质的教育服务。

最后，资源共享平台推动了教育资源的共享与流动。在传统的教育模式下，高校之间的教育资源往往是封闭的，难以实现共享和流动。而通过资源共享平台，不同高校的教育资源得以共享，实现了资源的流动化和共享化。这种共享与流动促进了教育资源的充分利用，提高了教育资源的使用效率，为教育事业的发展提供了有力支撑。

(二) 联合课程开发

联合课程开发是指不同高校或教育机构之间合作开发课程，通常跨越学科界限，将多个学科的知识和技能融合在一起，为学生提供更加全面和深入的学习体验。这种模式的课程开发旨在打破传统学科间的界限，促进知识的交叉与融合，培养学生的综合素养和创新能力。联合课程开发不仅有助于提升学生的学习效果，还可以促进高校之间的教学团队合作，提高教师的教学水平，为学生提供更高质量的教育服务。

第一，联合课程开发可以为学生提供更加全面和深入的学习体验。传统的课程往往局限于单一学科的范畴，而联合课程开发可以将不同学科的知识和技能有机地结合起来，形成跨学科的课程内容。这样一来，学生不仅可以接触到更多种类的知识，还可以更深入地理解知识之间的联系，培养跨学科思维和综合分析能力。例如，一个跨学科的课程可能涉及文学、历史、艺术和科学等多个领域，学生在学习过程中可以从不同角度去理解和探索问题，提升自己的学术能力和综合素养。

第二，联合课程开发有助于促进高校之间的教学团队合作。在联合课程开发过程中，来自不同高校的教师往往需要共同合作，共同研究和设计课程内容、教学方法和评估方式。这种合作模式可以促进教师之间的交流与合作，增进彼此之间的了解和信任，共同致力于提高课程的质量和教学效果。通过教学团队的合作，可以充分利用各方的教学资源和经验，创造出更具创新性和前瞻性的教学内容和方法，为学生提供更丰富、更优质的学习体验。

第三，联合课程开发还可以提升教师的教学水平和教学能力。在跨学科课程开发过程中，教师需要不断探索和尝试新的教学方法和教学手段，以适应多学科内容的整合和教学目标的达成。这种挑战性的工作能够激发教师的创新意识和教学热情，提高他们的教学能力和专业水平。通过与其他高校的教师共同合作，教师可以相互学习和借鉴，不断提升自己的教学水平，为学生提供更高质量的教育服务。

(三) 学术交流与研讨

学术交流与研讨是教育领域中非常重要的活动，特别是在在线开放课程的发展过程中，其作用更加突出。通过组织这样的活动，可以促进不同高校之间教师的交流与合作，共同解决在线教育中的问题和挑战，进而提升教学质量和效果。

第一，学术交流与研讨为教师提供了一个重要的交流平台。在这样的活动中，教师们可以分享彼此的教学经验、探讨教学方法、交流教学理念。这种交流不仅可以让教师汲取他人的经验和智慧，还可以拓宽他们的教学视野，激发教学创新的灵感。通过与来自不同高校的教师交流，教师可以了解到其他学校的教学模式、教学资源以及教学管理方式，有助于丰富自己的教学理念和方法，提升教学水平。

第二，学术交流与研讨有助于解决在线教育中的问题和挑战。在不同高校的教师聚集在一起，共同探讨教育中的难题和挑战时，往往可以产生丰富的讨论和思考。教师们可以共同分析问题的原因，找出解决问题的方法，并通过分享案例和经验来丰富彼此的解决思路。这样的交流与研讨有助于促进在线教育的发展和进步，推动教学模式的创新，提升教学质量和效果。

第三，学术交流与研讨也为高校之间的资源共享和合作提供了重要契机。通过参与这样的活动，高校可以了解到其他高校的教学资源和优势，建立起资源共享的意识和机制。教师可以在交流与研讨的过程中，发现合作的机会和潜力，并共同探讨合作的方式和内容。这种合作不仅可以丰富教学资源，还可以提升教学质量，为学生提供更丰富的学习体验。

三、构建终身教育体系

"终身教育诞生于20世纪60年代的西方社会，我国在1993年首次将'终身教育'写入政府文件。"[①] 终身教育体系的构建在当今智能时代具有重要意义。在这个时代，知识更新速度加快，技术不断变革，终身学习已经成为个人发展和社会进步的必然要求。高校作为教育的主要提供者之一，应当积极致力于构建终身教育体系，为不同年龄和背景的学习者提供广泛的学习机会和支持。

（一）终身学习资源库

终身学习资源库的构建意义在于为学习者提供一个便捷的学习平台，让他们能够随时随地获取所需的学习资源，从而实现个性化、灵活的学习路径。这个资源库不仅仅是一个简单的网站或平台，更是一个集合了各类在线课程、学习材料以及其他学习资源的知识宝库。

终身学习资源库应该广泛收集和整理各类在线课程，涵盖了各个领域和学科，从基础知识到专业技能，从学术理论到实践技巧，应有尽有。除了在线课程，还应该收录各种学习材料，如电子书籍、教学视频、实践指南等，以满足学习者对不同形式学习资源的需求。此外，还应包括学术论文、研究报告等学术资源，以满足专业学习者的学术研究需求。

另外，终身学习资源库不仅要求内容的广泛和丰富，还需要具备良好的组织和管理机制。资源的分类、标签、搜索功能等都应该做到科学合理，方便用户快速准确地找到所需的学习资源。同时，还可以结合学习者的个人兴趣和需求，为其提供个性化的推荐服务，使其能够更加有效地利用资源，实现个性化学习路径。

---

① 李梦姣.浅析终身教育 [J].长江丛刊，2019(15)：101.

通过这样的资源库，学习者可以自主选择适合自己的学习内容和学习方式，无论是想要学习新知识、提升技能，还是深入研究某个领域，都能够找到合适的学习资源。而且，随着知识更新速度的加快和技术的不断发展，这个资源库也应该不断更新和完善，以保持其与时俱进的特点，满足学习者的学习需求。

(二) 灵活的学习模式

提供灵活的学习模式是构建终身教育体系的重要组成部分。传统的学习模式通常受限于时间和空间，学习者需要在特定的时间和地点参加课堂教学，这对于那些工作繁忙、家庭责任重的人来说可能并不方便。然而，随着现代技术的不断发展，学习模式正在发生着重大的变化，使得学习变得更加灵活和便捷。高校可以通过多种方式提供灵活的学习模式，以满足不同学习者的时间和地点需求。

第一，自学模式，这种模式允许学习者根据自己的时间安排和学习节奏自主学习，无须受到固定的上课时间和地点的限制。学习者可以通过阅读教材、观看教学视频、完成作业等方式进行学习，从而更好地掌握知识和技能。

第二，远程教育模式，通过互联网和现代通信技术，学习者可以在不同的地点参与远程教育课程，无须亲临教室。这种模式使得学习者可以通过网络平台获取教学资源，与老师和同学进行互动交流，完成学习任务和作业。远程教育模式的优势在于可以克服地域限制，让更多的学习者享受到高质量的教育资源。

第三，夜校学习模式。夜校通常在晚间或周末开设课程，适合那些白天有其他工作或学习任务的学习者。通过夜校，学习者可以在下班后或闲暇时间参加课程学习，充分利用自己的业余时间提升自己的知识和技能。

这样的灵活学习模式能够让更多的人参与到学习中来，实现个人发展和社会进步。比如，对于在职人员来说，他们可以利用工作间隙或者晚上的空闲时间参加在线课程学习，提升自己的专业能力，提高职业竞争力。对于家庭主妇来说，他们可以在家中通过在线学习平台学习感兴趣的知识，丰富自己的生活，提升自我修养。

(三)职业发展规划

随着社会的不断发展和变化，职业规划和转型已经成为现代人生涯发展中的关键环节。在这一背景下，高校作为教育机构，承担着培养人才、服务社会的重要责任，应当为学习者提供相应的职业咨询和指导服务。

第一，职业发展规划服务可以帮助学习者认清自己的兴趣和能力。通过专业的评估工具和咨询师的指导，学习者可以深入了解自己的职业兴趣、性格特点和潜在能力，从而为未来的职业发展做出更加明智的选择。这有助于学习者更好地了解自己的优势和劣势，为职业规划提供有力支持。

第二，职业发展规划服务可以帮助学习者了解职业市场的需求和趋势。随着社会经济的发展和产业结构的变化，不同行业和职业的需求也在不断调整和变化。高校可以通过与企业合作、开展市场调研等方式，为学习者提供最新的就业信息和职业发展趋势，帮助他们更好地把握就业机会，做出适应市场需求的职业规划。

第三，职业发展规划服务还可以帮助学习者制定符合自己发展目标的职业规划。在了解了个人兴趣和市场需求的基础上，学习者可以与职业规划师一起制订具体的职业发展计划，包括短期目标和长期目标、发展路径和学习计划等。这有助于学习者明确自己的职业方向，制定可行的发展策略，为实现个人职业发展和社会价值的最大化奠定基础。

通过为学习者提供职业发展规划服务，高校不仅可以帮助学生更好地规划自己的未来，提高就业竞争力，还可以促进个人职业发展与社会进步的良性循环。因此，高校应当积极建立健全的职业发展指导体系，为学生提供全方位、个性化的职业规划服务，助力其实现人生理想和价值追求。

第三节　强化评估保障教学质量

评估是保障在线开放课程质量的重要手段之一。强化评估可以帮助高校及时发现课程存在的问题和不足，促进课程的不断改进和提高。

一、引入第三方评估机构进行评估

高校为了确保在线开放课程的质量，常常会引入第三方评估机构进行评估。这种做法有着显著的优势和益处。

第一，第三方评估机构通常拥有专业的评估团队和标准。这些团队由经验丰富的专家组成，他们具备丰富的教育背景和评估经验，能够全面、客观地对在线开放课程进行评估。评估标准通常经过深入研究，能够确保评估的科学性和可靠性。

第二，相较于高校内部的评估机制，第三方评估机构更具客观性和公正性。高校内部的评估可能会受到学校自身利益和地位的影响，存在一定的主观因素。而第三方评估机构作为中立的第三方，其评估结果更具有权威性和可信度。因此，引入第三方评估机构可以有效减少评估过程中的主观因素，提高评估的客观性和公正性，为高校的课程质量提升提供有力支持。

第三，第三方评估机构的评估结果也更具有说服力和影响力。由于其具备的专业性和客观性，第三方评估机构的评估结果通常能够得到社会各界的认可和信任。这样一来，高校可以通过第三方评估机构的认证，提升课程质量的公信力，吸引更多学生和社会资源的投入，促进课程的发展和壮大。

第四，引入第三方评估机构还有助于提高高校内部评估机制的水平和质量。第三方评估机构的评估经验和专业知识可以为高校提供宝贵的经验和建议，帮助高校改进评估方法和标准，提升自身评估机制的效率和科学性。通过与第三方评估机构的合作，高校可以不断完善自身的评估体系，进一步提升在线开放课程的质量和影响力。

二、利用现代科技手段

高校在提升在线开放课程质量方面，可以借助现代科技手段，开发智能化的评估工具和系统。这种做法有着重要的意义和价值，可以在很大程度上提高评估的效率和准确性，进而促进课程质量的不断改进和提高。

智能化评估工具和系统是指利用现代信息技术，如大数据分析、人工智能等，开发出的能够实现对课程进行实时监测和评估的工具和系统。这些工具和系统具有自动化、智能化的特点，能够有效地分析、收集和处理大量的数据，为课程质量的评估提供科学、准确的支持。

　　大数据分析技术是智能化评估工具和系统中的关键技术之一。通过收集和分析学生的学习行为数据、课程内容数据等大量数据，可以深入了解学生的学习情况和课程的教学效果，发现课程存在的问题和短板。例如，可以分析学生的学习进度、学习偏好、课程评价等数据，了解学生对课程的反馈和评价，从而及时调整和改进课程内容和教学方法，提高课程的吸引力和实用性。

　　人工智能技术也是智能化评估工具和系统的重要组成部分。人工智能技术可以模拟人类的智能行为，通过机器学习、自然语言处理等技术实现对课程的智能化评估和分析。例如，可以开发智能化的学习管理系统，根据学生的学习情况和反馈，智能推荐适合的学习资源和学习路径，提高学习效率和学习体验。同时，也可以开发智能化的教学评估系统，根据教师的教学行为和学生的学习表现，智能化地评估教学效果，为教师提供改进建议和支持。

　　通过智能化评估工具和系统，高校可以实现对课程的实时监测和评估，及时发现课程存在的问题和短板，为课程的改进提供及时支持。这种做法不仅可以提高评估的效率和准确性，减少人力和时间成本，还可以促进课程质量的不断改进和提高，提升学生的学习体验和教学效果。

参考文献

[1] 石兆. 高校在线开放课程质量评价指标体系建设 [J]. 工业和信息化教育，2019(12)：53-57.

[2] 丁洁琼，郑乐. 高校在线开放课程质量评价体系研究 [J]. 大学，2023(20)：119-122.

[3] 许中华. 应用型高校在线开放课程建设原则、模式、评价 [J]. 湖北工程学院学报，2018，38(05)：63-67.

[4] 边婷婷，吕明，郑晨阳. 高校在线开放课程学习与课堂学习认知效率比较研究 [J]. 北京联合大学学报（人文社会科学版），2023，21(04)：115-124.

[5] 陈显明，范莹莹. 我国高校在线开放课程建设现状研究 [J]. 肇庆学院学报，2023，44(06)：47-52.

[6] 崔洋. 继续教育在线开放课程建设与管理模式探究 [J]. 天津电大学报，2022，26(04)：28-32.

[7] 陆莹，李霞，赵杰. 土木类在线开放课程教学质量评价体系构建 [J]. 高等建筑教育，2022，31(06)：25-34.

[8] 李岩林. 浅谈深度学习 [J]. 国家通用语言文字教学与研究，2021(08)：107.

[9] 孙福，孙佳怡，贾帅. 在线开放课程评价指标体系研究 [J]. 教育现代化，2020，7(102)：92.

[10] 李梦姣. 浅析终身教育 [J]. 长江丛刊，2019(15)：101.

[11] 姜艳. 自组织学习模式在理论与实践中的是与非 [J]. 教育理论与实践，2017，37(10)：61.

[12] 黄巧玲. 基于在线开放课程的翻转课堂设计与实践 [J]. 集美大学学报（教育科学版），2020，21(06)：71.

[13] 张财生，黄勇，张林，等. 高校课程混合式教学设计策略与思考

[J]. 高教学刊，2024，10(09)：107.

[14] 孙伟. 混合教学模式下在线开放课程的建设与应用 [J]. 电大理工，2024(01)：39.

[15] 张卫涛. 现代化背景下高校课程建设研究 [M]. 长春：吉林人民出版社，2021.

[16] 邓伟刚，孙杨. 高校混合式教学与管理模式实施问题探讨与对策分析 [J]. 高教学刊，2024，10(09)：89-92.

[17] 王小刚. 基于私播课的教学探索研究 [J]. 现代职业教育，2019(27)：82-83.

[18] 王坤. 基于翻转课堂的高职精品在线开放课程资源建设及实践教学研究 [J]. 科教文汇（上旬刊），2019(07)：117-118.

[19] 胡小勇，伍文臣，饶敏. 面向私播课的混合学习设计与实证研究 [J]. 电化教育研究，2017，38(08)：70-77.

[20] 张永虎. 让课堂学习在"自组织行为"中真实发生 [J]. 教学与管理，2017(05)：21-23.

[21] 刘进. 网络学习社区的自组织学习模式设计 [J]. 软件导刊（教育技术），2015，14(12)：34-35.

[22] 孙慧，程柯. 自组织理论视角下的开放大学课程学习资源设计 [J]. 现代远距离教育，2014(04)：50-56.

[23] 陈媛. 微内容的自组织学习模式研究 [J]. 开放教育研究，2014，20(01)：35-41.

[24] 赵继锋. 推进高校精品开放课程建设 [J]. 教书育人（高教论坛），2012(04)：148-149.

[25] 黄在范，郑成淑. 高等院校精品开放课程建设探讨 [J]. 教育教学论坛，2018(18)：168-169.

[26] 赵玉婷. 推进高等院校精品开放课程建设和实施策略 [J]. 财经界，2020(06)：254.

[27] 张红霞. 教育信息化2.0行动计划下线上教学班主任管理方法的研究 [J]. 考试周刊，2023(52)：6-10.

[28] 李晓锋. 从精品开放课程到在线开放课程：精品课程建设理念与实

践的转型 [J]. 中国教育信息化 (高教职教)，2021(01)：15–18.

[29] 黄宏平，张环环，邵德翠，等 . 基于教学资源共享理念的精品开放课程生理心理学建设 [J]. 右江民族医学院学报，2019，41 (05)：584–586.

[30] 曹璐，李宁 . 中美开放课程建设理念与运行机制比较 [J]. 现代教育科学 (高教研究)，2015(03)：172–175.

[31] 张颖，许连阁，于晓云，等 . 基于成果导向的在线开放课建设与使用研究 [J]. 承德石油高等专科学校学报，2023，25(05)：79–85.

[32] 赵样 . 开放式教育理论与实践研究 [M]. 西安：西北工业大学出版社，2020.

[33] 孙福，孙佳怡，贾帅 . 在线开放课程建设与管理 [M]. 北京：北京理工大学出版社，2021.

[34] 侯怀银，王晓丹 . 终身教育理论在中国的引进及其影响 [J]. 教育科学，2021，37(05)：2.

[35] 陈永锋 . 我国网络公开课服务模式研究 [D]. 兰州：兰州大学，2016：4.

[36] 刘国强，时自力，赵涛 . 在线开放课程教学资源开发与建设研究 [J]. 大学，2021(11)：17.

[37] 许欣 . 在线开放课程发展及未来走向 [J]. 软件导刊 (教育技术)，2018，17(05)：27–29.

[38] 张策，吕为工，初佃辉 . 在线开放课程服务教学的智慧化与数字化 [J]. 重庆邮电大学学报 (社会科学版)，2023，35(01)：130–139.

[39] 蒋梅香，毛群芳，陈容，等 . 基于认知负荷理论的在线开放课程设计 [J]. 中医药管理杂志，2023，31(22)：18–20.

[40] 杨霞，张继河 . 高校开放式教学模式及优化探索 [J]. 继续教育研究，2014(05)：128–130.

[41] 王志军，闫洪新 . 在线课程的设计与开发 [J]. 终身教育研究，2017，28(01)：56–61.

[42] 陈佳丽 . 在线开放课程资源建设与应用研究 [J]. 乌鲁木齐职业大学学报，2022，31(04)：58–60.